中国书籍学术之光文库

汕头海上丝绸之路文化研究

陈友义　陈东东 | 著

中国书籍出版社
China Book Press

图书在版编目（CIP）数据

汕头海上丝绸之路文化研究/陈友义，陈东东著
．—北京：中国书籍出版社，2020.11
ISBN 978-7-5068-8113-5

Ⅰ．①汕… Ⅱ．①陈…②陈… Ⅲ．①海上运输—丝绸之路—文化史—汕头 Ⅳ．①K296.53

中国版本图书馆 CIP 数据核字（2020）第 226662 号

汕头海上丝绸之路文化研究

陈友义　陈东东　著

责任编辑	王星舒　王　淼
责任印制	孙马飞　马　芝
封面设计	中联华文
出版发行	中国书籍出版社
地　　址	北京市丰台区三路居路 97 号（邮编：100073）
电　　话	（010）52257143（总编室）　（010）52257140（发行部）
电子邮箱	eo@chinabp.com.cn
经　　销	全国新华书店
印　　刷	三河市华东印刷有限公司
开　　本	710 毫米×1000 毫米　1/16
字　　数	296 千字
印　　张	17
版　　次	2020 年 11 月第 1 版　2020 年 11 月第 1 次印刷
书　　号	ISBN 978-7-5068-8113-5
定　　价	95.00 元

版权所有　翻印必究

序

吴二持

潮汕地区的海外商业贸易，早在唐宋已有肇端，唐宋以来，贸易从未中断，始终与海上丝绸之路沿线各国保持着频繁的经贸往来，至明代已更为兴盛。只是明王朝相当保守，实行海禁政策，故而多以走私形式实施贸易。潮汕沿海地区，多以渔盐为业，善于驾舟是沿海人民的特点，且海上贸易是个能获厚利的营生，于是便会吸引更多沿海地区之民趋之，渐渐也就形成了一些较成型的商贸集团。这些集团实际上亦寇亦商，其首领大多为海上贸易者，亦是海寇的首领，如许栋、许朝光嘉靖三十四年（1555）经商日本，张琏、萧雪峰嘉靖三十九年（1560）经商闽粤、三佛齐，罗袍嘉靖年间经商闽粤沿海，林国显嘉靖四十二年（1563）经商厦门、南澳，林道乾嘉靖四十五年（1566）经商厦门、柬埔寨，杨四嘉靖四十五年（1566）经商海外，林凤隆庆二年（1568）经商台、澎，杨志隆庆五年（1571）经商海外，诸良宝万历元年（1573）经商南洋。只是在没办法实施合法的商业活动之时，才流为海寇。因为朝廷对于海上贸易的禁令从没有停止过，但禁令颁久，渐渐便会执行不力，或官员利用以腐败谋私，便自然较为松弛；到重申禁令，加以整顿，又会较为紧束。如此循环往复。在海禁被严格执行的时候，一些习惯海商贸易的人，尤其是一些海上商贸集团，因处境艰难，便多流为寇盗，劫掠地方，成为当地人民之患。唐枢在《筹海图编》中曾说过："寇与商同是人也，市通则寇转而为商，市禁则商转而为寇。"《潮州志》也称"朝廷既视寇祸与互市而俱至，遂厉其禁，寇祸愈烈。"谢杰在《虔台倭纂》中也谓："寇与商同是人，市通则倭转为商，市禁则商转为寇；始之禁禁商，后之禁禁寇。禁越严而寇愈盛，片板不许下海，艨艟巨舰反蔽江而来；寸货不许入番，子女玉帛满载而去。"终明一代，基本上都实行海禁政策，但基本上都禁而不绝。

还有一种被称为接济通番的贸易形式。潮汕的南澳和柘林湾，较早就曾以这种形式与各国商船进行贸易往来。明正德至嘉靖年间，"因海禁渐弛，勾引番船，纷然往来海上，各认所主，承揽货物，装载或五十艘或百余艘，或群各党分舶各地。""接济，谓黠民窥其向导，载鱼米互相贸易，以赡彼日用。"因有各国番舶（商舶或贡舶）往来或停泊于潮汕的南澳或柘林湾等各地，潮汕的商人便抓住此时机，运载鱼米、蔬菜、淡水等食物与之相通，接济其生活日用之需，换取等值的洋货，顺便与之作货物贸易，这是潮汕商人较早与海外贸易的另一种形式。

直到明末清初，一些海上寇盗集团（也是海商集团），在官府的强大军事剿捕和严控之下无法立足，则转而流动到东南亚各国，各自找寻落脚点建立其商贸经营和生活之据点，落籍海外东南亚各国。

这说明潮人在明代已有许多与海外各国商人贸易的经历和实践，潮人的善经商已在此一时期表现得比较充分；当国家贸易政策稍宽（弛海禁）之时，各国商船纷至，本地商船频繁出海经商，贸易活跃，潮汕地区商人能够得利，海寇（海商）多从商得利，陆地居民便少遭劫掠，则潮地人民也沾好处；潮汕的海寇商人集团在东南亚各国的贸易港，和一些移民的落籍地点，都是清代潮商方便贸易之处，由此建立的贸易基点，是清代潮商海外贸易兴盛的较好基础。

虽然在严厉的海禁政策之下，加上清代的文字狱也极严厉，地方史志均无此方面的记载，但据日本的《华夷变态》《唐通事会所日录》等相关文献记载的情况表明，由于遇风漂流和受地方官员派遣，从康熙二年（1663）起，便陆续有潮州商船不断前往日本贸易。潮州商船到潮人更熟悉更有基础的东南亚各国从事贸易，就更不用说了。可见，潮州商船的海上贸易活动，是从未停止的。

康熙二十二年（1683），占据台湾的郑成功之孙郑克爽降清，海上已彻底消除了反清力量，寇盗也基本上在此之前被剿灭或被迫流居海外，于是清廷便在次年（1684）宣布开放海禁："令广东、福建沿海民人，许用五百石以下船只出海贸易。"虽允许沿海居民出海贸易，但也实施了一定的控制和管理，规定"除夹带违禁货物照例治罪外，商民人等有愿出洋贸易者，呈明地方官，准其出入贸易"。翌年（1685）在广东、福建、浙江、江南四省设置海关，管理对外贸易及征收关税事务，潮州的庵埠总口为粤海关七大总口之一。

开海政策的颁布给潮汕商贸的发展提供了前所未有的机遇，潮汕沿海商贸迅速得到发展，尤其是澄海一带的港口，差不多形成潮汕对外贸易的中枢。潮汕地区之"濒海居民，所持以资生而为常业者，非商贩外洋，即渔盐本港"。开海对沿海向来善于经商的潮人来说，简直是千载难逢的机遇，《澄海县志》载："邑自展复以来，海不扬波，富商巨贾，辛操奇赢，兴贩他省。上溯津门，下通台厦。象犀金玉，与夫锦绣皮币之属，悉由澄分达诸邑。其自海南诸郡转输米石者，尤为全潮所仰给。每当春秋风信，东西两港以及溪东、南关、沙汕头、东陇港之间，扬帆捆载而来者，不下千百计。"

潮汕民间的海上贸易快速地发展起来，海上商贸发展依靠主要的工具是木帆船，也即后来名闻遐迩的红头船。红头船的由来原是清廷出于对出海民船进行统一管理而来的。雍正元年曾有令，"着将出海边船按次编号，船头桅杆油饰标记"。广东在东南，南方属火，为红色，故广东民船油红色，福建偏东，东方属木，故油绿色，各省不同，易于辨认。潮汕商人一直沿用，以至成为潮汕商船的一种标识。

这种潮汕商人赖以作为贸易工具的红头船，在清初开海之后迅速增加，其造船的木料多是韩江上游梅、汀、赣所产和从东南亚，尤其是暹罗（泰国）进口的楠木、柚木等，在潮汕本地大量制造，稍后也有潮人在暹罗等地制造。由于暹罗大量出产造船所需的木材，其木材质量好，价格低，而暹罗又有较多的潮人移居。于是，红头船的造船基地逐渐转移至暹罗，据相关资料显示，在暹罗曼谷，一艘重470吨的船造价仅7400西班牙币，而在潮州的樟林，造价则需16000西班牙币，价格要翻倍还多。因此，到乾隆年间，不少潮汕人转移到暹罗去造船，潮商在当地购船后，同时办好货物，满载而归，以贸易的合法形式回国。据相关研究资料，清代潮州很大的一部分红头船是在暹罗制造的。

潮汕商人利用木帆船这一交通工具，非常灵活地利用各地货物的特点和地域性差价，又利用海洋季风，行南走北，大量贩运南洋商品，同时运载潮汕地区出产的蔗糖、烟叶、葛布等货物，北上苏杭、上海、天津等地贩卖；又从京、津、苏、杭等地贩运北方的杂货、苏杭的丝绸返回南方；乘季风又装载诸如瓷器、石雕、丝织品、葛布、纸张、神纸及其他手工艺品经海南，往暹罗、安南、新加坡等东南亚各国，销售之后，又满载东南亚的蔗糖、大米、木材、香料、胡椒、象牙、檀香、苏木、沉香、药材等货物运回行销国内。形成循环贸易，获利颇丰。"一往一来，获息几倍，以此起家者甚多"。在海禁初开之时，还主要是国内各港口贸易，稍后则海邦遍历，而新加坡、暹罗尤多，列肆而居。善驶木帆船的潮商，能够按季节借助季风，顺风行驶，省时省力。一次循环，或三几月，或半载不等，获利是颇丰的。而本地的手工艺品的带销，也是其中附带的重要项目，这也有力地促进了地方手工工艺行业的发展。

在潮商的贸易圈中，最为频繁，最为大量的是暹罗（泰国），贸易的主要货物是进口大米、蔗糖、木材、香料和药材，出口的主要是瓷器、丝织品、生丝、葛布、纸张、铁器制品和各种工艺品。中暹贸易的互补性很强，暹罗向为大米出口国，而中国清代南方由于人口增长和经济作物的普遍种植，粮食严重不足，米谷供不应求，在暹罗等东南亚国家进口大米，为清代东南亚贸易之大宗。康熙末年，闽粤两省米荒，清廷同意给予暹罗进口大米免税优待，鼓励民间商人的中暹米谷贸易，并且特别地给予各种优惠政策。潮汕与暹罗间的贸易繁荣，也不只是潮汕的红头船在往来，暹罗方面也有不少的船只在进行着中暹贸易。暹罗是清代与中国通贡通商最早的国家，借助中暹贸易的方便，移居暹罗的潮汕人已经不少。暹罗有不少王族和高级官员拥有自己的贸易商船，从事中暹之间帆船的往来贸易，但多是委托或雇用潮汕商人进行实际操作，潮人实际上很大程度地参与了暹罗的航海贸易事业。

清代潮汕对外贸易的港口，主要集中在韩江的出海口一带，最繁华港口当数庵埠与樟林。康熙二十四年（1685）清廷设立粤海关，庵埠成为粤海关七大总口之一，庵埠总口下设16个支口，为粤海关总共50个支口之冠。可见潮汕当年海外贸易之兴盛，尤其是澄海一带，粤海关就设有五处税馆，计有南关口、南洋口、卡路口、东陇口、樟林口。清廷每年从此五处税馆所收税银，占全省总税收的近五分之一。于此可见，潮汕清代海上贸易和口岸经济的发达与繁盛。

庵埠港毗邻潮汕地区三大江河韩江、练江、榕江出海口之交汇处，与四通八达的内河水路交通网络相通，清代康乾盛世为庵埠港最繁华的时期，地当海、澄交界，实海（阳）、潮（阳）、揭（阳）、澄（海）四县之通市，商贾辐辏。潮州沿海港口货物于此汇聚，潮汕各内河交通帆船也汇集于此贸易，梅、汀、赣地区的货物也总汇于此。通过沿海各港口输往南北各地与东南亚各国，故其成为内外交通之要港。随着年代的沿进，陆地的不断延伸，到清末便逐渐被汕头港（早年的沙汕头）所取代。樟林港原是一个渔业港，清初开海之后，樟林港成为潮汕海内外贸易的主要港口，其于康熙后期兴起之后，繁荣时间跨越了雍正、乾隆、嘉庆、道光四朝，历百年有余。海上贸易所带动的潮汕本地内河的贸易也非常繁荣。

潮汕商人的经营模式也颇独特，多是合伙经营模式，风险均担，经营的成功程度与船上每个人都有关联，不像西方国家的大公司是雇主与雇员的关系，而是富商巨贾与中小商人广泛合作，构成了功能互补的商人群体，"富商巨贾，牵操奇赢"能够"握算持筹，居奇囤积"。他们资本雄厚，既挟有巨资，又拥有大量巨舶，因而拥有出海贸易之主动权。但海上贸易带有巨大的风险，这类巨商往往不愿亲身历险，"危身以博阿堵之物"便多取与中小商人合作，提供船只与放贷供中小商人出海经营,而坐收巨额海商贸易利润;而中小商人,则会亲身历险,从事海上长途贩运贸易,"其资本多仰给于富室,而为之四出经营,以分其息"。在具体的各条商船中,船主、中小商人与水手形成利益相关的伙伴关系,船主从商业利润中按相应比例抽取商贩利润,水手的报酬则根据抽取利润的多寡进行分配,而且商船上的船长、司事、伙计和水手,都可以附带一定数量的本地特产或其他货物沿途销售。这就使整条商船的贸易与船上每个人的利益形成直接关系。这样,如果货物办得适销对路,中小商人甚至包括伙计、水手随船赚取丰厚利润,乃至发家致富,也就完全有可能,而且例子甚多。这也就成为潮汕社会平民追求发家致富梦想的可能渠道,由此也就激励着一代代的潮人加入海商贸易的行列。

关于海上丝绸之路,最早是日本学者三杉隆敏1968年在其具有海外游记风格的著述《探寻海上丝绸之路——东西陶瓷交流史》中,第一次提出"海上丝绸之路"的概念。在1974年6月中国台湾出版的《历史语言研究所集刊》(全45册)第4册上,饶宗颐发表《海上丝绸之路与昆仑舶》的文章,正式提出"海上丝路"的名称,论述了"海上丝路"的起因、航线、海舶与外国贾人交易的情形,以及中国丝绸为外人所垂涎的程度。1991年,在中国历史文献学会和十一届年会暨潮汕历史文献与文化学术讨论会上,饶宗颐教授在主题演讲中说:"有关汉唐对外贸易的途径,我在拙作《蜀布与Cinapatta——论早期中、印、缅之交通》一文中曾有论及,我认为西北新疆一带之交通贸易是通过陆上丝路,南方交广一带,则由海上丝路……在潮州来说,应该是海上陶瓷之路一重要站。"

陈友义、陈东东的这部《汕头海上丝绸之路文化研究》,主要是从横向上阐述汕头海上丝绸之路的特点,首先是阐述汕头海上丝绸之路文化产生发展的自然地理环境、经济条件和社会历史条件;接着对汕头海上丝绸之路文化相关的物质文化遗产和非物质文化遗产,进行较为全面的描述介绍,如物质遗产方面,介绍汕头与海上丝绸之路有关的文化遗址、各时期与海上丝绸之路相关的港口和商业机构服务机构的建筑遗存,包括一些文献资料与实物,如碑记等;非物质文化遗产方面,分别介绍汕头与海上丝绸之路有关的民间故事、民间俗语、民间歌谣、民间歌册、民间习俗等;探讨汕头海上丝绸之路的海洋文化、商贸文化、港口文化的文化构成和开放、兼容、冒险、互动和祖根意识的文化特质;重点探讨汕头海上丝绸之路文化冒险拼搏、开拓进取、同舟共济、诚实守信、爱国爱乡的文化精神;探讨汕头海上丝绸之路文化的历史研究价值、社会价值、旅游经济价值、审美价值、情感价值和教育价值；最后探讨汕头海上丝绸之路文化的保护和汕头海上丝绸之路文化资源的开发利用。

　　本书将能够与汕头海上丝绸之路文化相联系的诸多物质因素和非物质因素都联系起来，全面地加以引述和评说，对汕头包括红头船精神在内的"海上丝绸之路"文化精神及其价值作较为系统的研究，这是意义重大也难能可贵的。作者约我为序，故略述明清潮人海上贸易兴盛的概况，以相印证。

吴二持

2019年7月3日

（序者为汕头市潮汕历史文化研究中心副理事长）

目 录
CONTENTS

导 言 ………………………………………………………………… 1

第一章　汕头海上丝绸之路文化产生发展的自然地理环境 ……… 3

第二章　汕头海上丝绸之路文化产生发展的经济条件 …………… 15

第三章　汕头海上丝绸之路文化产生发展的社会历史条件 ……… 26

第四章　汕头海上丝绸之路物质文化遗产 ………………………… 56

第五章　汕头海上丝绸之路非物质文化遗产 ……………………… 112

第六章　汕头海上丝绸之路文化构成与特质 ……………………… 162

第七章　汕头海上丝绸之路文化精神 ……………………………… 176

第八章　汕头海上丝绸之路文化价值 ……………………………… 205

第九章　汕头海上丝绸之路文化保护 ……………………………… 218

第十章　汕头海上丝绸之路文化资源的开发利用 ………………… 234

主要参考文献资料 …………………………………………………… 254

后记 …………………………………………………………………… 259

导　言

海上丝绸之路是古代中国与外国交通贸易和文化交流的海上通道，是一条具有完全意义的商路。它形成于秦汉时期，繁荣于唐宋时期，转变于明清时期，是已知最古老的海上航线。海上丝绸之路自中国沿海地区出发，东达日本、朝鲜，向西绕过印度支那半岛和马来半岛，经印度东海岸，越过印度洋和阿拉伯海，通往波斯湾或红海与地中海的伊斯兰世界、非洲东海岸，远及欧洲等地。因输出的大宗货物是丝绸，故称"海上丝绸之路"；到宋元之后，瓷器渐渐成为主要出口货物，又称"海上陶瓷之路"；由于输入的商品主要是香料，故又有"海上香料之路"之称。

历史上的汕头（这里所说的是指当今包括金平、龙湖、濠江、澄海、潮阳、潮南以及南澳六区一县的大汕头），是海上丝绸之路的重要节点，在我国海上丝绸之路历史发展中有着积极的表现，做出了重要贡献。

汕头海上丝绸之路文化是历史上汕头人长期在海上丝绸之路中创造的一种地域文化。它既包括汕头海上丝绸之路物质文化，也包括汕头海上丝绸之路非物质文化；它体现为汕头海洋文化、汕头华侨文化、汕头商贸文化、汕头港口文化等，以红头船文化为代表。汕头海上丝绸之路文化有其产生发展的自然地理条件、经济条件和社会历史条件。汕头海上丝绸之路文化体现了开放、兼容、冒险、互动、祖根意识等文化特质，充满着冒险拼搏、开拓进取、同舟共济、诚实守信、爱国爱乡的汕头人精神，具有明显的历史研究价值、社会价值、旅游经济价值、审美价值、情感价值、教育价值。

当下，汕头人民正在市委、市政府的领导下，积极响应"一带一路"国家倡议，为建设21世纪海上丝绸之路重要门户、省域副中心城市、华侨经济文化合作试验区而不懈努力。我们必须以习近平新时代中国特色社会主义思想为指导，以浓郁的文化情怀，饱满的文化情感，高度的历史使命感和时代责任感，科学的发展观，加强对汕头海上丝绸之路文化研究，加强对汕头海上丝绸之路文化的保护与开发利用，增强汕头人民的文化自觉与文化自信，提振汕头人民的精气神，为汕头经济社会发展提供科学的理论指导与丰富的智力支撑。

第一章

汕头海上丝绸之路文化产生发展的自然地理环境

文化是人创造的，离开了人就无所谓文化。人创造了文化，文化反过来哺育人。人因有了文化而告别动物界，成为世界的主宰。文化是人创造的，人总是在一定的条件下创造文化的。文化的产生必定有其条件，而首当其冲的，就是自然地理环境。

自然地理环境是指人类生存的自然地域空间，由地貌、气候、水文、生物和土壤等要素组成。这些要素相互联系，相互影响，相互渗透，构成了一个有机整体，并不断进行物质运动和能量交换，推动地理环境的发展变化。自然地理环境是人类赖以生存的自然界，是人类社会存在和发展的自然基础。自然界是人类生存的前提，因此也是人类文化创造的前提。人类是在与自然界的现实对象化以及在这种关系的动态发展中创造出文化来的。自然地理环境是人创造文化的前提，是文化产生的物质条件。自然地理环境有优劣之分，自然地理环境的优劣势必制约着文化产生的早迟；自然地理环境是多样化的，这是人类社会分工的自然基础，制约着人类与自然作物质交换的特殊方式或物质文化类型，造成文化的多样性。自然地理环境在人与自然的对象化关系中，赋予特定的文化类型以地域的或民族的特色。[1]

自然地理环境是文化产生的重要物质前提。考察汕头海上丝绸之路文化的产生，首先必须从汕头的自然地理环境入手。

一、优越的地理位置

汕头（这里所说的是指当前管辖金平、龙湖、濠江、澄海、潮阳、潮南六区以及南澳县的大汕头），是著名侨乡。汕头位于广东省东部，地处东经116°14′至117°19′，北纬23°02′至23°38′之间，韩江三角洲南端；东北接饶平县，北

---

[1] 杨启光著：《文化哲学导论》，暨南大学出版社，1999年，第193页。

邻潮州市潮安区，西邻揭阳、普宁，西南接惠来县，东南濒临南海。市区距香港187海里，距台湾省高雄市180海里。汕头港临近西太平洋国际黄金航道。

汕头处于"大珠三角"和"泛珠三角"经济圈的重要节点，是厦漳泉三角区（注：即厦门、漳州、泉州沿海经济开放区）、珠三角和海峡西岸经济带的重要连接点，拥有亚太地缘门户的独特区位优势。

龙湖区因境内龙湖沟而得名。该区位于广东省东部，韩江三角洲南端，北接潮州，西邻揭阳，东南濒临南海，区域面积103.13平方公里。

金平区是汕头市的中心城区，地处韩江下游三角洲平原出海口。西和揭阳空港区毗邻，北与潮州市潮安区接壤，东连龙湖区，南与濠江区隔海相望。濒临南中国海台湾海峡，北倚潮汕大平原，与台湾省高雄市隔海遥望，是粤东、赣南、闽西南的重要交通枢纽。境内韩江、榕江、练江三江入海。全区总面积108.71平方公里。

澄海区位于广东省东部、韩江三角洲出海口，东北接饶平县，西北界潮州市，西南毗邻汕头市龙湖区，东南与南澳岛隔海相望。总面积378.35平方公里。

濠江区因境内濠江而得名，由达濠、河浦合成。西与潮阳区接壤，北隔礐石海与龙湖区、金平区相望，东南濒临南海；濠江蜿蜒贯穿全境，该区明清时代已成为粤东沿海对外经贸要地。

潮阳区因地处大海之北而称潮阳。濒临南海，东面毗邻濠江区，东北隔牛田洋望金平区，西接普宁市，南邻潮南区，北界揭阳市，母亲河练江由西向东穿过潮阳并于海门镇注入南海。潮阳为千年古邑，自宋代开始教育就较为昌盛，素有"海滨邹鲁"之称。

潮南区于2003年从潮阳分立。因地理位置位于原潮阳市南部而得名，"潮南"一词为"潮阳南部"的简称。潮南区位于汕头市西南部，东临南海，西接普宁，南邻惠来，北与潮阳区接壤。全区总面积596.42平方公里。

南澳是广东唯一的海岛县，地处闽、粤、台三省交界海面，东至破涌礁，南至南大礁，西与澄海区相邻，北靠饶平县，总面积113.8平方公里。南澳岛距台湾高雄160海里，距厦门97海里，距香港180海里，处于高雄、厦门、香港三大港口的中心点。南澳背靠汕头经济特区，距太平洋国际主航线仅有7海里，素有"潮汕屏障、闽粤咽喉"之称。自古今来，南澳是东南沿海一带通商的必经泊点和中转站，早在明朝就已有"海上互市"的称号。

南澳云澳渔港

二、濒临大海

汕头濒临南海，面朝太平洋，是南海与东海交汇处，东北与潮州饶平海域交界、东接台湾海峡，与台湾省隔海相望，西与揭阳市惠来县相交。

距今5000年前，这里还是一片汪洋大海。几万年前，在今天的潮汕平原周边，山地、丘陵发生缓慢地上升运动，而中间的地壳逐渐沉降，形成了一个断陷盆地。

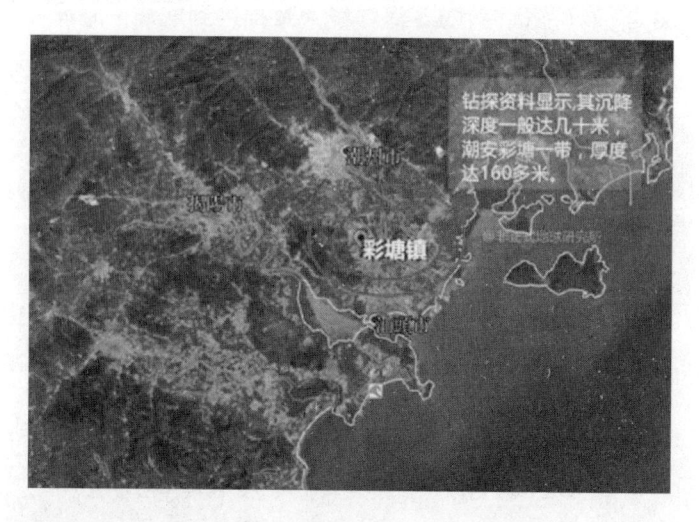

距今10000—8000年前，全球气候变暖，冰川融化，海平面上升，潮汕断陷盆地开始变成古海湾。今天的南澳岛等众多海岛，这时期仍与大陆相连。南澳象山发现的古人类遗址在一定程度上证明当时两地交通还没有海洋的障碍。

距今 6000—5000 年前，海平面持续升高，高出现代海平面 3 到 4 米；海岸线一度高到达潮州城、榕城和潮阳司马浦一带，桑浦山、小北山成为海湾中的岛屿。

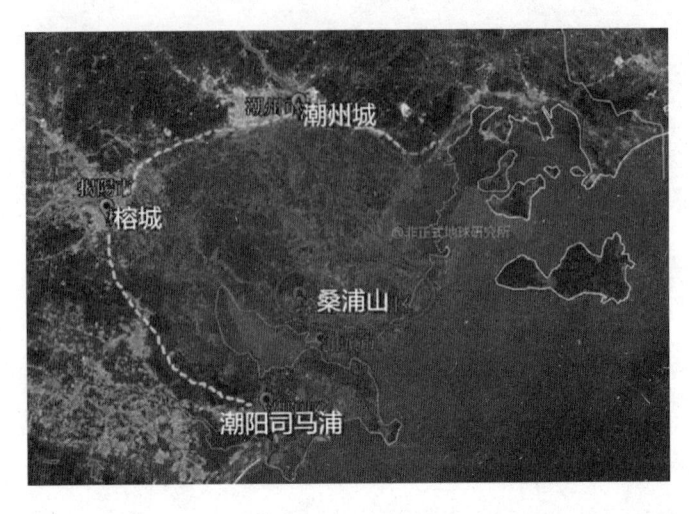

距今 5000—2500 年前，海平面经历几轮升降，海岸线也随之不断变化。与此同时，韩江上游带来的泥沙逐渐沉积，形成扇形三角洲。这就是后来的韩江三角洲平原。

大约 2500 年前（战国时代），海岸线大致推进到鮀浦—庵埠—上华—南峙山—樟林一线。

此后的2000年间，潮汕地区的海岸线又向东南推进了8—10公里。

距今1900—1000年（东汉初到唐末），韩江中上游山区的洪水泛滥，韩江三角洲迅速扩大，形成平原，开始出现定居点。

公元800年前后，在练江口，潮阳东山和海门山之间，还有一个面积很大的内海湾，被称作"大湖"。

明清时期，在堤围压缩下，更多的泥沙被冲到河口，沿海堆积。乾隆年间开始，沿海滩涂不断被围垦，潮汕平原前缘的海岸线又向前延伸……乾隆以前，潮阳东山还多有登高观海的石刻；到清末，东山前方，沧海已大多变为桑田了。

到清末，韩江口的海岸线已经推进到北溪口的月窟、银砂，东溪口的北港，外砂河口的南港，新津河口的吉贝陇一带。

汕头依海而立，靠海而兴，市区及所辖各县（区）均临海洋。纳入汕头市海洋功能区域工作面积约1万平方公里，是陆域面积的5倍之多。

汕头有多处港湾和大片浅海滩涂，10米等深线内浅海滩涂面积74.3万亩，可利用面积46.8万亩，200米等深线内渔场面积5.3万平方公里，适宜海水养殖，滨海盛产海盐。近海已知的鱼类有471种、虾蟹类17种、贝类30多种、藻类近20种。

南澳岛可供开发的渔场有5万平方公里，周围近海渔场和台湾浅滩渔场的各种鱼、虾、贝、藻类有1300多个品种，名贵海产品有鱿鱼、龙虾、石斑鱼、海胆、紫菜等，其中尤以宅鱿、澎菜驰名国内外。沿岛水深10米以内的海域，水质好，浮游生物种群多，避风条件佳，是发展海水养殖的良好基地。

濠江区有深水港湾和浅水海滩20多处。拥有10米等深线内浅海滩涂约15

万亩和可供开发利用的渔场约5万平方公里，耕地10813亩。

达濠广澳

潮阳区滩涂池塘多，海淡水养殖面积218公顷，年产量达2.2万吨，可开发利用的浅海面积3.6万亩。

三、漫长的海岸线

汕头濒临大海，大陆海岸线长217.7公里，海岛岸线长167.37公里。南澳县海域面积4600平方公里，海岸线长99.2公里，其中，主岛海岸线长77公里。澄海区海岸线长54.3公里，属沙坝泻湖海岸，海堤长46.25公里。龙湖区大陆海岸线长217.7公里，海岛岸线长167.37公里。濠江区是一个半岛区，三面环海，一面临江，岸线长达92.8公里，周围海域广阔。潮阳区海岸线长，域内长海岸线19.6公里。潮南区海域面积4000多平方公里，海岸线长14.7公里。

四、众多的岛屿

汕头海岸线曲折，岛屿多，有大小岛屿82个。最大的海岛是南澳岛。南澳岛由主岛——南澳岛及周边23个岛屿组成，其中主岛110.89平方千米。周围还有南澎列岛、勒门列岛、凤屿、虎屿等。澄海区南部有大莱芜和小莱芜两座半岛及展桃屿；东面海中有五屿（西屿、破屿、尖担屿、大屿及东屿）和四礁（马礁、东锚礁、礁仔及南锚碓）。龙湖区有大小岛屿82个，较大的是妈屿岛、德州岛。

澄海莱芜岛

濠江区实际是由达濠岛与河浦半岛组成，两地由濠江（实为海峡）相隔。

五、良好的港湾

漫长的海岸线，众多的岛屿，赋予了汕头良好的港湾。南澳之"澳"，意为船停泊的地方。南澳岛上称"澳"的地方比比皆是。隆澳、云澳、青澳、深澳、大船澳、猴澳、钱澳、台猪澳、澳角底、澳前、竹栖澳等等，表明南澳可停泊船只的港湾很多。

公元800年前后，潮阳东山和海门山之间被称作"大湖"的内海湾，诞生了海门、后溪、隆津港口。

汕头大海湾无疑是汕头最大、最出名的海湾。它是潮汕境内韩江、榕江、练江三江出海交汇处。

汕头大海湾

韩江是潮汕的母亲河，是广东省第二大江，是我国东南沿海最重要的河流之一。韩江古称员江，恶溪，后称鄂溪。韩江流域范围涉及广东、福建、江西3省22市县，流域面积30112平方千米。韩江上游由梅江和汀江汇合而成，汀江和梅江在大埔县三河坝汇合之后，正式称为韩江，水量急增，江水湍急，沿途又再集纳了文祠水、凤凰溪水及一些山坑小河流水，一路向南流至潮州市城外，全长约110公里。从三河坝至潮州市广济桥这一段，称为韩江中游。由潮州市广济桥分流入海口，是韩江的下游。

韩江下游地处三角洲平原，地势平坦，河床坡度低，水势较为缓和。它在潮州市广济桥下不远处，呈扇形分为3条支流。东北面的一支名为北溪，中间一支称为东溪，西面一支称为西溪。

北溪流经汕头市澄海区东里镇，与人工开凿的小运河南溪（开凿于宋哲宗年间，长10.5公里，沟通了东溪和北溪的航运）汇流合成东里溪，流经东里桥闸，于汕头市澄海区义丰港入海，全长30公里。

东溪主流经汕头市澄海区莲阳桥闸，由汕头市澄海区北港入海，全长约38公里。

西溪在汕头市龙湖区和潮州市潮安区之间的鳌头洲以下，又分为三流。东为外砂河，流经外砂桥闸入海，长约11公里；中间一流叫新津河，流经汕头市龙湖区和澄海区交界的下埔桥闸，出新津港入海，长约15.6公里；西流称梅溪，流经汕头市金平区，穿越梅溪桥闸流经杏花桥，在杏花桥下再分两道，一经过解放桥、光华桥入汕头港出海，一过回澜桥、乌桥这条人工开凿的水道流进汕头港入海，长约13.9公里，它是韩江下游航运的主干线。另外，在梅溪段的陇尾，又分出一条小河（由水闸控制），长约6.6公里，名为红莲池河，流经汕头市金平区月浦街道出西港入海。

韩江航道总的特点是"点多、线长、面广"，而且较为分散、复杂，既有山区航道，又有平原航道；主航道长241公里；沿线主要有梅州、梅县区松口、潮州、汕头等港口。航道水位变幅大，水深一般约2米，枯水期潮州港港池水深仅0.9米。全线可通65吨级货轮。南运矿产、木材、农副产品等，北行以化肥、农药等农用物资及日用百货等为主，平均年货运量200多万吨，是连接潮州、梅州、闽西、赣南等地的内河运输大动脉。其中粤东航道局维护管理蔗溪口经西溪至汕头市，里程75公里，属内河5级航道。

榕江俗称南河，曾称揭阳江，因揭阳多榕树而得名，是粤东沿海第二大的河流，仅次于韩江。榕江发源于陆河县东部凤凰山南麓，自西南向东北流经陆河县东坑镇、水唇镇、揭西县五云镇、河婆街道、大溪镇、钱坑镇、普宁市里湖镇、揭西县棉湖镇、凤江镇、揭阳市榕城区等地，最后于汕头市以西注入牛田洋。

榕江流域面积4408平方公里，河长175公里，平均年径流量31.1亿立方米。是广东省著名深水河，仅次于珠江，可进出3000—5000吨级货轮，直航香港和广州、上海、湛江等地。

榕江干流自金灶镇与揭阳交界处坛嘴起进入汕头市境，东流经关埠镇西坪附近的双溪嘴与发源于丰顺县北河汇合，经石井入牛田洋，又经西胪、河溪、棉城等地至草屿，流程52.2公里，潮阳区境流域面积334.5平方公里。自西胪、河溪、棉城至草屿为江滩广阔、海涂坦荡的牛田洋。汕头市境内的流域总面积为3546.5平方公里。

榕江水运便利，是广东省第二条优良的内河水道。1975年建玉湖大桥清基时发现了唐代水运码头遗址①，表明1000多年前北河的水运已具规模。又据《潮州志·交通志》载：1949年以前，从揭西硔下经河婆至汕头通航里程达147公里，其中棉湖以下可通小汽轮。北河也可通航到汤坑。历史上榕江是陆丰、普宁、丰顺、揭阳、潮阳等县的水运动脉，榕城是流域内的水运枢纽，也是一个海港，从榕城北河至汕头港58公里可通行几百吨的货轮，千吨级轮船可候潮开进榕城港，历史上有"黄金水道"和"状元港"的美誉。

练江发源于广东省普宁市大南山五峰尖西南麓杨梅坪的白水礤，大小支流17条，由南北汇入干流。干流全长71公里，流域面积1346.6平方公里。因河道弯曲、蜿蜒如练而得名。河源称为寒妈径，入海口在汕头市潮阳区海门湾。上游称流沙河，在普宁晖含墟与支流白坑湖水汇合后始称练江，自潮阳和平桥至海门港口为下游，长18.3公里。

历史上练江水运也比较重要。新中国建立前，其支流的白坑湖水至陈店可通木船，陈店以下44公里可通小汽轮。为使练江与榕江、韩江的航运连贯起来，明代在棉城修建棉城运河（后溪）长7.5公里，联系练江和牛田洋。这样船只不必绕过外海，便可安全快捷到达海阳等地，效益巨大。

---

① 广东省汕头市水利电力局编：《汕头水利志》，广东科技出版社，1994年，第57页。

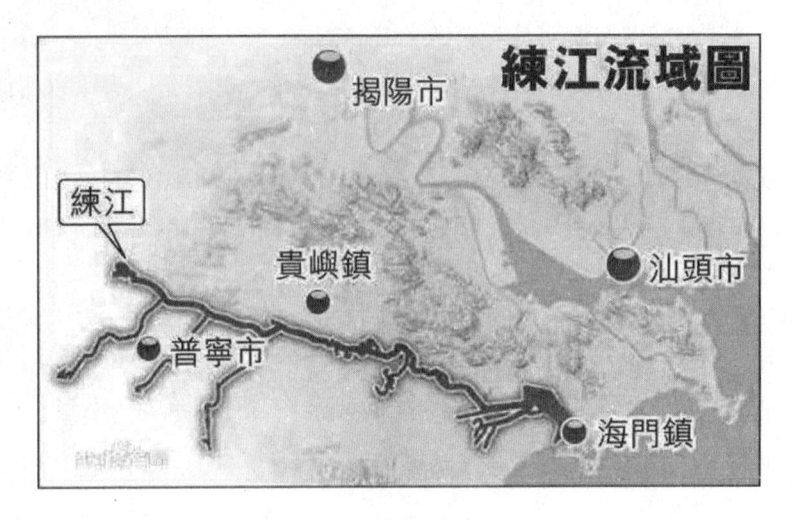

练江

练江沿岸港口

　　历史上的韩江、榕江、练江水系发达，冲积而成的潮汕平原，土壤肥沃，物产丰富，在古代更是交通贸易的重要渠道，水运十分发达，贸易经济非常繁荣。所形成的韩江文化、榕江文化、练江文化，汇集成潮汕文化，是潮汕文化诞生的源头。

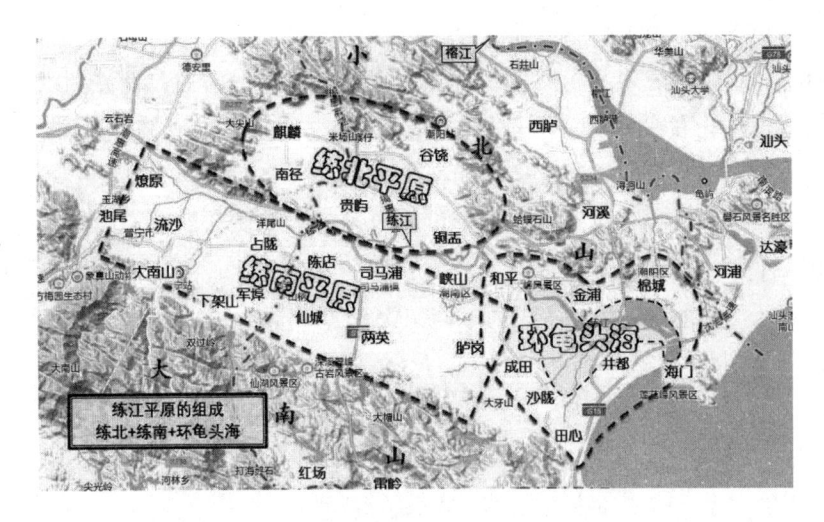

潮阳练江平原

韩江、榕江、练江最终在汕头流入大海，形成著名的汕头大海湾。三江出海口形成诸多港口，特别是汕头港。江河水运与港口海运汇合成发达的交通体系，为汕头海上丝绸之路奠定了重要的基础。

六、明显的季风气候

汕头位于北回归线与南海交汇处，属亚热带季风性气候，冬无严寒，夏无酷暑，年平均气温21.3℃，日照时间2000—3000小时，降雨量1672.25mm，湿度82%。

汕头具有明显的季风气候特征。冬季常吹偏北风，春季盛行偏北风和偏东风，夏季常吹偏南风或东南风，秋季盛行偏东风；全年以偏东风最多，偏北风和偏南风次之。

有了季风和海流给予的便利，这些岛屿、半岛和中国东南沿海，组成一个交往密切的区域，一个海洋世界，这是汕头人海外贸易传统得以形成的重要条件。

汕头沿海多年平均风速在2.4m/s以上，年平均风速最大为南澳岛3.9m/s。汕头所处的南海东部海域为热带风暴多发区。

南澳县地处广东省东端的海岛，北回归线贯穿主岛，属亚热带季风气候，海洋性气候明显，盛行东北风。受台湾海峡窄管效应影响，素有"风岛"之称，风力资源十分丰富。

自然地理环境对汕头海上丝绸之路文化产生发展的影响与作用是不可忽视

的。它促成了汕头海上丝绸之路文化产生早,决定了汕头海上丝绸之路文化的发展进程,更是造就了汕头海上丝绸之路文化的类型与特质。大海的赠予,使得汕头海洋文化发育早,发展充分;众多的港湾,造就了汕头悠久的港口文化;大海与港湾,有利于汕头商贸文化的产生发展;人多地少、面临大海、众多的岛屿、漫长的海岸线,使得汕头人较早地"过番"移民,催生了汕头著名的华侨文化;平原、三江汇聚,生成了汕头发达的农业文化、河流文化。特别的气候,造成了汕头海神、雨神等民间信仰文化。

第二章

汕头海上丝绸之路文化产生发展的经济条件

"靠山吃山,靠海吃海"。这是一句大家熟悉的俗语,它道出了自然地理环境与人类生产生活的密切关系,也暗示了它与人类文化发生发展的密切关系。人类文化发生发展的历史向我们昭示:自然地理环境是文化发生发展的前提,而自然地理环境是千差万别的,是复杂而多样性的。自然地理环境的差异性和天然产物的多样性促成了社会分工的多样性,人们在与不同自然环境做对象化关系中,形成多样性的社会分工,创造了不同的生产方式,造就了不同的经济类型,从而形成了不同的文化类型。人们在开垦、改造土地的过程中,创造了农耕生产方式,造就了农业经济,从而形成了农业文化;人们在征服、作业大海的过程中,创造了渔业捕捞、海产养殖等生产方式,造就了海洋经济,从而生成了海洋文化;人们在征服、改造草原的过程中,创造了游牧生产方式,造就了游牧经济,从而促成了游牧文化。如果说,自然地理环境是人类文化发生发展的第一要素、首要物质条件的话,那么,人类文化发生发展的第二要素就是生产生活资料的生产,就是人类在自然地理环境基础上形成的各种生产方式,一言蔽之,就是重要的经济条件。汕头海上丝绸之路文化产生发展,也必须遵循这一文化发展规律,有其重要的经济条件。

一、"耕三渔七":丰富的海洋经济

从大陆走向海洋,这是人类历史发展一个明显的轨迹。处于大海之滨的人们,总是与反复起落的潮水一样,永不停息地奔向大海,向大海索取生产生活资料,与大海结下不解情缘,与海洋有着密不可分的关系。

汕头濒海,海在汕头人的心目中有着难以替代的地位。自古以来,汕头人靠海吃海,毫不客气地利用大自然赋予的有利条件和丰厚物产,"耕三渔七",[①]

[①] 杨义全著:《潮汕自然概览》,汕头大学出版社,1997年,第59页。

发展渔业生产,形成海洋经济。

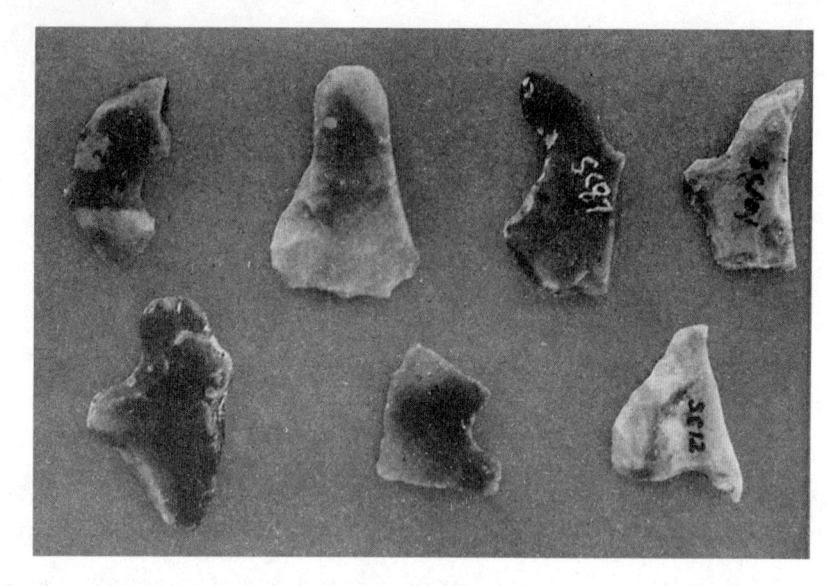

南澳象山文化遗址

考古发现的距今约8000年前的象山遗址、距今约3500—4000年前的东坑仔遗址,说明史前人类对南澳海岛的开发、移民,反映其海洋捕捞的生产方式。

先秦时期的潮阳,天气郁热,山林未启,雾瘴弥布,潮卤泛滥,自然条件十分恶劣,但闽越族群早已在此生存发展。他们凭借其航海传统,"滨于海上","涉游刺舟","以舟楫为食""水行山处",打通了与东南沿海、环珠江口乃至西江、北江流域的航路,与中原文化开始了交往。

至唐代,长期生活于滨海的汕头先民,在与大海做斗争中,形成了一套适应于当地自然环境的生存方式。

宋元时期,经济重心南移。早期徙居潮阳、澄海的移民,大部分从事捕捞、养殖,"处海滨之乡,鱼盐为业,朝出暮归,可俯仰自给。"①

明清时期,潮阳、澄海、南澳渔业生产有了大发展,开始集体出洋捕捞。敲罟作业就是早期外海捕捞的一种方法。清乾隆前期南澳《鼓槽歌》就是描写这种敲罟作业:

鼓槽打鼓摇洪漾,千丈直下冯夷宫;鱼脑痛裂迷西东,僵卧泛泛铺晴虹;

---

① 林济:《潮商史略》,华文出版社,2008年,第11页。

两艘对出如两龙，三二秋叶浮长空；鼓公鼓母枝玉同，拟金夏玉声玲珑……①

在明清时代，汕头外海捕捞盛行敲罟及牵罾等方式。敲罟选择春夏天晴无风时候进行，掌罟人（出资者）以老练、富有海事经验者为主，负责整个捕鱼活动，又雇佣一批渔民，集中几十艘蜑船出港。到了外洋，"长年居中，众蜑群而听命"，蜑船环圈击板以驱鱼，长年居中张网以取之。有时也可收获数十担海鱼，"获利什佰"。

南澳渔歌《敲罟歌》唱道：

"一夫一妻，三十六仔团团圆；为着财利拆分去，父母一叫到身边。"②

这首渔歌采用比拟手法，生动介绍了南澳渔民的一种捕鱼作业——敲罟。敲罟由罟公、罟母二艘大船及36艘小艇组成，渔工200余人。作业时，在罟公、罟母的指挥下，先围成一大圈，一齐敲响锆声，逐渐缩小包围圈，让鱼群朝着无声的罟公、罟母间撒下的网口游去，以此收获。

敲罟作业示意图

敲罟

牵罾则有更大规模，渔船结对出洋捕捞。这种渔船与渔具造价昂贵，"必富室巨贾为之"。富室巨贾先用名帖花仪聘定舵公，由舵公总负其责。六、七月间，舵公与船众下寮预整帆索，一俟风信来到，渔船即乘风出洋，在浩瀚大海里追逐鱼群，"各矜识力，举网而渔"。结网以后，以一渔船装鱼为对母，以一渔船收网为对子，相率回港。牵罾捕捞一天的收获有时可卖鱼一万制钱以上。

---

① 齐翀：《南澳志》（乾隆四十八年刻本）。
② 陈友义：《潮汕渔歌中的渔歌》，载《汕头党史与方志》2018年第2期。

外洋集体捕捞一般系渔民三五成群而为。

随着清代红头船商人的兴起，大规模的外海捕捞又操纵在富室巨贾手中，他们坐拥巨资，建造适应外海作业的渔船，雇请大量渔民为佣工出海作业，因而红头船商人资本有力地促进了汕头外海渔业的发展。

渔业生产的发展，使得汕头先民的饮食习惯带有明显的海洋特征。清代的汕头人，"所食大半取于海族，故蚝生、鱼生、鱼返生之类，辄为至味，然烹鱼不去血，食蛙兼啖皮"。①

汕头有多处港湾，近海有大片滩涂，10米等深线内浅海滩涂面积74.3万亩，可利用面积46.8万亩，200米等深线内渔场面积5.3万平方公里，适宜海水养殖，海水养殖古而有之。《汕头水产志》记述：潮阳水产生产历史悠久。潮阳县峡山出土的鱼骨、贝壳及采捞贝类的工具"蚝蛎啄"，可证四五千年前潮阳沿海先民已有从事水产的采捞。宋代以后，潮阳、澄海乡民在海滩投石养蚝、围堤捕养鱼虾，建养殖场，放养泥蚶、红肉和薄壳。

汕头面向南海，得海之利，海洋资源十分丰富。据《汕头水产志》记载：汕头海区水产资源近海已知和鉴定的鱼类有471种，虾蟹类17种，贝类30多种，藻类近20种。优越的海洋条件和丰富的水产资源，为汕头人生产生活提供了取之不尽、用之不竭的源泉，也使滨海乡民养成了明显的海洋性格。他们看想这些丰富的海洋物产，驾舟驶船，"讨海"捕鱼，发展放绫、拖网、敲罟、牵罾、掇鱿、车罾、垂钓等渔业生产方式。

丰富的海洋物产，发达的渔业生产，形成了明显的海洋经济，这对汕头海上丝绸之路文化的产生发展具有十分重要的意义。它不仅使汕头有了丰富的生活资料，形成"无海鲜不成宴"的饮食习惯，为汕头先民开展海上贸易提供了丰富的商品货源，更是使汕头先民在长期的海洋捕捞中，了解海况，熟悉海路、航道，积累了丰富、"老到"的航海经验。

二、"煮海为盐"：丰富的盐业经济

盐是人类必需的食物之一，在调味品中名列首位。潮汕濒海，有很长的海岸线及沿海滩涂，适宜煮海为盐。与有悠久历史、较为发达的渔业生产相对应，汕头地区的产盐历史较早。旧时渔民因归港晚，鱼或卖不完，需要保鲜，但其时没有冰冻，只能腌制，腌制的主要材料就是盐。因而，汕头先民充分利用本

---

① 周硕勋：《潮州府志》，卷12，"风俗"。

地近海、海水咸度高、阳光充足等有利条件，发展海水晒盐生产，盐业生产随渔业生产的发展而发展。

潮阳的盐业资源十分丰富，盐业生产起源甚早，"百姓煮海水为盐，远近取给"，① 在唐代就成为著名的产盐地。

进入宋代，汕头盐业生产更趋兴盛。元《三阳图志》说："潮之为郡，海濒广斥，俗富鱼盐。"②

宋代的盐业生产已具有相当规模，由于宋朝官府收入的1/3来自盐利与盐税，因此非常重视盐业生产，专门设立盐场组织生产。从《宋会要》"食货"23之16绍兴三十二年（1162年）盐额中，最早可以看到三所盐场的具体名称是小江、招收、隆井。《永乐大典》卷5343《潮州府》附有宋代潮州总图，在图右下方韩、榕、练三角洲濒海一带，分别标识着三盐场的位置及所辖盐栅则有更为明确的记载。

小江场在今澄海溪南镇仙市村附近，辖今饶平、南澳、澄海至汕头鮀浦沿海诸栅；招收场在今汕头市达濠江区濠江沿岸，辖今汕头达濠、河浦至潮阳海门沿海诸栅；隆井场在今潮阳区南练江北岸，辖今练江口以西的潮阳区至惠来县沿海诸栅。以上三盐场及所属的盐栅，处政府严格控制之下。

此外，潮阳、南澳、澄海沿海居民还有若干私行煎煮的小盐场。官场私灶，齐声发展。

潮阳盐场规模宏大，河浦华里盐场遗址面积多达1000余亩。官盐生产规模巨大，《宋会要辑稿》"食货"23之22记："（雍熙）四年正月二十五日，潮州上言，有盐六十四万余石，岁又纳三万三千，所支不过数百石"。潮阳盐场终年热气腾腾，火轮升日，万灶晨烟。宋代诗人王安石在《潮阴道中》一诗中描绘道：

火轮升日路初分，雷鼓翻潮脚底闻。万灶晨烟熬白雪，一川秋穗割黄云。③

按照官府的划定，潮阳盐主要供给潮州、梅州、循州，后来还被批准销往汀州。当时的粤闽赣交界地区也是潮阳盐畅销的地区。宋代王安石《虔州学记》称汀州与赣州为"交广闽越铜盐之贩道所出入"。这里的食盐原由官府统配福建盐与淮盐供应，运价既高，质量又低，闽赣粤交界各地人民普遍喜食潮盐，大

---

① 李吉甫：《元和郡县图志》卷34，"岭南道一·潮州"，中华书局，1983年。
② 《永乐大典》（潮字号），第50页。
③ 《永乐大典》（潮字号），第50页。

量汀州与赣州商人来潮阳走私潮盐，"运潮以给民食，余则发卖江贩"。随着汀州、赣州外销渠道的拓展，煮盐有利可图，更加刺激了潮阳盐业生产的发展。

宋元时期本地区的自然资源获得比较充分的利用，渔业、盐业生产都十分兴旺。公元1000年在潮州当通判的北宋名臣陈尧佐写过一首《送潮阳李孜主簿》诗，一开口就称赞：

潮阳山水东南奇，鱼盐城郭民熙熙。①

南宋时期，潮阳又出现个体盐业生产者——锅户，打破官营垄断，盐业生产分为亭户与锅户。亭户生产的盐称"正盐"，全部由官府控制，无偿收取或低价收购；锅户生产的盐称"浮盐"，缴税后即可自行贩卖，所谓"正盐出于亭户，归于公上；浮盐出于锅户，鬻之商贩"。② 更多的沿海居民从事盐业生产，促进潮阳盐业的发展。

宋代的鮀浦小江盐场是重要的生产基地之一，而小江盐场至迟在南宋初年便"居当时广东各盐场的第四位"。

由于"盐之为利，既可以给民食，又可以供国用矣"，元代本地的盐业依旧兴旺。如有记载说："宋设盐场凡三所，元因之。散工本钞以助亭户，立管勾职以督课程。"③ 显然，历经改朝换代之后，官方对汕头海盐生产的控制也一如从前。小江、招收、隆井三盐场，岁办盐额分别为7824引、2086引、1686引，合计11596引，"三县一司岁散民盐总8486引。"④ 由此看来，三盐场的岁办盐主要供应本地。除此，剩余不多。

明朝对于盐业生产者的身份、盐商到场收买的程序以及行盐地域均有严格的规定，属国家专卖性质。明中叶时，王权官府准允盐丁交纳银两与放松对余盐的控制，放松了对盐业生产与销售的控制，于是，私盐大行其道，极大地促进了盐业生产，制盐业遍及潮阳、澄海、南澳、饶平沿海地区，如潮阳县招收盐场的人民"煮海为盐，下广为生，千顷霜飞，万斛鸥轻，况复精悍，视死如归"。⑤

一直到今，汕头的达濠，南澳的后江、深澳、青澳、云澳，澄海的盐灶，潮南的井都、田心等地，都有优良的盐场。

---

① 祝穆：《宋本方舆胜览》卷36，"潮州·题咏"，上海古籍出版社，1991年。
② 林济：《潮商史略》，华文出版社，2008年，第13页。
③ 《永乐大典》(潮字号)，第50页。
④ 《永乐大典》(潮字号)，第50页。
⑤ 林济：《潮商史略》，华文出版社，2008年，第34页。

达濠青州盐场地

盐是生活必需品，一直以来是官府专卖，但民间走私贸易也一直存在着，特别是明朝海盗贸易与清朝红头船贸易。无论是官府专卖还是民间走私贸易，盐业经济的发展无疑为汕头海上丝绸之路文化的产生发展提供了充足的条件。

三、"稻得再熟"：发达的农业生产

考古发现的距今5000多年的农业遗址，见证了潮阳的原始农业生产。到了战国秦汉时期，潮阳农业生产还处于"火耕水耨"的落后状态，从中原各地辗转迁移而入潮的先民，把北方先进的农业技术带到潮阳。这些技术在这更为优越的土地、气候条件下，取得了新的长足发展。历代被贬谪到潮阳的官员，"办学校，劝农桑"，为潮阳农业和全面经济文化发展做出了一定的贡献。

及唐代，潮阳农业生产工具与耕作技术已有显著的改进，"火耕水耨"已被铁犁牛耕所取替；昔日的荒地开始被垦辟成广阔的田畴，长上茂盛的庄稼，出现了"稻得再熟，蚕也五收"的新景象。

两宋时期，潮阳人口迅速增长，水利全面兴修，土地较大规模地开发，农业生产迅速发展。北宋时期，潮阳农作物和水果种植类也不断增多，呈现了"万灶晨烟熬白雪，一川秋穗割黄云"的繁荣景象。南宋时期，潮阳经济和社会发展程度已经接近江南先进地区的水平。

宋元时期，畜力的使用也是此时期农业开发过程中值得注意的一个现象。宋哲宗年间（1086—1100年），朝廷在本地征购牛皮。潮阳县令郑敦义上奏说，"黄牛上善耕，农以子视之。今吏急征皮，窃恐为害不止一牛，小民将无所恃为

命"，哲宗遂下令免征。① 农视牛如子，说明其对畜力的高度重视，也反映了随着本地农业开发进程的加快，对耕牛需求的急切。

明清时期，潮阳、澄海沿海地区，以筑埍堤御海潮为主，与大海争土地，首先围沙滩为水坦，捕鱼蛤或放养鹅鸭；接着变水坦为潮田，种植红种稻等；最后大修基围，整理水利涵道，潮田成为肥沃高产的围田，可种植两季水稻。

潮阳、澄海先民极其珍惜土地，土地利用率极高。阳田、围田等水田种植早晚稻；山田春夏季种水稻，秋季种杂粮；旱地园地则种植杂粮与果树、甘蔗、蔬菜等。先民更是注重农业技术的提高，种田如绣花，不断提高农业产量。根据1550—1650年的数据显示，潮汕地区水稻平均亩产已达440斤，比之当时南方水稻亩产392斤，高出了10%以上。② 在明代前期，潮阳、澄海成为大米输出之地。

汕头先民不仅种植水稻，也种植经济作物。据有关资料，明清以后，从外地引进的作物有甘薯、马铃薯、小麦、玉米、烟草、木薯、瓜菜等40多类。特别是最具经济价值的甘蔗。

汕头甘蔗种植兴起于明清，潮阳、澄海等县农民大量种植甘蔗，榨取食糖，由商人运销各地。特别是在清代，糖成为闻名全国的食糖，有乌糖、砂糖、白糖等数种，大量运销天津、苏州等大规模市场，更加刺激农民种植甘蔗，甘蔗种植在经济作物种植中"首推巨擘"，蔗农往往合六七户为糖寮进行榨糖加工。蔗田漫野，糖寮遍地，成为清代潮阳、澄海乡村一个蔚为壮观的景象。清乾隆年间（1736—1796年），潮阳县令李文藻曾咏道：

岁岁相因是蔗田，灵山脚下赤寮边。到冬装向苏州卖，定有冰糖一百船。③

潮阳产的蔗糖，多为高质量的"葱糖"。《潮中杂记》卷七"民赋物产志"中即有"葱糖"记载，说"潮之葱糖，极白极松，绝无渣滓。"隆庆《潮阳县志》卷七"民赋物产志"中即有"沙糖"记载。潮阳所产蔗糖，"最白者，以日暴之，细若粉雪，售于东西二洋，曰洋糖"。④ 在清代，潮阳糖产量可能位居全国之冠。

发达的农业、丰富的农产品，特别是甘蔗等经济作物的发展，为汕头发展国内外贸易提供了源源不断的商品货源，壮大了汕头海上丝绸之路，为汕头海

---

① 隆庆《潮阳县志》卷11"名宦列传"。
② 黄挺：《中国与重洋》，三联书店出版社，2017年，第89页。
③ 张其：《潮阳县志》卷22"艺文"，载李文藻《劝农十二首》其八。
④ 张渠撰，程明校点：《粤东闻见录》卷下，广东高等教育出版社，1990年。

四、发达的手工业

手工业是指使用简单工具,依靠手工劳动,从事小规模生产的工业,主要是生产日常生活用品。在工业社会之前,商业贸易主要就是手工业产品。一个地方手工业的发展发达是商业贸易发展发达的重要前提。汕头海上丝绸之路的产生与发展,与历史上汕头手工业的发展息息相关;相应的,汕头海上丝绸之路文化的发展也与历史上汕头手工业的发展密不可分。

唐代的潮阳,纺织业逐步发展起来,尤以蕉布出名。《广东新语》卷十五《货语·葛布》则称:"粤故多葛……出潮阳者曰凤葛,以丝为纬,亦名黄丝布。"①"唐时端、潮贡蕉布。"蕉类不一。其可为布者曰蕉麻,山生或田种,以蕉身熟踏之,煮以纯灰水,漂潎今干,乃绩为布。②

《新唐书·地理》载:"潮州潮阳郡,下。本义安郡。土贡:蕉、鲛革、甲香、蚺蛇胆、龟、石井、银石、水马。"③

乾隆《潮州府志》载:"唐时潮阳郡每年贡蕉十匹,乃蕉布也。"④ 这里的潮阳郡即潮州府,当中就包括了潮阳县。

可见,此时的潮阳纺织业已经相当发达,所产蕉布成为唐代宫廷贡品,每年需要上贡中央政府蕉布十匹。

《宋史·地理志》载:"潮州,下,潮阳郡,军事。元丰户七万四千六百八十二。贡蕉布、甲香、鲛鱼皮。"⑤ 也就是说,与唐代一样,宋代潮阳所生的蕉布仍然是宫廷贡品。

宋代以来,潮阳绸绢等产品有较大发展,颇有市场。嘉靖《潮州府志》的作者在卷二的一条跋语中,对潮阳云葛的高价非常不满,"潮阳云葛,价逾五金,非所谓淫巧导奢耶!"

在清代,潮阳棉麻纺织业成为相当普遍的农村家庭手工业。李调元《南越

---

① 屈大均:《广东新语》,北京:中华书局,1985年,第423页。
② 屈大均:《广东新语》,北京:中华书局,1985年,第425页。
③ 欧阳修、宋祁撰:《新唐书》,中华书局,1975年,第1097页。
④ 周硕勋:《潮州府志》,卷39,"物产·棉布",潮州市地方志办公室,潮州市档案馆,2001年,第982页。
⑤ 脱脱等撰:《宋史》,中华书局,1977年,第2236页。

笔记》说;"潮阳产绒布,极重密,蔽风雨,俗称潮布,行用远近。"① 潮阳原来就有"吉贝园""大棉田""小棉田"等村名,今天仍然有"棉城""棉花"等地名考察,潮阳种棉织布的历史不短。

潮布喜欢用潮阳本地出产的蓝靛染色,又叫作"潮蓝"。因为色泽鲜艳又不易褪色,颇受青睐。乾隆《潮州府志》说:

潮之女红最勤,所出极多,其染蓝色者光艳耐著,名曰潮蓝。②

明清时期的澄海,纺织业也发展,颇有成就。嘉庆《澄海县志》"风俗"篇"生业"条的按语说:

《旧志》曰:邑僻处海滨,号称沃壤,农安陇亩,女勤绩纺,务本业,谨盖藏,为潮属九邑最。③

康熙《澄海县志》也载:"程洋岗妇专织纻,男子喜商贩。"④

本地出产的烟叶与烟丝,以潮阳县最多。乾隆《潮阳县志》自夸烟叶以"棉产为上,叶梢承露,制烟极佳。"⑤ 这就是著名的"承露烟。"这里的棉指潮阳,潮阳县治称棉城。海上丝绸之路又称为海上陶瓷之路,盖因在潮汕,海外贸易的主要商品是陶瓷。从考古发现来看,本地区瓷器生产始于唐朝而盛于宋。在宋代,潮州瓷器生产最为著名,尤其是潮州笔架山瓷窑。

在澄海程洋岗营盘山,包括窑东、窑西、管陇等地,也有不少古窑区。后湖一带也布满瓷窑群。这一片范围甚广、规模巨大的瓷器工厂,在时代上与北关瓷窑相接而稍后,可以认定是潮州瓷器制造中心的东移。它用可以和当时著名窑场媲美的生产规模和工艺技术,生产出来的大量瓷器,主要销往海外。

清后期,澄海神纸畅销海内外市场。神纸乃是用汀州出产的土纸与梅县出产的槐花加工制作而成。在清末,澄海神纸成为一项大宗输出品,运销天津、青岛、烟台及暹罗、安南、新加坡。《中国海关:各口海关贸易报告》汕头口的报告说,1867年就有234条夹板船驶进汕头港,载走"运往香港的纸张"。⑥《汕头指南》说:"在松口,庵埠,澄海,尤其是在有3万人赖以为生的澄海莲

---

① 李调元《南越笔记》,王锡祺:《小方壶斋舆地丛钞》。
② 周硕勋:《潮州府志》,卷39,"物产·棉布",潮州市地方志办公室,潮州市档案馆,2001年,第982页。
③ 黄挺:《潮商文化》,华文出版社,2008年,第121页。
④ 康熙《澄海县志》,转引自黄挺《潮商文化》,华文出版社,2008年版,第114页。
⑤ 乾隆《潮阳县志》,转引自黄挺《潮商文化》,华文出版社,2008年版,第156页。
⑥ 转引自聂宝璋编:《中国近代航运史资料》。

洋铺,都在大规模地制造神纸",① 大约年贸易额在300万—400万元之间。澄海神纸成为出口的大宗商品。

铁锅也是潮阳传统的手工业产品。光绪《潮阳县志》所载海关条例提到的商品抽税照例中,就有铁锅一项。由于清朝律令禁止铁和铁器出口,潮阳商人大都借口把铁器运到海南销售,私下里再偷偷转运南洋各埠。张之洞在《请开铁禁折》中提到,光绪十五年(1889年)以前,每年出口到新加坡等地的铁锅,"由汕头贩去者约三十余万口。"②

五、矿产资源

潮阳、澄海、南澳等区域的矿物资源,除岩石之外,主要有锡、钨、银、铅、铜、铁等有色金属矿物与蕴藏量极多的高岭土。从距今约8000年前开始,汕头先民就开发利用这些矿物资源。矿产的开发利用,对推动汕头历史演进起了重要的作用。

如今,汕头市所属的潮阳、澄海、南澳等区域已找到矿产42种,共有矿产地180处。从已有区域地质勘查成果来看,汕头区域地质的显著特征是中生代侵入岩花岗岩类发育,第四纪海陆交互相及海相沉积发育,与之相关的矿产资源种类颇多,分布较广。与内生成矿作用相关的钨锡多金属矿主要分布在澄海、潮阳等地花岗岩类分布区,与外生成矿作用相关的石英砂、锆英石、钛铁矿等主要分布滨海地带。区内的矿产以钨、稀土、玻璃用砂、建筑用花岗岩、饰面用花岗岩及矿泉水、地下热水等资源相对比较丰富,其勘查开发前景甚好。锡、金、钛铁矿、锆英石、独居石及高岭土、耐火黏土等具有找矿潜力。广泛分布的花岗岩及石英砂、黏土是重要的建筑原料资源。

---

① 林济:《潮商史略》,华文出版社,2008年,第35页。
② 张之洞:《张文襄公全集》卷19,转引自蒋祖缘《广东航运史(近代部分)》。

第三章

汕头海上丝绸之路文化产生发展的社会历史条件

自从有了人，就有了人的历史。历史说到底是人的历史。历史是人创造的，也是人书写的。文化是人创造的，文化是人的文化，离开了人就无所谓文化。文化有其产生发展的历史过程，亦即文化史。文化史是人类社会历史的一个重要组成部分。文化的产生发展离不开人类社会历史这一大背景，以人类社会历史发展为其条件。作为汕头文化一个重要组成部分的"海上丝绸之路"文化，当然离不开汕头的社会历史发展，是汕头社会历史发展的必然产物。

考古发现的南澳象山文化遗址，证明距今约 8000 年前就有居民在这块土地上休养生息。

潮阳峡山（今属潮南区）出土的鱼骨、贝壳及采捞贝类的工具"蚝蛎啄"，是 4000—5000 年前潮阳先民从事海产采捞的历史见证。

考古发现的距今约 4000—3500 年前的东坑仔文化遗址，见证了南澳先民"耕海牧田"的历史。

公元前 214 年，秦始皇派兵守五岭，设置了桂林郡、象郡、南海郡。汕头这一地方当时属南海郡。

西汉前期，南海郡为南越王统治。

公元前 111 年，西汉政府置揭阳县，属南海郡。

澄海龟山文化遗址反映了西汉时期澄海的政治、经济、文化发展。

三国时，汕头属东吴地界。

公元 331 年，西晋分南海郡立东官郡。汕头这时属东官郡所辖地。

413 年，东晋王朝分东官郡立义安郡。潮阳始设县，受义安郡管辖。

591 年，隋朝设置潮州。自此之后，一直到清朝，汕头为潮州管辖。潮阳与海阳（今潮安）、揭阳并称"三阳"。

1563 年，明朝设置澄海县。

1576年，明朝设南澳副总兵，受"两省所制，又制两省之兵。"① 划深澳、隆澳属广东潮州府，云澳、青澳属福建漳州府。清康熙二十四年（1685年），南澳设总兵，深澳、隆澳属广东潮州府，云澳、青澳属福建漳州府。1732年，清政府设粤闽南澳海防同知。1912年，国民政府设置南澳县。至1914年，南澳全岛归属广东省。

以小公园为中心的汕头，原是一个海边渔村，元朝时称为"厦岭"。明清时易名为沙汕、沙汕坪、沙汕头。清雍正到乾隆年间，迁移到这里沿海一带居住的人越来越多，除耕田、捕鱼之外，他们还用海水晒盐。各地盐贩乃纷纷前来，清政府便在这里设关卡征收盐税，并把这里简称为"汕头"。清嘉庆年间，汕头作为港口，经济日趋繁荣，所以被称为汕头港。1858年，英法联军强迫清政府签订《天津条约》，潮州等被增辟为通商口岸。1860年，汕头依约开埠，汕头迅速崛起，取代潮州成为粤东地区的政治、经济、文化中心。1921年，汕头设立市政厅，管辖澄海县。

汕头社会历史发展为包括"海上丝绸之路"文化在内的汕头文化产生发展提供了重要的社会历史条件。汕头海上丝绸之路文化，是在长期的海上丝绸之路中产生发展的，是汕头"海上丝绸之路人"长期的海上丝绸之路中创造的。在长期而频繁的海上贸易与文化往来中，汕头人与海上丝绸之路沿线国家地区人民，尤其是东南亚人民共同创造了丰富灿烂的"海上丝绸之路"文化，形成一个颇具规模、鲜明特色的"海上丝绸之路"文化圈，留下丰富的"海上丝绸之路"文化遗产。

形成于秦汉时期的海上丝绸之路，是我国古代一条重要的海上贸易航线，它与陆上丝绸之路相对应，交相辉映，共同推动我国南北方对外商业贸易的发展，经济的繁荣。历史上，汕头是海上丝绸之路的重要节点。由于文献资料的相对匮乏，明朝以前汕头海上丝绸之路的历史记载较为零碎，我们只能依据一些零碎的文献资料以及考古来认识明朝以前汕头海上丝绸之路的历史。

秦汉时期，汕头海上丝绸之路无甚历史文献可表露，能让我们认识此时期汕头海上丝绸之路的是澄海龟山文化遗址。

龟山文化遗址位于汕头市澄海区上华镇北陇附近的龟山，面积约2万平方米，是一处汉代官署遗址，这是迄今为止潮汕平原发现的唯一大规模的西汉文化遗址。遗址位于海岸不远处，遗址中出土了铜铁器，并有铸造铜铁器而遗弃

---

① （清）齐翀：《南澳志》（乾隆四十八年刻本）。

的废渣。其时潮汕地区并无产铜或产铁，这些铜铁器原材料应来自外地，更多的可能是从粤中广州地区海路输入，因广州有较发达的造船业和铜铁器铸造业。遗址还出土有玛瑙珠、玛瑙耳珰等饰物，这类饰物在广州、佛山、徐闻等地汉墓多有发现，一般认为是从海外输入。汕头地区虽然发现较少，但也反映海外物品在汉代已输入本地区，这是汕头地区参与南海海上丝绸之路活动的实物例证。澄海龟山文化遗址见证了汕头古代海上丝绸之路的历史。

龟山文化遗址

公元230年，东吴孙权派大将卫温率船队达到夷洲，即今之台湾。这既表明东南沿海造船业、航海技术的发展，也说明了对台湾航路的开辟。

到了隋朝，潮人不时有海商与台湾贸易，甚至达到台湾。《隋书·陈稜传》载：

大业三年，拜武贲郎将。后三岁，与朝请大夫张镇周发东阳兵万余人，自义安泛海击流求国。月余而至流求。人初见舡舰，以为商旅，往往诣军中贸易。①

明万历年间陈天资著的《东里志》卷二《境事志》的记载：

隋炀帝大业四年，遣虎贲郎将陈稜等自义安浮海击琉球，破之……富商得

---

① （唐）魏徵、令狐德棻等撰：《隋书》，北京：中华书局，1973年版，第1519页。

第三章　汕头海上丝绸之路文化产生发展的经济历史条件

以逡巡海道，与夷人交通，夷人也得扬帆万里，与中国关市，皆自兹役起之也。①

《东里志》的这则材料是方志中最早涉及潮汕对外贸易的记录，在材料中，作者还论述道："（续前引）其云，自义安淫海，则必维舟岛屿，隆、深、云、青四澳，皆所经历矣。"② 大意是，从义安郡出海，南澳岛上的隆澳、深澳、云澳、青澳是必经的港口。也就是说，往来东西洋的海上交通线，南澳岛是一个重要的出发点或补给点。

潮汕地区自隋时已启肇端的海上贸易，到了唐代，随着社会发展而发展，海船、港口、外销货物事实存在。隋唐的潮州逐渐成为"海上丝绸之路始发港之一"。③

据《广东省志·对外经济贸易志》所记载："唐代，潮州也随广州发达的海外贸易而开始成为广东地区又一对外经济贸易的港口……南海和大食蕃商时常到潮州港进行贸易，《全唐书》载称：'波斯古逻本国二舶，顺风而至。亦云诸蕃君长，远慕望风，宝舶荐臻，倍于恒数。''除供进备物之外，并任蕃商列肆而市，交通夷夏，富庶于人。'足见潮州港外商已相当活跃。"④

隋唐时期的广州是中国南海漫长海岸的一大港口，也是最大的国际贸易港口之一，内外商旅、各国使节大都在此进出。潮州与广州相距不远，此时潮州作为岭南道一个下州，向岭南道的治所、海上丝绸之路上举足轻重的关键点广州靠拢，潮州港很自然地成为广州港的支线。如唐文宗《太和八年疾愈德音》称："南海蕃舶本以慕化而来，固在接以恩仁，使其感悦……其岭南、福建及扬州蕃客，宜委节度观察使常加存间，除舶脚收市进奉外，任其来往通流，自为交易，不得重加率税。"⑤ 这里的"岭南"，便是指涵括潮汕地区在内的整个岭南道。

中唐之后，潮汕地区开发态势良好，陶瓷、丝绸麻纺等行业迅速崛起。当时广东的出口商品主要是丝绸、茶叶、瓷器、纸张、金银器、铁器、铜钱和雕

---

① （明·万历）陈天资纂修：《东里志》，潮州市地方志办公室，2004年，第45页。
② （明·万历）陈天资纂修：《东里志》，潮州市地方志办公室，2004年，第45页。
③ 广东省地方志办公室编纂委员会编：《广东省志·船舶工业志》（光盘版），广州：广东省科技音像出版社，1996年，第42页。
④ 广东省地方志办公室编纂委员会编：《广东省志·船舶工业志》（光盘版），广州：广东省科技音像出版社，1996年，第26页。
⑤ （清）董洁等编：《全唐书》，北京：中华书局，1983年，第785页。

刻品等，这其中的丝绸、瓷器不少是由潮汕地区的港口输出，而不管是直接出洋抑或转运广州港再出口，潮汕地区的港口如潮州港、凤岭港等都是一个重要节点，或说起始点之一，在当时的海上丝绸之路上发挥着重要的作用。

后溪港是潮阳最古老的港口。后溪港在县邑东郊，这里的后溪小河连接南海，航运可达潮州、揭阳、兴宁、梅州、福建等地。据史料记载，潮州刺史洪大丁任满，于潮阳歧北（今属铜盂镇）定居。唐贞元五年（789年），洪大丁置木舟10余艘，沿练江水道载运货物，在潮阳新兴乡（后为县城）后溪建码头，与府内各县通商，潮阳水上通商于是渐渐盛行。① 后溪港又因唐大文学家韩愈二度至此而扬名。

唐代直接谈及潮阳、澄海、南澳海上丝绸之路的文献不多，但是，谈及的潮州就包括了潮阳、澄海、南澳等地，这些地方当时属于潮州管辖。

宋元两朝是我国古代海上丝绸之路繁盛的主要时期。入宋之后，经济社会发展快速，尤其是南宋经济重心的南移，造船技术的提高，海运的日益发展，社会逐渐实现从大陆走向海洋的历史转变。妈祖信仰正是这一时期海运海贸发展的产物。地处南中国海的汕头，沐浴这一春风，得濒海之利，海上贸易较前大为发展，海上丝绸之路也因此而更为拓展。

宋代汕头海上丝绸之路发展的重要前提是本地区经济的快速发展。对此，大诗人杨万里有诗为证：

地平如掌树成行，野有邮亭浦有梁。旧日潮州底处所，如今风物冠南方。②

经济发展的一个重要表现，就是瓷业生产规模很大，而陶瓷产品主要对海外销售，这就推动了潮汕历史传统悠久的海上交通更趋兴旺。

宋代汕头海上丝绸之路发展的重要条件，是造船业的发展。宋朝对民间发展海外贸易和造船业采取鼓励政策，造船业因而得到充分发展。据《广东省志·船舶工业志》记载，宋时广南路的造船工场和造船作坊分布于广州、南恩州、琼州、端州、惠州和潮州等沿海、沿江地区。此时海船的建造趋于大型化，吴自牧《梦粱录》有载：

海商之舰，大小不等，大者五千料，可载五六百人，中等二千料至一千料，亦可载二、三百人。③

---

① 郭亨渠：《古代潮阳水上通商口岸》，载《汕头日报》，2012年01月17日。
② 杜松年：《潮汕大文化》，中国科学技术出版社，1994年，第63页。
③ 广东省地方志办公室编纂委员会编：《广东省志·船舶工业志》（光盘版），广州：广东省科技音像出版社，1996年，第42页。

到了南宋，潮汕地区便成为官方战船生产基地之一，能够大量制造较具规模的海舶。刘克庄为潮阳知县林埏撰写的《林沅州墓志铭》称：

潮阳时，有旨造战舰。①

据学者李宏新先生考证，潮阳受命造战舰，大约在南宋乾道年间（1165—1173年）。这是第一条涉及潮汕地区成为官方造船基地情况的文献，意味着潮汕地区造船能力已有一定水平。②

宋代本地的主要外贸港口有南澳港、鮀浦港、辟望港等，而倚韩江的澄海凤岭港是较早、较为主要的汕头海上贸易港口。

凤岭港又名岐岭港、旗岭港，位于韩江东西两溪之间，韩江三角洲平原中部南峙山、凤岭、冠山一带，主要港区在今澄海程洋岗。入宋之后，由于韩江东西两溪之间的江心洲江东都已基本定型，江东洲两旁的河段开始淤高，作为本区最大商贸港的潮州港，不得不在东溪航道下游寻求新的港区，这就促成了凤岭港的兴起。

宋代的凤岭港是汕头地区船舶停泊、航海的对外贸易港口。《潮州府志》载："旗岭港，距城（潮州）十五里，南洋大洲之北，自韩江发源而来，凡来往之客舟多泊于此。"③《澄海县志》则载：凤岭港"艨艟辐凑"，"负山阴海"，"为潮郡之襟喉"。④

据地方史志载，凤岭港创立于宋太宗大平兴国二年（977年）。港埠拥有永兴街、新兴街、下市、店铺头、源兴街、沙尾营盘市等建筑物和建成区，形成"之"字形的街头网络。市西有官司厝、营盘；港东侧有"建炎大道"，直通小江驿、来贤驿，沟通与闽西南的关系。港背还有程洋瓷窑群以及北宋时开挖的运河山尾溪。在凤背与南峙山坳处有强缆工场，以供应远洋船航海之用。作为汕头最古老的对外贸易口岸，凤岭港当时出口外销主要是陶瓷产品。

凤岭古港的发展，带动了其他事业的发达和经济的繁荣。凤山岗上建了凤岭宫、天后庙等供古代航海者祈拜的庙宇。宋哲宗元符二年（1099年），盐运官李前在凤岭山同步凿通了韩江东溪与北溪之间的运河山尾溪（又称为南溪），

---

① 刘克庄：《后村先生大全集》卷一四八，转引自黄挺：《潮商文化》，华文出版社，2008年，第124页。
② 李宏新：《潮汕华侨史》，暨南大学出版社，2016年，第56—57页。
③ （清）周硕勋纂修：《潮州府志》（卷三十四），潮州：潮州市地方志办公室、潮州市档案馆，2001年，第54页。
④ 《澄海县志》编纂委员会办公室编：《澄海县志》，1986年，第41页。

并题诗刻石云："筑堤开井易通津、神宇盐亭又鼎新，力小沿能支五事，增光更俟后来人。"① 从石刻诗看，当时李前发启开拓运河是为了凤岭港盐运需要。凤岭山下的海澳，也是北宋时期的一个较小海港。到南宋末年，韩江东溪的出海口已延伸到现在的澄海南门外的辟望港。

凤岭港一直到南宋还保持着它在本区主要商贸港的地位。南宋以后，由于横陇洲的成陆，南北堤的逐渐向海滨修筑，东溪成为韩江排洪干道，凤岭港地理优势失去，其地位便为樟林港、柘林港、庵埠港所取代。

辟望港是宋代一个重要的对外商贸港口，位于澄海辟望村西南方（今澄城西门乡外围），这里正是韩江西溪的出海口。唐宋以前，辟望村前面是一个海湾，辟望港直通大海。北宋时，曾有庄姓人家入住，成为此地最早的原住民，庄姓人家成为早期的辟望港商。几十年前，曾有农民介绍说，土改时期，农民分果实，他家分了两个大"东司"，每个有数米阔，数米深，可谓前所未见。后来，他才得知，原来这不是厕池，是码头的两个大鱼窖。当年，渔船一到，成千上万斤的鱼，一时无法全部运出去，又无冷冻设备，只好统统放进窖里腌成咸鱼，然后，慢慢运往客区和江西，这是古人的经商之法。

南宋时期，全国政治经济中心南移，广州与泉州同时成为为海上丝绸之路的首发港。广州、泉州之间的海运，必经韩江口海域，处于两者中间的潮州，其前沿港口辟望与庵埠正是重要的水路门户，是潮州陶瓷和海盐的重要出口港，也是南来北往船只的停泊点或转运点，其繁华景象可想而知。

在潮汕，有不少称"澳"的地名，当中最出名的，莫过于南澳。"澳"一般是指海边弯曲可以停船的地方，往往可为海港。南澳古称百澳，就是说，这里可供泊船的港澳非常多，现在整个岛上比较有名的还有深澳、青澳、云澳、隆澳、长山澳、竹栖澳等99个澳。海岸线长达77公里，可供船只停泊、补给和避风。当中，青澳、深澳、云澳、隆澳是岛上较大的港口。

《永乐大典》卷首《地里图》显示：位于大陆东南方海面上已标示有"南澳"地名，绘有山峦岛状图，原是宋元潮州方志《三阳志》（《三阳图志》）卷首之附图。嘉靖《广东通志》载南澳山"内三澳，曰青，曰深，曰隆（澳），即长沙尾。"

清代在潮为官的蓝鼎元在《潮州海防记》中对南澳港口有较具体的介绍：深澳和隆澳，有可以相互补充的良好港湾环境，深澳西北，半倚山阿，外险内

---

① 蔡英豪主编：《澄海文物志》，1987年，第47页。

宽，千舟可聚。若北风狂发则不如隆澳之安。隆澳在西南，南台（按即台风）骤起，则也宜于深澳。青澳和云澳港湾环境稍差，"青澳在东，涛波险恶，无泊舟善地。云澳在南，近岸皆沙，水浅风飞，巨舰亦难停顿。"①

自古以来，南澳的海上交通就很发达。南澳海域是南北交通的必经之路，大凡南北商旅交通贸易、舰船出外征战、倭盗劫掠与剿盗、海上互市等，无不与南澳关系密切。《东里志》所记载的610年隋炀帝派陈稜和张镇州远征琉球，就是在南澳寄锚，并经南澳海域出发的。

宋代的南澳就是"番舶"出入之地。20世纪80年代初，南澳县进行文物普查发现了大潭"捨井"石刻，据专家考证，"石刻反映了宋代海船停泊南澳的一段史实。"②

南宋初年，南澳西北面长沙尾作为典型的海盗聚集之区引起朝廷的重视。《宋会要》记载两广及福建沿海："多有海贼啸聚，其始皆由居民停藏资给，日月既久，党众渐炽，遂为海道之害。如福州山门、潮州沙尾、惠州潭落、广州大奚山、高州碙州，皆是停贼之所。"这里的"潮州沙尾"，就是南澳长沙尾（澳）。长沙尾既是"海贼啸聚"之区，又存在一定规模的私商贸易。

据陈天资《东里志·祠庙》"天后宫"条载："（天后宫）一在深澳，宋时番舶建。"③ 这表明南澳岛上的深澳港宋代便有海船停泊，船主们不惜钱财专门兴建了奉祀妈祖的宫庙，显然并非供零星海船偶一停泊而已。值得注意的是，这里所提的"番舶建"，即往来外洋的商船主所建，可见此时的南澳港与外洋的联系颇为频繁。

"番舶"一词，指外国船只，唐时便普遍出现。如《新唐书·孔戣传》载："蕃舶泊步（埠）有下碇税。始至有阅货宴。"它并未有歧义，从来不存在"往来外国的船舶称为番舶"④ 的说法。在《东里志》成书的明万历朝（该书成书于万历二年，即1574年）更是如此——当时海上武装商贸集团横行，即使是林凤、林道乾等长期往来外洋者，其所乘坐的船舶也未见文献称为"番舶"者。因此，《辞海》释为："番舶，亦称'蕃舶''夷舶'。中国旧时指外国来华的船

---

① 王锡祺辑：《小方壶斋舆地丛钞》。转引自黄挺，杜经国：《潮汕古代商贸港口研究》，载《潮学研究》，1993年，第1期。
② 邱立诚、杨式挺：《从文物考古资料探索潮汕地区的古代海上"丝绸之路"》，载《潮学研究》，1994年，第2期。
③ （明·万历）陈天资纂修：《东里志》，潮州市地方志办公室，2004年，第36页。
④ 欧阳修、宋祁撰：《新唐书》，中华书局，1975年，第5009页。

舱。"从此可知，番舶必是外国船舶无疑。

鲘浦港位于桑浦山下，是古代潮汕一个重要的贸易与军事港口。北宋时期，鲘浦就是小江盐场的重要生产基地，同时设有两座盐库，鲘浦港因之兴起，贸易到东南亚和日本各国。南宋初年，由于小江盐场"居当时广东各盐场的第四位"①，带动了港口的建设和对外贸易的发展。

南宋著名诗人杨万里的《过金沙洋望小海》一诗，写了潮州海口商船停泊，如同钱塘江口的景观：

海雾初开明海日，近树远山青历历。忽然咫尺黑如漆，白昼如何成暝色。
不知一风何许来，雾开还合合还开。晦明百变一弹指，特地遣人惊复喜。
海神无处逞神通，放出一斑夸客子。须臾满眼贾胡船，万顷一碧波黏天。
恰似钱塘江上望，只无雨点海门山。我行但作游山看，减却客愁九分半。②

诗人杨万里笔下的"贾胡船"停泊的金沙洋就在桑浦山边，当年竟是樯橹如林的内海湾。

海门港是潮阳最大的古港。海门古称海口村，海口村外的港口称海口湾。早在宋代，海口湾就是潮汕沿海一带渔舟集结港口，又是通商口岸，木舟由此可达厓门（今新会、斗门一带）。

位于榕江中游南岸的潮阳关埠港，古代与达埠（今濠江）、庵埠合称潮州"三埠"。关埠镇是榕江水上运输枢纽，是古代潮汕重要商埠之一。关埠置寨，始于南宋咸淳年间（1265—1274 年）。

隆津古港是潮阳又一大港，位于城南，经内海可到海门湾。《潮阳县志》载："隆井（即隆津）渡，达省城。"③ 隆津古港经护城河可入牛田洋（汕头内海），又可往闽浙江诸地。

达濠古为潮阳县管辖，称"踏头埔"。濠江古称河渡溪，自古为重要通航要道和出海口。河渡门咀山上北宋皇祐四年（1052 年）的一处"南无观世音菩萨"石刻，留下了在此守御的海阳邑长孙蕃的祈愿："孙蕃伏愿仗此良缘，舟舡出入各获安稳。"

到了元代，造船技术继续发展。至元二十一年（1284 年），意大利人马可·波罗在《马可·波罗行纪》中记述：海船之往来波斯湾、中国海间者，华

---

① 吴榕青：《宋代潮州盐业》，载《韩山师范学院学报》，1997 年，第 3 期。
② 黄挺：《中国与重洋》，三联书店，2017 年，第 55 页。
③ （明）黄一龙修，林大春纂，中共潮阳区党史办、地方志办公室、政协文史委员会辑：《潮阳县志》（嘉庆版），2017 年，第 70 页。

船最大，多广州、泉州所造。① 至正六年（1346年），摩洛哥人伊本·白图泰来华，后著《伊本白图泰游记》，游记中这样说：从广州出海的船舶共分三等，"大者曰（Junk），中者曰艚（Zao），第三等曰喀舸姆（Kalam）。大船有三帆至十二帆，每船水夫共载一千人，此类商船皆造于刺桐（泉州）及兴克兰（广州）"。② 可见，元代广东海船有了更大规模发展。

潮汕地区在宋元时已经有大量的海舶，正史中首次有关大规模潮汕船队的记载来自元代。《元史·世祖六》"至元十六年（1279年）"条载：

（二月）庚寅，张弘范以降臣陈懿兄弟破贼有功，且出战船百艘从征宋二王，请授懿招讨使兼潮州路军民总管，及其弟忠、义、勇为管军总管。③

《元史·世祖九》"至元二十年（1283年）"条载：

（十一月）癸丑，总管陈义愿自备海船三十艘，以备征进。诏授义万户，佩虎符。义初名五虎，起自海盗。内附后，其兄为招讨，义为总管。④

以上两则文献资料给我们提供的历史信息是：宋元更迭之际，海盗出身的潮阳陈懿兄弟，因助元攻宋，之后又献船有功，得以授官衔。更值得注意的是，当时陈懿兄弟已拥有100艘战船，并且陈懿还献出30艘海船给元兵作征战之用。陈懿兄弟在粤东的"战船百艘""海船三十艘"，数量的确不小，而古代战船普遍也可装货商用，非战时，陈懿兄弟的船队也是一支远洋海运贸易的"集团军"。

事实上，不仅豪强拥有众多船只，潮汕地区民间的船只数量也不少。元代翰林修撰周伯琦路过潮州时写的《行部潮阳》便有"卤田宿麦翻秋浪，楼舶飞帆障暮云"句，可见当时潮汕地区楼船数量之众多。造船技术的继续发展，推动了汕头海外商业贸易的发展。

元代，随着小江盐场主要生产基地移至鮀江工区，小江盐课司署也迁入鮀浦。鮀浦港的功能与位置也便逐渐得到加强。在与海外货物交流的同时，也不时有乡人随之定居海外。这一时期，在鮀浦港前形成了商贸埠市，沿称"老埠头"。鮀浦港的地位进一步得到提高，是进入辟望港的必经之处，往来不少外洋

---

① 广东省地方志办公室编纂委员会编：《广东省志·船舶工业志》（光盘版），广州：广东省科技音像出版社，1996年，第42页，第9页。
② 广东省地方志办公室编纂委员会编：《广东省志·船舶工业志》（光盘版），广州：广东省科技音像出版社，1996年，第42页，第9—10页。
③ （明）宋濂撰：《元史》，中华书局，1976年，第209页。
④ （明）宋濂撰：《元史》，中华书局，1976年，第258页。

船舶停靠。

由于水运和渔业发展，潮阳海口村逐步繁荣。至元末，海口湾更名为海门，意为大海之门户。

学界对我国古代海上丝绸之路的基本认识是：经历了唐宋的繁荣后，因明清两朝实行海禁政策而走向衰落。这种观点有失偏颇。明清时期海上丝绸之路因朝廷海禁而走向衰落，这是不争的事实。然而，这种情况对于其他地方可能说得通，对于汕头来说，情况并非如此。明清时期，汕头的海上丝绸之路不仅没有衰落，而且更加活跃，愈加发展。特别是清朝前期红头船贸易的兴起与发展，汕头的海上丝绸之路以新的姿态、更大的规模发展，独领"海上丝绸之路"风骚。而近代汕头因开埠而崛起，海外商业贸易以新的形式更加大步前进。汕头海上丝绸之路实现了从古代到近代的历史性转变，得到了明显的扩容提质，创造了新的成就，续写了新的辉煌。

明永乐三年至三十年（1405—1432年），三保太监郑和七下西洋，这是古代中国一大历史事件，具有重要的世界历史意义。它不仅是人类航海史上一次伟大壮举，而且代表了中华民族敢于探险、不畏艰险、开放包容的人文精神；代表了中国历史上与邻为善、世界大同、共享太平的社会意识。

当年郑和七下西洋，竟"五经南澳"，有的学者考证是"六经南澳"①。郑和下西洋经南澳，这在《西洋朝贡典录》有所记述。该书现藏广州中山图书馆，为明正德十五年黄省曾所撰，记述了郑和下西洋所历诸国之史。书中有两次写到郑和船经南澳：其一是《占城国（即越南归仁）第一》；其二是《暹罗国第十》。

饶宗颐先生在1949年撰《潮州志》时认为，郑和舟经南澳是今如今我们所掌握的潮汕与南洋发生关系最早事件之一。数年前，南澳发现了郑和下西洋舟经南澳留下的三保公庙遗迹（毁于20世纪50年代）"三保老爷"石香炉等重要史迹文物。

郑和下西洋虽然并非具有对外商业贸易的性质，但是，郑和七下西洋多次经南澳，开通的航线，对南澳等地的海上贸易发展产生的促进作用是不可低估的。

虽然有著名的郑和七下西洋壮举，但是，有明一朝，在达290多年中，接近200年的时间实行海禁政策，只是到了正德朝，海禁才有所开放。洪武四年（1371年）十二月，明太祖便下诏："仍禁濒海民不得私自出海。"② 嘉靖、隆庆、万历几朝，海禁尤烈。

---

① 林楚南：《郑和七下西洋，六经南澳》，载《汕头特区晚报》，2005年7月11日。
② 《明实录·太祖实录》卷七十，台北：历史语言研究所，1962年，第999页。

长期的海禁，使东南沿海对外贸易受到致命打击，海上丝绸之路因此而走向衰微。然而，以海为生的汕头人，铤而走险，冒死冲破禁则，冲向大海，这造就了林道乾、许朝光、吴平、曾一本等等海寇的出世，从而使汕头的海上丝绸之路以新的形式——民间走私贸易继续大步行进。

汕头海寇始于元末，贯穿全明，盛于中明。他们亦盗亦商，至隆庆年间，发展成为以林道乾为代表的、独立的海寇商人集团。汕头海寇商人集团劫掠地方、对抗官府，从事武装走私活动。在嘉靖后期至隆庆中以前，潮州海寇商人集团主要是利用南澳岛作为海寇贸易的基地。海寇商人集团头目林凤、吴平、许朝光、曾一本、林道乾等，都曾盘踞于南澳。

汕头海寇商人集团活动以武力控制与垄断海上走私贸易。在海寇商人集团的武力威胁下，海外贸易船往往加入海寇商人集团的船队，或者依附海寇商人集团，交纳保护费等，在海寇商人集团保护下从事走私贸易。有些海寇商人首领接受官府招抚后，仍然不改海寇商人本色，以武力牢牢控制海上贸易。如许朝光接受招抚后，"自立为澳长，分据海、揭之癖望、鲵浦及潮阳牛田洋等处"，仍然控制闽粤海域的商船贸易，"计舟征税，商船往来，皆给票抽分"。林道乾于隆庆六年（1572年）接受招抚，但仍"盘踞山谷，聚众数千人，据膏腴之田以自固"，① 垄断从澄海到诏安一带走私贸易活动。

嘉靖末年至万历初年，汕头海寇商人集团已经拥有庞大船队，如嘉靖四十四年（1565年），吴平就率领一支有400艘船的船队，出入于南澳与浯屿之间。林道乾集团拥有航海大船100余艘，船员上千人，活跃于从日本海到南洋的广大海域，往来东西洋，以武装力量垄断海外贸易。

隆庆中至万历初的十年内（1570—1580年），海寇商人集团发展到相当规模。林道乾拥有庞大的武装船队，开始向外洋发展。万历初年，林道乾海寇商人集团逃至外洋，曾拥有60艘以上的海船，后来"遍历琉球、吕宋、暹罗、东京、交趾诸国"，② 从事海上冒险活动。

林道乾海寇商人集团以外洋活动为中心，进一步拓展了与东南亚的商业交通。而在与明朝官军对抗中，他们往往以东南亚地区为最后的逃亡之地，并最后融入当地社会，进一步建立、巩固了与东南亚联系，开创了日后汕头人移民东南亚的风气。

以林道乾为代表、亦盗亦商的汕头海寇们，冲破明王朝的严厉海禁，走向

---

① 林济著：《潮商史略》，华文出版社，2008年，第27页。
② 林济著：《潮商史略》，华文出版社，2008年，第29页。

海洋，冲向南洋，开辟了通往海外的航线、商路，为汕头海上丝绸之路的继续前行，注入了激情，增添了气势。有明一朝，汕头海上丝绸之路并未走向衰落，而是大步前进，各个港口、各种类型的海上商业贸易十分活跃，非常繁盛。

澄海程洋冈丹砂寺林道乾像

明代的南澳是东南海上交通的要冲，也是沿海南北走私贸易的集散地、东西二洋国际走私贸易的中转站和据点。南澳南部被荷兰人称为"好望角"。① 在中外海盗海商的经营下，南澳由季节性的贸易港发展为永久性的商港。

入明之后，南澳依然是番舶往来要津。陈璘《南澳山种树记》就说南澳"为诸夷贡道所必经"，② 杨彩廷《南澳赋》对此有更详细些："昔天兵之下闽广也，谁冞其阻，谁敢予侮；故大国小邦，外趋内附。吕宋琉球，南金大路；占城暹罗，随波飞附；佛斋阇婆，弗敢互顾；真腊彭坑，疾驰如鹜。"③ "三四月东南风汛，番船多自粤趋闽而入于海，南澳云盖寺走马溪，乃番舶始发之处，惯徒交接之所也。"④

---

① 李庆新.《东亚"好望角"与"南澳Ⅰ号"》，中国中外关系史学会、广东省南澳县人民政府、潮汕历史文化研究中心编：《"南澳Ⅰ号"与海上陶瓷之路》，天马出版有限公司，2013年，第16页。
② 黄迎涛：《南澳县金石考略》，广东地图出版社，2008年，第18页。
③ （明·万历）陈天资纂修：《东里志》，潮州市地方志办公室，2004年，第284页。
④ 胡宗宪：《胡少保海防论》，《皇明经世文编》卷266。

出于海防考虑，明政府两次将南澳居民内徙：洪武二十四年（1392年），因南澳民顽梗，尽发海门千户所充军；永乐间，因倭寇劫掠，难以防御，又将南澳居民徙入苏湾下二都安插。虽然两次徙民导致南澳基本上没有真正成为商贸港，但民间对外贸易仍不时进行。"嘉靖初，倭泊于此互市。既而倭自福建之浯屿移泊南澳，建屋而居"。①

万历三年（1575年），明朝设南澳副总兵。南澳因此而洋船番舶，多以深澳和隆澳为停泊港，成为"商旅之坦途"。② 据《东里志》卷一载："（南澳岛）惟深澳内宽外险，有腊屿、青屿环抱于外，仅一门可入，而中可容千艘。番舶、海寇之舟，多泊于此，以肆抢掠……长沙尾，西跨南洋，近于莱芜澳，为船艘往来门户，海寇亦常泊焉。"③ 日本商人亦来此贸易，"定期于四月终至，五月终去，不论货之尽与不尽也。其交易乃搭棚于地，铺板而陈所置货物，甚为清雅。刀枪之类，悉在舟中。"④

2007年，在南澳岛东南乌屿和半潮礁之间三点金海域发现的"南澳Ⅰ号"，是目前我国发现的唯一一艘明代晚期商贸船，船上装载的生活用具等文物，横跨宋、元、明三个年代。结合考古勘探资料分析，当时初步判定该沉船的年代为明万历年间，船载文物主要为明代粤东或者闽南及江西一带民间瓷窑生产的青花瓷器。"南澳Ⅰ号"的发现证明了汕头海域在明代已是中外舶商进行贸易的重要场所，也是当时"海上陶瓷之路"的重要通道之一，是国际贸易货物的转运站、集散中继站与必经之路。

明洪武年间，潮阳海门港已有一千多户人家，朝廷在此设立海门千户所，建筑所域，派兵镇守。

明代潮阳关埠港商贸也非常繁盛。据《潮阳县志》载："明洪武十四年（1381年），于直浦都门辟村前建门辟关。嘉靖十一年（1532年），门辟关前成为圩埠，遂名关前埠，后简称关埠。"⑤ 关埠滨临潮汕三大江之一的榕江中游，江面水深港阔，商船可直通潮阳、达濠、潮州等港口，榕江南岸和练江北面的谷饶、铜盂、西胪、金玉、河溪等数十乡的农产品、山货和土特产通过关埠港销往潮汕各地。

---

① 严如煜：《洋防辑要》卷八，第26页。
② 南澳县博物馆编：《南澳县文物志》，第170页。
③ （明·万历）陈天资纂修：《东里志》，潮州市地方志办公室，2004年，第21页。
④ 黄挺、陈占山：《潮汕史》（上），广东人民出版社，2001年，第328页。
⑤ 潮阳市地方志编纂委员会：《潮阳县志》，广东人民出版社，1997年，第120页。

明代的达濠逐渐发展成为潮阳县东部首屈一首的盐乡，因鱼盐之利而成市集。踏头埔在嘉靖年间为招收、砂浦二都首屈一指的大乡，成为潮阳县五个市集之一。鱼盐之利，甲于他墟。各地乡民到踏头埔赶集交易，互通有无。

明中叶之后，鮀浦港内移至不远处的溪东寨，称"溪东港"，乡人又称"内溪港"，因而把先前的鮀浦港称为"外溪港"。虽然鮀浦的盐业生产已渐渐式微，但是溪东港以其控韩、榕两江出海口的特有地利，已成为沿江港口货物转运出海的重要口岸。所以，海湾上出现了《澄海县志》所载的"舟楫停泊，若蜂屯蚁聚"繁忙景象。①

康熙《澄海县志》中的溪东港

步入清朝后，汕头海上丝绸之路高歌猛进，成就灿然。最为浓抹淡彩、最值得大书特书的，就是红头船商人开创的红头船贸易，而红头船贸易造就了丰富的红头船文化，则是汕头最具含金量的"海上丝绸之路"文化。

清初也实行严厉的海禁政策。康熙二十三年（1684年），清廷开海禁，但不准夹带违禁货物，商民出洋贸易必须接受官府控制，"商民人等有愿出洋贸易者，呈明地方官，准其出入贸易"②。海禁既开，海运事业热潮随之跃起。这就促成了樟林、达濠等红头船港口的诞生，推动了红头船贸易的发展。

雍正元年（1723年），清廷"着将出海民船按次编号，刊刻大字，船头桅

---

① 陈友义：《红头船精神研究》，辽宁大学出版社，2018年，第32页。
② 饶宗颐编纂：《潮州志·大事志》，香港龙门书店，1965年。

第三章　汕头海上丝绸之路文化产生发展的经济历史条件

杆油饰标记"①，规定各省商船、渔船在船体两端头尾部位和大桅上半截用漆油涂上不同颜色，并刊刻某省、某州县、某字某号字眼，以便进行审批、登记、发牌、稽查等船政管理。按规定，广东位于南方，南方属火，用色为赤，赤即红色，故而广东船的"船头油以红色，桅杆亦油红一半"。② 潮汕海船均用白粉油腹，朱砂油头，乃被称之为红头船。澄海樟林红头船最早出现、数量最多、出入船只最频繁，成为著名的红头船故乡。

樟林古港纪念碑

樟林港的红头船贸易繁盛于乾隆十二年（1746年）至咸丰十年（1860年）汕头开埠之间，其时港口规模已建成"八街六社"，停泊大商船一百多艘。港口航线北上直达日本，南下分抵暹罗、印尼等国，"闽商浙客，巨舰高桅，扬帆挂席，出入往来之处"③，成为海内外闻名的"海洋通商总汇"。④

昔日樟林港口有一胜景叫作"仙人翻册"，讲的便是遥观"帆随船转"变化的景象。当海船张帆乘风入港而来，由于航道转向，船和帆也必须随着转向，

---

① 黄光武：《红头船考源》，汕头市政协学习和文史委员会、澄海政协文史资料委员会编：《樟林古港》，香港天马出版有限公司出版，2004年，第113页。
② 黄光武：《红头船考源》，汕头市政协学习和文史委员会、澄海政协文史资料委员会编：《樟林古港》，香港天马出版有限公司出版，2004年，第113页。
③ 尹佩绅：《樟林镇鼎建风伯神庙碑记》（嘉庆二十四年），《凤山记序》，道光七年刻本。
④ 蔡英豪主编：《海上丝路寻踪》，华文出版社，2001年，第22页。

远看犹如仙人无形的手在一页一页地翻过书册一样，蔚为奇观。

潮阳城南隆津古港也是红头船聚集的地方。乾隆四十九年（1784年）五月的《廉明县主毛太老爷牌示》碑文提到，"潮邑地居滨海，所有出产货物皆由出海船只装各省出售"。该碑文是应马恒顺、许发万、张万财等64家商船户有关出海船上沉溺赔偿标准决断而立的。按最低估计，每户只有一条船的话，这里也有64条船之多。① 红头船载着货物航行于闽浙江苏，盛极一时。据说，曾有一次前往琉球国贸易的红头船就达21艘，水手1300名，规模之大可见一斑。②

潮阳城南公园《廉明县主毛太老爷牌示》

潮阳练江两岸及附近出产的东西都由舶船运来隆津港口集中。清潮阳县令李文藻《劝农》诗是证："岁岁相因是蔗田，灵山西下赤寮边。到冬装向苏州卖，定有冰糖一百船。"沙陇的郑毓琮专门运载潮阳薯粉往江浙供纱布厂浆纱，其他还有如苎麻、水产品等均装上红头船。《廉明县主毛太老爷牌示》碑文记："（隆津古港的红头船）往来江浙闽粤诸省，水远天遥，归期无定。"红头船到达目的地之后，将潮阳土特产卖出，又买回当地土特产等商品，载来隆津古港，由舶船载往内地出售，辐射潮阳、普宁、惠来各地，故有民谚"苏州货，一年来一过（次）"。海上运输促进了潮阳的商品化。

---

① 陈创义：《盛极一时的隆津古港》，载《汕头日报》，2015年6月7日。
② 罗伟伟：《华侨与潮阳》，载《羊城晚报》（地方版），2015年6月25日。

潮阳海门港也是著名的红头船港口。康熙三年（1664年），兴建了钱澳烟墩（大烟墩）和火斗烟墩（小烟墩），设水师于海门营……康熙五十六年（1717年），修筑了钱澳炮台和海门南炮台（莲花炮台），对防御海寇扰民保卫海防起了巨大的作用，海门港获得"商海都仰望"之美誉。乾隆盛世，海门道不拾遗，夜不闭户。红头商船，与时兴起。因航海水手多姓谭，故海门有"红头商船谭半港"之说。相传当年乾隆时期，商船"顺风鸟"曾被海盗迫上暗礁，舵公马继章大声喝船过礁而得以脱险。海门港开始有大批的县民乘坐"红头船"出海，其中以赴新加坡、马来亚、暹罗一带居多。

潮阳达濠港又是一个重要的红头船港口。康熙《潮阳县志》对"踏头埔"有载："招收名为千金港，货船渔舟聚集之处，多于此设埠开市。"① 清康熙二十三年（1684年），粤海关成立，即设立达濠口，对过往商船进行抽税。嘉庆《潮阳县志》卷三城池"达濠城"条记"前横一河，即达濠港，港内渔船内千艘，湾泊东西两岸。"② 清代达濠驻有招宁司巡检、达濠守备、招收场大使，又设海关达濠口，既是军事雄镇，又是繁盛的商埠，商贾辐辏。达壕河渡口"艘舶鳞编"，成为"琼南广惠往来商船停泊之处"。③

清代开海禁后，南澳与潮汕、闽南内地贸易往来日趋繁荣。商船出入各港，南澳出口货物有鱼脯（鱼干）、杆茅、柴、篾等，入口商品主要为米粟。

位于澄海县城东南外的南港是韩江西溪分汊外砂溪的出海口，为宋明时辟望港的外迁。康熙后期开海禁后，因东、西港埠头废弃，往来商船多在南港停泊，造成南港在短时间内迅速繁荣，至清代也发展成为一个热闹的红头船船贸易港口。乾隆《潮州府志》载："南港……外即大海，有小莱芜山坐镇口外，为商、渔船只出入咽喉。"④ 嘉庆《澄海县志》载："南港距城南五里，自横陇溪流至大牙，分一派经上窖、沈洲、外砂等村入海。"⑤ 开海后，往来南北的红头船商船多在这里停泊，并形成墟市，"南港内者，曰白砂埠，距城东南一十

---

① （清）臧宪祖、萧伦锡等纂修，中共潮阳区党史办、地方志办公室、政协文史委员会辑：《潮阳县志》（康熙版），2017年，第31页。
② （明）黄一龙修，林大春纂，中共潮阳区党史办、地方志办公室、政协文史委员会辑：《潮阳县志》（嘉庆版），2017年，第65页。
③ 黄挺，杜经国：《潮汕古代商贸港口研究》，载《潮学研究》，1993年，第1期。
④ （清）周硕勋纂修：《潮州府志》卷三十四·关隘，潮州市地方志办公室、潮州市档案馆，2001年，第833页。
⑤ （清）李书吉编纂：《澄海县志》，上海书店出版社，2003年，第71页。

里……渔船所泊，建铺千百，竟聚为埠。"① 到清嘉庆间，江口形成淤积的浅滩，妨碍了南港的通航，南港乃日渐衰落下去。

位于鸥汀西边的鸥汀港，明清时期是潮汕五个典型的港口之一。自明朝设为港口，韩江西溪下游的河道分汊梅溪河往南流，又分作两汊，一道由溪东港出海，一道由鸥汀港（亦称东港）出海。嘉庆《澄海县志》说，在明代后期，梅溪出海口东港、西港等都形成一定规模的埠市，"商贾舟船所聚，兴贩所集"，极为繁荣。至清康熙年间，鸥汀港和樟林港同是澄海县之重要港口。潮州、南澳的货船装载货物以鸥汀港为母港，南澳岛为中转站，往来浙江、江苏的海上贸易活跃。至今还能在鸥汀找到当时商铺的遗迹，只是大多已经废弃。鸥汀商贸活动繁荣。

清代汕头红头船贸易主要有南北两大区域、内外两大方向。国内北区主要是江浙鲁津等，南区主要是广州、湛江、海南、北海等；国外是北方的日本、朝鲜，南方的东南亚等。

红头船贸易缘于清政府开启的中暹大米贸易。从康熙六十一年（1772年）起，为了解决闽粤两省的米荒，清廷改弦更张，鼓励暹罗向中国出口米谷，要求暹罗官运30万石米到福建、广东、宁波等地贩卖，并给予免税的优待，中暹贸易由此再度兴起，由此推动了清朝前期汕头对东南亚地区辉煌的红头船贸易。

雍正以后，樟林、南澳、达濠、隆津等港口的红头船，纷纷挂帆出海，前往暹罗贩运大米，特别是樟林。海外贸易的发达，使樟林发展成为"八街六市"的大商埠。至乾隆年间，樟林已是"商渔船只停泊之处，米谷聚积之所，人烟稠密"。② 后来，樟林又增建了3条街道和许多铺屋。距樟林只有10公里、濒临东溪潮洄头的前埔村许可均等村民，"即合伙租船参与到暹罗贩运大米，每年八九月从樟林扬帆出海，翌年春返航回归。"③

但是，贩运大米"向来获利甚微"④。于是，红头船商人通过装载大米使航运合法化，但也大量夹带东南亚的香料、苏木、铅、锡等货，这既是在从事朝廷鼓励的米谷贸易，为朝廷效劳，又使中暹贸易变得有利可图；同时，红头船商人又以中暹贸易为基础，大量贩运南洋商品往国内各港口，进一步延伸了红头船贸易，汕头与暹罗之间的贸易日益繁荣。

---

① （清）李书吉编纂：《澄海县志》，上海书店出版社，2003年，第75页。
② 林济著：《潮商史略》，华文出版社，2008年，第52页。
③ 《隆都镇华侨》编纂委员会编：《隆都镇华侨》，文化走廊出版社，2013年，第23—24页。
④ 《清实录·高宗实录卷》二八五。

在暹罗从事与中国帆船贸易主要是暹罗的红头船商人。在清代红头船商人的中暹贸易中，暹罗输往潮汕有粮食、木材、香料等。暹罗土地肥沃，气候条件好，素来产米饶裕，价廉物美；暹罗原本盛产苏木，嘉庆之前，均有暹罗货船驶至，装载苏木、树皮等物。后来因为中国市场的需要，在潮汕华侨的辛勤劳作下，暹罗也发展了自己的胡椒种植业。

汕头红头船商人输往暹罗的商品，除了江南丝绸以及北方杂货外，还有大量土特产品，如铁器。清代潮汕仍然是广东著名的冶铁中心，所产之铁质量上乘，因为当时暹罗长期与缅军对峙，对铁器等军需物资有较大需求，暹罗王郑信就曾派人通过官方渠道到家乡采购大量的硫磺和铁锅。不过，潮汕铁器应该是多以走私方式出口暹罗进行。《粤海关志》记载汕头溪东、达濠等港口每年有大量铁锅销往海南岛，而实际上这些铁器可能大量销往暹罗等国，有记载说汕头红头船商人欲贩至暹罗或安南，却报往海南，因此得免关税。

潮汕大量建筑材料也是暹罗所急需。暹缅战后，暹罗重建，需要大量的建筑材料，汕头的建筑材料因此源源不断输往暹罗，其中有大量的砖瓦、琉璃瓷瓦以及各种金属材料。暹罗人还喜爱潮汕石雕艺术，各大寺院也摆设有大量的潮汕石雕。于是，红头船商人从汕头前往暹罗时，往往购买石雕压舱，同时此举也是为了航海安全，镇压回程空帆船，使其不颠簸。

潮汕输往暹罗的商品还有书籍纸张。清代福建汀州府已是著名的造纸中心和印刷中心，汀州的纸张和书籍多通过汕头销往海外，除了日本外，暹罗也是较大的中国纸张书籍市场。而清代潮汕与暹罗之间贸易关系的加强，使暹罗成为潮汕瓷的主要海外市场，从而使清代潮汕瓷器生产得以延续。

汕头红头船商人发展与安南（今越南）的贸易。汕头红头船商人从安南进口大量的大米。乾隆三十二年（1767年），"澄海县民人杨利彩（从越南）运回洋米2700石，监生蔡志贵运回洋米2200石，民人蔡启合运回洋米2200石，林合万运回洋米1800石、谷500石，蔡嘉运回洋米2600石，姚峻合运回洋米2200石，陈元裕运回洋米2200石"。①

汕头红头船商人给安南带去潮汕的土特产。乾隆四十七年（1782年），澄海商民陈协老前往安南贸易的货物中即有大量的瓷器。至嘉庆、道光年间，汕头与安南之间的贸易日益兴旺，汕头商船多在安南贸易，甚至有超越中暹贸易的势头。

---

① 林济著：《潮商史略》，华文出版社，2008年，第51页。

伴随着红头船贸易的兴起，汕头红头船商人早在乾隆年间也来到新加坡贸易，也有汕头人留居新加坡经商贸易。1819年后，莱佛士积极招募华商前来贸易，汕头红头船商人也积极地参与这一贸易，新加坡逐渐成为红头船贸易的一环。1845年，澄海人佘进有召集原潮州府澄海和揭阳等县乡人共同捐资合组义安公司，并在一定程度上掌握着当地的经济命脉。

汕头红头船商人做马来西亚贸易。马辰是马来西亚南加里曼丹省一个港口城市。从雍正之后，一直同中国通市不绝。汕头红头船商人开辟马辰市场。郑昌时《韩江见闻录》有载：

南澳之地，正南出，入海无边际，未有道之者，凡船道皆下西南行，上东北行。谚所云："上至天津，下至马辰"是也。①

这就表明，汕头红头船商人自南澳取西南方向，借助冬天凛冽的东北季风，经过南海诸岛，可以来到马辰；在夏天，取东北方向上行，凉爽的西南季风，一直把海舶送到天津。

汕头红头船商人开辟日本市场。汕头红头船输往日本的商品是砂糖以及江浙丝织物。砂糖是潮汕本地最重要输出商品，不仅本地商船运载砂糖前往日本贸易，而且也有不少外地商船来汕头装载砂糖运销日本。如康熙二十七年（1688年），百拾二番广东船"原是福州船，到南澳购买砂糖"②

汕头红头船商人与琉球王国有贸易往来。在琉球王国的档案中，发现了有份参与捐建樟林新围天后宫的商船户陈万金乾隆五十年（1787年）因出海遇风，漂泊到琉球，乾隆五十一年（1788年）三月驾船返国前在琉球王国领取的"执照"的抄件：

琉球国中山府知府毛，为知会事。据本国山北地方官报称，乾隆五十年十二月十四日有海船一只，漂至运天地方。询据船户陈万金口称："万金等系广东潮州府澄海县商人，共计三十八名，驾澄字五百二十三号船只，乾隆五十年六月二十八日装载槟榔，本县开船，七月十五日到天津府兑换贸易。十月初七日其处出口，十一月初六日往到盛京省奉天府宁海县置买黄豆。十一月二十八日开船，十二月初二日到山东大石岛山，同日放洋，要回本县。不拟初三日徒遭西风大作，波浪猛起，砍弃桅蓬，丢掉豆货，任风漂流。十二日夜漂到贵国叶壁山地方，十四日彼山民搭坐本船，引到贵辖地方"等语。即给米粮柴水等件

---

① （清）郑昌时著，吴二持校注：《韩江见闻录》，上海古籍出版社，1995年，第189页。
② 林济著：《潮商史略》，华文出版社，2008年，第45页。

等情前来。随委员役引导万金船只，经于本年正月初五日转驾来中山泊村地方。业经照例发馆安顿，给与廪饩，抚恤养赡。又将原船修葺坚固，并给大桅、风篷、绳索等件。宜俟顺风遣发回国。为此，合就给照为据。须至执照者，计开……①

该执照的后半部分开列了船户陈万金、舵工蔡仲和31位水手、5位客商的姓名，以及19件"随带物件"。执照中提到的"中山泊村"，又称"泊港"，是传统时期琉球对外贸易的重要港口。其时琉球王国为中国的朝贡国，两国在照顾和遣返遇难船员方面有很密切的合作。陈万金的"随带物件"中包括"一天后娘娘一位，一千里眼将一位，一顺风耳将一位，一女婢二位"等，反映当时商船户普遍的信仰。陈万金于乾隆五十一年回国，次年就捐款参与修建新围天后宫。在《历代宝案》中，还有其他多位从澄海出海的海商因遇险而到达琉球的记载。②

红头船贸易商人促进汕头与国内台湾、厦门、苏州、天津、海南等地的贸易。汕头红头船商人以汕头为起终点。每年春季，汕头商人乘坐装满潮糖或潮汀赣梅特产的红头船出发，从台厦入江浙，前往苏州，远至天津贩卖，所谓"春夏之交，南风盛发，扬帆北上，经闽省、出烽火、流江，翱翔乎宁波、上海，然后，穷尽山、花岛，过黑水大洋，游奕登、莱、关东、天津间，不过旬有五日耳"③。到了秋季，红头船商人又押着装满苏杭丝绸棉花布帛或北方杂货的红头船回航南方，或直接驶回汕头，或继续驶往海南岛及东南亚地区，将丝绸布帛销往海外市场，换回潮汀梅以至漳泉等地所急需的大米。第二年春天，红头船才满载大米、木材、香料驶回汕头，完成一周循环贸易。

清代汕头红头船商人的红头船循环贸易也在南方口岸地区得到发展，如广州，乾隆二十五年（1760年）广州十三行中设福潮行，这就确立了红头船商人在广州口岸南北行贸易中的地位。

在雷州半岛，湛江赤坎为广州湾北部的重要港口，有红头船商人李某带来家乡商人来此贩卖潮汕菜种、茶叶、陶瓷、草纸等，同时收购高雷地区出产的红糖、菠萝、黄烟、竹席等土特产到海内外销售。乾隆中期，红头船商人在赤坎建成潮

---

① 《历代宝案》第6册，集2卷72，台湾大学1972年版，页3666。
② 陈春声：《〈历代宝案〉所见之清代潮州商人海上贸易活动》，载《潮学研究》第九辑，花城出版社2001年。
③ 林济著：《潮商史略》，华文出版社，2008年，第38页。

汕会馆,其瓷雕、砖雕、木雕,有的采自佛山石湾,有的专门从潮汕雇请工匠来制作,据乾隆四十八年(1783年)《题建正座碑记》统计,在赤坎的潮汕籍商号、商行、船户共192户捐建会馆,可见潮汕商人数之众。

海南也是清代红头船贸易的集中之地。汕头红头船商人深入海南贸易,主要是采购米谷以及贩销北方商品,海南成为汕头红头船商人重要的采购大米之地。乾隆二十一年(1756年),汕头红头船商人就在海口建立了会馆。红头船商人在海南经济中有着举足轻重的作用。乾隆四十三年(1778年)琼州岁欠缺粮,琼山人吴位和"亟遣人弛告潮商,劝由海道运米至"①。可见红头船商人在相当程度上操控了海南的米谷贸易。

汕头红头船商人做糖生意。潮汕是蔗糖的盛产地。汕头红头船商人的贸易项目以糖为大宗。清代以后,红头船商人将潮糖推向全国中心市场,北运天津,南贩苏沪,受到普遍欢迎,潮糖遂成为垄断全国糖市的主要产品。于是,潮汕甘蔗种植业与榨糖业蓬勃而起,尤以潮阳、揭阳、澄海为著。光绪十一年抄本《晏海湄论》就有这样的记述:"本年(嘉庆十四年)六月初三,澄海县界客船陆拾余号,各装糖包满载,或三千包,或四千包,连船身计之,一船值银数万,将往苏州、上海等处。"②

潮阳多产高质量的"葱糖","最白者,以日暴之,细若粉雪,售于东西二洋,曰洋糖",所产蔗糖,"商船装往嘉、松、苏州,易布及棉花"。③

程洋冈蔡氏加合祠　　　　　　程洋冈蔡万盛糖商主蔡彦糖仓

潮糖为红头船贸易的基础,汕头红头船商人将潮糖用商船装往嘉、松、苏州,交易布及棉花等商品,潮糖成为红头船贸易的基础商品,也是红头船商人

---

① 林济著:《潮商史略》,华文出版社,2008年,第59页。
② 黄蟾桂:《立雪山房文集》,汕头市政协学习和文史委员会、澄海政协文史资料委员会编:《樟林古港》,香港天马出版有限公司出版,2004年,第177页。
③ 张渠撰,程明校点:《粤东见闻录》卷下,广东高等教育出版社,1990年。

的起家货物。所以，汕头红头船商人纷纷深入澄海、揭阳、潮阳等地乡村，直接插手蔗糖生产与贸易，直接购买或放贷定货。他们既是糖商，又是红头船商人，如澄海县，"邑之富商巨贾，当糖盛熟时，持重资往各乡买糖；或先发账糖寮，至期收之。有自行货者，有居以待价者。候三四月好南风，租舶艚装货糖包由海道上苏州、天津；至秋东北风起，贩棉花、色布回邑"，又下通雷琼等府，"一往一来，获息几倍，以此起家者甚多"①。汕头红头船商人也在台湾的台南等地从事米糖业。

汕头红头船商人做布生意。清代棉麻纺织业已成为潮汕地区相当普遍的家庭手工业。乾隆《潮州府志》载："棉布，潮之女红最勤，所出极多"。② 潮阳是葛布的主要生产地，始于明中后期。隆庆《潮阳县志》卷七《民赋物产志》载："布，有葛苎蕉麻，精粗不等。而葛多出靖海。近又有以苎葛兼丝织为云龙、水文号云葛者"。③ 屈大均的《广东新语》卷十五也说："出潮阳者曰凤葛，以丝为纬，亦名黄丝布"。④ 这种云葛或"凤葛"为葛丝混纺织品。

潮阳葛布很受东南亚华侨喜爱，汕头红头船商人将潮阳葛布销往东南亚地区，还畅销于朝鲜。澄海程洋岗"妇专织纴，男子喜商贩，挟重资，游吴越间，视家如寄"，⑤ 主要销售国内市场。

汕头红头船商人做铁生意。雍正九年（1731年），广东布政使杨永斌奏请禁止铁锅出洋。他在奏折中也透露了汕头等地当时铁锅出洋的情况："臣查粤东地方，因向来出产铁锅，凡洋船货买，历未禁止，臣到任后，检查案册，见雍正七八九年造报夷船出口册内，每船所买铁锅少者自一百连至二三百连不等，多者买至五百连并有至一千连者，其不买铁锅之船十不过一二，查铁锅一连大者二个，小者四五六个不等，每连约重二十斤，若带至千连，则重二万斤"。⑥

红头船贸易推动了汕头城乡手工业的兴旺，活跃了商贸，使本区众多商贸港都呈现出一派繁荣景象。在红头船故乡樟林所在的澄海，"邑自展复以来，海

---

① 《澄海县志》编纂委员会办公室编：《澄海县志》，1986年，第71页。
② （清）周硕勋纂修：《潮州府志》（卷三十九·物产·棉布），潮州市地方志办公室、潮州市档案馆，2001年，第982页。
③ （明）黄一龙修，林大春纂：《潮阳县志》（明嘉庆六年刻本），第80页。
④ （清）周硕勋纂修：《潮州府志·关隘》（卷三十四），潮州市地方志办公室、潮州市档案馆，2001年，第982页。
⑤ （清·康熙）王岱纂修：《澄海县志》卷五，潮州市地方志办公室影印本，2004年，第60页。
⑥ 林济著：《潮商史略》，华文出版社，2008年，第36页。

不扬波，富商巨贾卒操奇赢，兴贩他省，上诉津门，下通台厦，象犀金玉与夫锦绣皮币之属，千艘万舶，悉由澄分达诸邑。其自海南诸郡转输米石者尤为全潮所仰给。每当春秋风信，东西两港以及溪东、南关、沙汕头、东陇港之间扬帆捆载而来者不下千百计，民物滋丰，握算持筹，居奇囤积，为海隅一大都会。"①

　　繁盛的红头船贸易推动了潮人向东南亚移民。潮人的移民有两个动因：一个是由于人口快速增长，生态环境恶化，在本地谋生困难，是谓"荡到无，过暹罗"；另外，本地商人在东南亚的商业活动也是一个非常重要的媒介。在红头船贸易过程，有些商人因为帆船侯风或者货物购销的需要，暂时性留居海外，又慢慢从暂时留居转为定居。雍正乾隆时期，已有一些潮人搭乘红头商船移民东南亚。他们多数是被宗族、地方视为"烂崽"而被驱逐的。到道光年间，到海外谋生已成风气，红头船也有了专门载客"过番"的新业务。《公案簿》上就有道光四年（1824年）二月，红头船从樟林载客出发，在海上航行26天后，抵达吧城（雅加达）港口的记载。那条船上有503名搭客，加上船员共619人。另外的记载，载客多大800人以上，连船员超过1000个人。② 潮人向东南亚的第一次移民，这时达到高潮，出现了不少潮人移民社会。

　　清代汕头繁盛的红头船贸易，不仅活跃与繁荣了汕头经济，推动了汕头人向东南亚移民，而且形成了一个可观而充满活力的汕头—台厦—苏州（天津）—海南—东南亚的红头船商业贸易圈。

　　红头船贸易时代是古代海上丝绸之路的重要发展时期，它承前启后，使海上丝绸之路由古代而近代，大踏步向前迈进，创造辉煌成就。历史记住了红头船，记住了红头船商人，记住了红头船贸易。

　　海上丝绸之路是古代的，但汕头的海上丝绸之路不仅是古代，还有近代。汕头海上丝绸之路从古代一路走来，一直延续到近代，至少到上世纪二三十年代。

　　汕头海上丝绸之路从古代发展到近代，最为重大的历史事件是1860年汕头开埠，汕头因此崛起，取代潮州，成为潮汕地区的政治、经济、文化中心，当然也成为商业中心、贸对外贸易中心。近代汕头把海上丝绸之路做大做强，使汕头海上丝绸之路扩容提质。

---

　　① 《澄海县志》编纂委员会办公室编：《澄海县志》，1986年，第96页。
　　② 黄挺：《红头船与潮人文化精神》，第九届潮学研讨会讲演稿，2010年8月。

第三章 汕头海上丝绸之路文化产生发展的经济历史条件

汕头位于韩江西溪分汊梅溪河出海口东侧，前临牛田洋，北通榕江，西对练水，为韩江出海之泥沙冲积而成。原称"沙汕头"，简称"汕头"。嘉庆《澄海志》说："沙汕头口，地临大海，风涛荡涤"，"有淤泥浮出，作沙汕数道，前有海澳，由放鸡山而入"。①

至迟在明中叶，汕头已经是渔船聚集之地。清初，汕头乃潮揭商船进口之要道，为船舶必经港口。康熙二十四年（1685年）清政府设定粤海关，后来便有了征税重地汕头口，直属于该关七大总口之一的潮州庵埠总口，"汕头口……在海阳县，同为庵埠总口所管辖"。② 康熙五十六年（1717年），汕头已成为潮汕地区较具规模的港口及海防重地，"沙汕头炮台一座，营房二十一间，设炮八位，康熙五十六年建，兵三十九名"。③ 著于康熙末年的《潮州海防图说》称："潮属港澳虽多，商艘往来，不过旗岭、汕头、神泉、甲子，他皆非所恋也。"④ 可见，在康熙末年，汕头港俨然是潮汕地区排名仅次于樟林港的第二大海港。

嘉庆二十年（1815年）以前，汕头已经是潮汕地区的大港和重要商埠。其为潮汕地区海道出入门户，"沙汕头，地临大海，风涛荡涤，有淤泥浮出，作沙汕数道，前有海澳，由放鸡山而入，东对莱芜，西通潮阳之达濠、后溪，为海道出入门户"。⑤ 沟通各港，远贩外洋，是商船停泊总汇点和海防要隘，"沙汕头口距城西南三十五里，在蓬洲都，即沙汕头前海澳也。有淤泥浮出作沙汕数道，乃商船工停泊之总汇，东出大海，西达潮阳之达淳、后溪。西北通揭阳之北炮台，为海防要隘"。⑥ 由于商船云集，汕头压倒了因淤塞了的樟林港，成为潮汕地区排名第一的大商港。

至19世纪40年代鸦片战争时，汕头港不仅是潮汕第一大港，而且逐渐闻名世界。1857年英资怡和洋行约瑟夫渣甸向英政府代表报告："一个未经条约承认的非常重要的港口就是汕头港。汕头为广东沿海北部位于韩江口的一个最好

---

① 《澄海县志》编纂委员会办公室编：《澄海县志》，1986年，第42页。
② （清）梁廷枏撰：《粤海关志》卷六《口岸二·庵埠总口图》，载《四库全书·史部·政书类》三颂堂影印本，第532页。
③ （清）周硕勋纂修：《潮州府志·关隘》（卷三十四），潮州市地方志办公室、潮州市档案馆，2001年，第861页。
④ （清）蓝鼎元撰，郑焕隆选编校注：《蓝鼎元论潮文集》，海天出版社，1993年，第14页。
⑤ （清）李书吉编纂：《澄海县志》，上海书店出版社，2003年，第39页。
⑥ （清）李书吉编纂：《澄海县志》，上海书店出版社，2003年，第70页。

的寄碇港。"①

第二次鸦片战争中担任英国侵华全权专使的额尔金说,他曾亲眼看到外国商船在汕头上下货,据悉1857年一年内出入汕头的外商船只达120艘之多。1866年,汕头港入口外国船舶525艘,总运输量211800余吨。② 恩格斯在1858年称:由于开放五个通商口岸,使广州的一部分贸易转移到了上海。其他的口岸差不多都没有什么贸易,而汕头这个唯一有一点商业意义的口岸,又不属于那五个开放的口岸。③ 可知此时汕头港已经闻名于世,遂有西方殖民者要求设立通商口岸之举。

1860年汕头开埠,有力推动了近代汕头崛起,使汕头商贸经济"日进千里",形成"富者出本,贫者出身,贸易诸国"④ 的社会发展态势,成为国内外著名的商埠。清宣统三年(1911年),汕头港出入的汽船共2618艘,总吨位达3,300,586吨,⑤ 成为南中国海有数的商港。到上世纪二三十年代,汕头港突飞

---

① 姚贤镐编:《中国近代对外贸易史资料(1840—1895年)》,北京:中华书局,1962年,第454页。
② 汕头市史志委员会编:《汕头百年大事记,1858—1959》,1960年,第3页。
③ (德国)《马克思恩格斯选集》(第2卷),人民出版社,1972年版,第38页。
④ 饶宗颐编纂:《潮州志·实业志·商业》,龙门书店,1965年版。
⑤ 饶宗颐总纂:《潮州志.交通志》,2005年,第677页。

猛进,"港口吞吐量居全国第三位",① 成为"商船总泊之要汇"。②

开埠后,汕头成了外贸入倾、内贸输出的黄金海岸。"自咸同间开汕头为商埠,交通事业日进千里,曾不百年,凡轮船、铁路、公路、邮电、航空靡弗具举";③ 汕头"外贸之销售内地者日益繁多,内地产物之运售海外者亦较百十年前激增倍徙,由是而贸易之事日加繁盛"④;"舟车云集,商旅辐辏,内则惠梅二州、赣南七县、闽南八县资为挹注,外则握南洋贸易之枢纽"⑤,成为内外贸易的一大中心。随着以汕头为中心的商贸网络、交通网络和近代工业体系的建立,不仅"洋船昔之泊于樟林港者,亦转而泊沙汕头,人烟辐辏,浮积加广。"⑥

开埠推动了汕头港的进一步开放。从 19 世纪 60 年代末期,外商纷纷来汕头开设洋行、商船会社和航业公司等机构。据调查,当时英、德、日、美、荷等国在汕开设的洋行、商店、旅馆等共有 56 家。⑦

汕头港生机勃勃,当时的潮海关税务司辛盛这样描述:"汕头的重要性,首先在于商业。居民基本上都是商人。它拥有一个极为优美的自然港口,由两条河流汇入一个宽阔的海湾形成。两条河都有相当长的一段航道可通小船。这些优越的条件,使地方上出现了各种生机。有些汽船停泊在港中,借助驳船装卸货物;其他一些船则系靠在趸船边,络绎不绝的苦力将大量的糖或豆饼一件一件地扛在肩上进行装卸。朝着海面有一长排大仓库,进出口货物可在此暂时'栖身'。"以汕头港为征税区的潮海关原始资料,足见其时汕头港之繁华。根据 1864 年至清王朝覆灭的 1911 年一共 48 年的数据统计:进口货物共值 67226 万银圆,出口货物共值 18642 万银圆,出现贸易逆差 48584 万银圆;潮海关征收各种税款 5080 万关平两,约合 7958 万银圆;1911 年进出口贸易总值在全国通商口岸列第七位。⑧

---

① 赵春晨,陈历明著:《潮汕百年履痕》,花城出版社,2001 年,第 132 页。
② 汕头港口管理局编:《汕头港口志》,人民交通出版社,2010 年,第 18 页。
③ 饶宗颐编纂:《潮州志·实业志·商业》,龙门书店,1965 年。
④ 温廷敬著:《大埔县志·民生志·贸易》。
⑤ 饶宗颐编纂:《潮州志·实业志·商业》,龙门书店,1965 年。
⑥ 王琳乾,邓特主编:《汕头市志》(第 3 册),新华出版社,1999 年,第 1 页。
⑦ 王琳乾,邓特主编:《汕头市志》(第 3 册),新华出版社,1999 年,第 1 页。
⑧ 中国海关学会汕头海关小组编:《潮海关史料汇编》,1988 年,第 114 页。

拍摄于1918—1922年，离开汕头码头前往揭阳的货船

1900年以后，潮海关每年关税平均约150万两关平银，占全国关税收入的4%左右，在全国各关中列为第五位，仅次于上海、天津、广州、汉口等关。①

到20世纪30年代，汕头已成为粤东、赣南、闽西南的一个重要的货物集散地和中国东南沿海的国际性海港。1933年，进出汕头的轮船达到4478艘，总吨位675万多吨；港口吞吐量占全国沿海各港口货运量的8.76%，仅次于上海、

拍摄于1918—1922年，汕头港码头卸货

---

① 中国海关学会汕头海关小组编：《潮海关史料汇编》，1988年，第114页。

广州而居全国第三位。① 据该年统计，全市各种商行达3441家，交易额为6.92亿元。至民国初年，汕头商贸不仅盛居全国第七，② 而且牢牢控制着汕—香—暹—叻国际贸易圈，英、美、法、德、日、俄、荷、比等八个国家曾在汕头设领事馆，成为国内外著名的百载商埠。

汕头港的繁荣，带动了汕头其他港口的发展与繁盛。清光绪十六年（1890年），潮阳人肖鸣琴在关埠港建立电船运输公司，北至揭阳县城，南至潮阳、海门，东至汕头等地，人货皆由电船运输，关埠港口年吞吐量近万吨，客运量逾10万人次，关埠港一派繁荣景象。民国初，实业家陈坚夫又修筑加固关埠港码头，增购电轮24艘，货物可运至汕头转运香港、广州、上海、厦门、宁波等地，各地销往练江平原各乡镇的工业品及建筑材料，也多数在关埠港上水，在埠内集市交易，关埠成了万商云集的乡镇商埠。

近代汕头的开埠崛起，促进汕头海上丝绸之路进一步拓展，从而推动了汕头出现新的移民浪潮。1860年汕头开埠后到1949年，潮人又出现第二次大规模移民。据统计，1911年，移居海外潮人人数达300万；加上1912—1940年粗略估计约100万；至中华人民共和国成立时，移居海外潮人人数在400万左右。③ 潮汕侨乡和海内外一体的潮人社会因此逐渐形成。

文化是社会历史发展的产物，海上丝绸之路是汕头社会历史的一个重要方面。汕头海上丝绸之路文化无疑以汕头海上丝绸之路为背景，是汕头海上丝绸之路产生发展的产物，是汕头人在长期的海上丝绸之路中创造的。

---

① 杜松年著：《潮汕大文化》，中国科学技术出版社，1994年，第102页。
② 林伦伦，吴勤生著：《潮汕文化大观》，花城出版社，2001年，第66页。
③ 李宏新：《潮汕华侨史》，暨南大学出版社，2016年，第157页。

第四章

汕头海上丝绸之路物质文化遗产

文化是人创造的,是人类在长期的社会生产生活实践中创造的。文化的历史是人类历史的一个重要组成部分,体现着人类创造文化的历史进程。文化是人类以各种各样的形式留给当代人类的历史遗产,是为文化遗产。

文化遗产分为有形文化遗产、无形文化遗产;包括物质文化遗产和非物质文化遗产。有形文化遗产即传统意义上的文化遗产。根据《保护世界文化和自然遗产公约》(简称《世界遗产公约》),有形文化遗产包括历史文物、历史建筑、人类文化遗址。根据联合国教科文组织《保护非物质文化遗产公约》(Convention for the Safeguarding of the Intangible Cultural Heritage)的定义,无形文化遗产是指被各群体、团体、有时为个人视为其文化遗产的各种实践、表演、表现形式、知识和技能及其有关的工具、实物、工艺品和文化场所。

物质文化遗产包括古遗址、古墓葬、古建筑、石窟寺、石刻、壁画、近代现代重要史迹及代表性建筑等不可移动文物,历史上各时代的重要实物、艺术品、文献、手稿、图书资料等可移动文物;以及在建筑式样、分布均匀或与环境景色结合方面具有突出普遍价值的历史文化名城(街区、村镇)。

非物质文化遗产包括口头传说和表述,包括作为非物质文化遗产媒介的语言;表演艺术;社会风俗、礼仪、节庆;有关自然界和宇宙的知识及实践;传统的手工艺技能。非物质文化遗产指各族人民世代相承的、与群众生活密切相关的各种传统文化表现形式(如民间文学、民俗活动、表演艺术、传统知识和技能,以及与之相关的器具、实物、手工制品等)和文化空间(即定期举行传统文化活动或集中展现传统文化表现形式的场所,如歌圩、庙会、传统节日庆典等)。非物质文化遗产是具有民族历史积淀和广泛、突出代表性的民间文化遗产,被誉为历史文化的"活化石""民族记忆的背影"。

"海上丝绸之路"文化是因海上丝绸之路而产生的文化,是一笔丰富而重要的文化遗产。与其他文化遗产一样,"海上丝绸之路"文化也具有物质的和非物质的文化遗产两大部分。

汕头海上丝绸之路文化是汕头人创造并留下的一笔丰富而重要的文化遗产,是人类"海上丝绸之路"文化的重要组成部分之一,同样是一笔丰富而重要的文化遗产,同样包括物质的和非物质的文化遗产两大部分。汕头海上丝绸之路文化既有不可移动文物,也有可移动文物;既有文化遗物,也有文化遗址、文化遗迹;既有古代的文化遗产,也有近代的文化遗产;既有物质的文化遗产,也有精神的文化遗产。

一、汕头海上丝绸之路物质文化遗址

物质文化遗产包括古遗址、古墓葬、古建筑、石窟寺、石刻、壁画、近代现代重要史迹及代表性建筑等不可移动文物。

文化遗址是古代人类的建筑废墟以及在对自然环境改造利用后遗留下来的场所。既包括人类为不同用途所营建的建筑群体,例如民居、宫殿、官署、寺庙、作坊以及范围更大的村寨、城堡、烽燧等各类建筑残迹;也包括人类对自然环境利用和加工而遗留的一些场所,例如洞穴、采石场、沟渠、仓窖、矿坑等等。文化遗址是人类活动不完整的残存物,具有一定的区域范围。不同历史时期的文化遗址,大都湮没已久,有的沦为废墟。文化遗址的发现多与人类活动有关。"海上丝绸之路"文化遗址就是历史上海上丝绸之路遗留下来的文化遗产。汕头是海上丝绸之路的重要节点,也有丰富的"海上丝绸之路"文化遗址。

澄海龟山文化遗址

位于汕头市澄海上华镇北陇附近的龟山,距海岸不远,面积约2万平方米,文化层在表土1米以下,分布于东、南、北三面山坡,高低错落,蜿蜒重叠。出土文物有汉代建筑物如瓦片、砖、石垒墙,汉代兵器如青铜、箭镞、环首铁刀、铁匕首,并有铸造铜铁器而遗弃的废渣,以及渔民海上捕捞用的网坠,汉代钱币、生活用品等,是迄今为止潮汕平原发现的唯一大规模的西汉建筑遗址。

龟山文化遗址出土瓦片、铁渣

汉唐是南海上丝绸之路绸之路形成与发展并逐步走向繁盛的时期。潮汕地区虽不似广州（番禺）、徐闻、合浦等地在汉代已有对外通航的港口，但海上航路对于潮汕地区来说仍然是不可或缺的。

凤岭古港遗址

凤岭古港又名岐岭港、旗岭港，位于澄海区澄城东北十五华里处（即今之程洋冈村），周边联结至上华镇横陇村、隆都镇前埔村和后埔村一带；东有南峙山，北有凤岭，西有象山、观音山，形成一个弧形的自然港湾，从石尾下口又进入潮洄头，内船坞河海交并，中间有韩江干流直溯潮州，为晚唐、北宋时期韩江主要对外商贸港口。单程洋冈就有商号 200 多号，在潮洄头西侧横陇处又有商号近百号，足够船只的出入供应。

港岸有市集，名为"永兴街"，街匾上刻"兴国丁丑"四字，系北宋太宗赵炅太平兴国二年（677 年）所创，东侧有凤岭宫（也称"岐陇宫"，唐建，供奉汉南越王赵佗和唐医学家孙思邈，宋初增祀东岳大帝，继祀林默以佑客此出入之船舶商贾，再后才增祀"三山国王"地方神）。

今程洋冈村前为当年港前船坞，东溪、山尾溪、蓬洞溪交汇处为当年潮洄头内船坞。现凤岭山麓的程洋冈便是当年市集。该港口的兴起和发展，与潮州瓷器的大量外销有着密切关系，从 20 世纪 30 年代以来，凤岭古港遗址多次出水出土大量瓷器。

程洋冈营盘山发掘有宋窑遗址。营盘山高约 90 米，窑址公布于西面山坡，一直延伸至河滩河床。1957 年 11 月，澄海县文物普查就发现了这处古窑，随后于 1961 年 2 月、1982 年 7 月又二次对该窑进行查考，采集到一批实物。

窑具：有匣钵，并有垫烧瓷器的支足，渣饼和垫杯等，匣钵和垫杯的胎骨呈灰色或红砖色，是用普通的耐火土制成，胎中含有石英沙粒，轮辘技术非常规整，火候很高。

瓷器：出土的瓷片，胎骨大致有白、灰白、灰三种，釉色有青、灰、白、赤、黄几种色，其中青釉色出土的数量较多，器形有碗、盘、壶、盏、盖凹等，纹饰简单，仅见竹刀花一种，有一装饰光环纹的"福"字盘，器底均露胎。

灰釉瓷出土数量不多，有碗、盘、盒、炉等。白釉瓷出土数量极少，有碗、盘、炉、盅等。赤、黄釉瓷有灯盏一件及各式瓷片一批。此外还有较多的开片瓷残片，器物为盂、皿、壶、碗、盘等。

澄海凤岭古港

1932 年，凤岭港出土一批船板；1943 年在永兴街口成记巷头"梅园"挖井时发掘到一批成叠宋碗；1947 年"梅轩"建屋清基中，又发现成叠宋碗；1948 年东州堤崩塌，抗洪抢险中，乡民在港湾靠程洋冈村处挑运几百担夹杂大量宋瓷片瓦砾的沙土填垒东洲堤；1950 年，在古港东南面管陇村打索铺发现缆绳工场，规模很大，遗址达五六千平方米，并出土大量巨缆，目击者言"有拳头大，碗口粗"，因腐朽无法收集标本。1946 年冬、1958 年冬、1975 年冬，先后在港湾发现大船桅，横过今之"钟厝池"和"涂库池"，与此同时石寨池也发现大船桅，也已腐蛀；1955 年，港湾东面管陇村前出土船桅，桅尾直径 40—50 厘米；1960 年在离港不远的"建炎大道"一侧发掘大锚一个，质地为生铁，重一吨多；1958—1960 年，又在古港边沿的莲上内底村发现大批宋瓷片及船板若干件，并先后于后埔泊点、横陇泊点、大衙古码头发现与出土古寺遗址、外销陶瓷器等。现该港西面冠山、龙田村仍有古船压在房屋下面未出土。

澄海大衙古码头遗址

在澄海外砂大衙村（今属龙湖区）前，占地 10 多亩，略呈梯形。1943 年，在离古码头东南面 50 米处的 3 米深地下，出现了石柱、柱基，并有石盾 4 粒，上刻菩萨、花卉等花纹，又有三足等香炉、瓷瓶等器物，系古寺遗存。

1958年，在古码头东侧又发掘到两根大船桅。

1983年，码头后面的大衙村出土唐罐、宋碟，该码头的年代断为唐宋。

南澳城遗址

在南澳县深澳镇正文学校南约10米处。明万历四年（1576年）建，坐南朝北，由条石垒和贝灰泥土夯筑。高6.8米，厚1.6米，周长1925米，沟深约3米，分东、西、南、北四门。东门称"朝旭"，西门名"扬威"，南门"金城"，北门名"候潮"。万历十一年（1583年）维修，二十八年（1600年）圮后重修，增建四楼；改城楼四门石匾，东门称"泰始"，西门称"绥定"，南门名"安澜"，北门称"销阴"。康熙三年（1664年）城坠。二十四年（1685年）厦门总兵杨嘉瑞赴任南澳，先建营房屯驻官兵。三十四年（1695年）四月，按原城基重建城，至三十九年（1700年）九月竣工。城高6.5米，厚2米，周长2060米，比旧城增加135米。西北1060米属福建，东南1000米属广东。建三门，北门称"观澜"，西门名"望霞"，东门称"迎紫"，南面不设门。雉堞614个，谯楼门楼6个，敌楼窝铺14个。后东南敌楼垛堞圮。乾隆二十五年（1760年），同知姜宏正重修。乾隆四十七年（1782年），台风毁坏东门、北门、城楼，后由同知齐翀修复。现存东南角50米长城基及北门"观澜"和西门"望霞"二块石匾。

南澳城遗址

南澳城墙遗址保存较好的有东门至西门城墙。考古人员发现由白灰沙石夯筑的三合土墙基。墙基周围地表分布密集瓦片及陶瓷片。瓦片较破碎，有红瓦、灰瓦。从外形上看，可辨别出筒瓦和板瓦，还有少量的建筑构件，应为滴水；陶片多饰酱釉，器形以罐、缸为主；瓷片以青花瓷为主，少量为红绿彩瓷，可看出有碗、盘、勺等。经辨认，遗物年代为明清时期，以明代遗物为主。

"南澳一号"水下考古遗址

位于南澳县东南乌屿和半潮礁之间的三点金海域，距南澳岛最近距离约2海里。这片海域是闽、粤、台的海面交叉点，是东亚古航线的重要通道，为南船北上或北船南下必经之中转站。

沉船于2007年5月下旬发现。沉船保存较好，根据暴露出来的隔舱板和船体上部凝结物的状态判断，古船处于正沉状态，方向接近正南北向。经水下考古人员初探，沉船上货物散布范围长约28米，宽约10米。古船的上层结构已不存在，但隔舱和船舷保存状况较好。由于船体表面覆盖有泥沙和大块凝结物，船体和文物受腐蚀和人为因素破坏较小，初步判断除船体中部的两三个舱体外，沉船其他部分及舱内船货保存较好。

从2010年至2012年，由广东省文物考古研究所、广东省博物馆和国家水下文化遗产保护中心，联合对"南澳一号"沉船进行了三次发掘，共发掘出水各类文物2万余件。有盘、碗、罐、碟、瓶、盖盅等，横跨宋、元、明三个年代。结合考古勘探资料分析，当时初步判定该沉船的年代为明万历年间，船载文物主要为明代粤东或者闽南及江西一带民间瓷窑生产的青花瓷器。

樟林古港遗址

樟林是汕头市澄海区东里镇一个辖区，北与饶平、潮安接壤，东北径通南海。古时因"遍地樟木，枞灌成林"而得名。樟林港是清代中国海上丝绸之路重要起源地，在1860年汕头开埠前为粤东第一海运大港。

康熙二十三年（1684年）朝廷弛海禁，樟林埠商人开始造船出海。清康熙六十一年（1722年）朝廷允许商民与暹罗进行大米贸易，樟林港开始兴旺，由渔港转为商业港。

樟林古港全境

至乾隆二十四年，樟林港的岸线以三山国王庙前广埕南边的码头作为中心点，沿堤东行至天后宫的大堤，大约500米，港内未填建天后宫、南盛里、南康里，堤顶这条港岸线是绵延连接出海口乌涂尾的港岸，这是东北岸线。樟林港又称乌涂尾港，乌涂尾北至外陇宫，西至新围天后宫，是数河交集处，呈U字形（今名王爷洲），可停泊上百艘大船。东陇河泊所在这里设乌涂尾汛。从码头西行，经五路头路至五路头，过杨氏宗祠（后改建为南社村址）、陈氏宗祠，南折向蓝氏书斋前，再往西经港墘路（又叫姑娘路）至关部前，又北折至洽兴街尾的蓝氏宗祠前止，这条路线为港的西岸线。南边除个别塭田、沙洲（如棉头围、尾园埔、红肉埔、狗舌尖、南畔洲、和洲等）其他都是水面。以新围天后宫为中点，往东属外港，往西属内港（南社港），都是樟林港的组成部分。

樟林港是清代粤东沿海交通要冲。樟林港的红头船历经100余年的不断发展、壮大，已拥有数十支远航船队，每支船队有红头船不下百余艘。航线北通福建、台湾、杭州、宁波、上海、天津、山东、日本；南达广州、雷州、琼州，直至越南、暹罗、马来西亚、婆罗洲和印尼、苏门答腊等东南亚诸国，出口红糖、靛蓝、陶器、瓷器、抽纱、工艺、渔网等；进口大米、豆类、丝绸、布匹、木材、中药及各类洋货、西药等，在当年的东南亚各国，樟林港是一个耳熟能详的名字，在英国地图上便有标明，因而在国信批上写上"中国樟林"便可寄达，故史称"粤东通洋总汇"。乾隆、嘉庆年间，因红头船兴起而港口全盛，港区已建成"八街六社"商埠。

樟林古港遗址东起新兴街，西熠墩脚，南起叶厝园，北至天后宫，占地面积4.6平方公里。现保留有潮汕地区规模最大的"妈祖宫"（天后宫），并有"藏资楼""永定楼""货栈街（新兴街）""观海楼""风伯庙""关部税口""巡检司旧址"、行铺、栈房等遗迹和一批石刻碑记，其中"天后宫"保存的碑记就有22方。1990年又新建一座古港亭，吴南生题"樟林古港"碑匾，著名作家秦牧撰写碑记。遗址保护区已先后建成碑亭，古港纪念馆。1984年公布为澄海市文物保护单位。

2017年2月17日，在开展南粤古驿道示范段樟林古港保护修复中，挖掘出古码头遗址和一块珍贵古石碑。

樟林新兴街

位于澄海区东里镇樟林古港，始建于清嘉庆七年（1802年），至今已有将近200年。是澄海樟林古港继"六社八街"又增建的三街中保存至今的一条商业街，故名新兴街。

新兴街分上街下街，又称东街西街。全长200米，由54间两层楼的货栈组成，栈房木楼结构，顶为货仓，下作客栈或住房。栈房沿街而立，每间货栈宽5米，长10米，最长的21米。栈房巨楹厚板，精灰厚墙，质量特优，可囤积大批货物。栈房前门向着街道，后门连接内港，临内港处，设石门、水闸各一个和小码头一处，便于制水和起卸货物。当停泊在外港红头船上的货物要运进内港时，改用小船载入，直达小码头，然后搬进栈房，省时省力，通畅无阻。此种建筑，坚固耐久，实用科学，是潮人聪明智慧的结晶。

樟林新兴街

街的入口处，是一座小石牌坊，牌坊匾额书"新兴街"街名，临内街一面，又书狂草"紫气东来"四字，据说是新兴街创建人林五（林咸惠，又称林自湜，人称湜爷，排行第五）亲自题写。

街中部转弯处有一大码头，设有石门、木闸制水，码头对岸为南社。码头东侧，有一"即南海"小庙，俗称"阿娘祠"，供奉南海观世音。据称原街南面出口处还有石牌坊四座，其中一座系著名书法家吴殿邦手书"入门思敬"，今已无存，仅存出口一座，也书街名。

值得一提的是，栈房中有两处超脱建筑：一是"安平栈"，该栈一砖一瓦，一楹一柱，保留完美，门前匾额上"安平栈"三个大字十分清楚，栈内有一碑记，说明兴建年代及资金等情况，其余结构布局，保留原状，进之如闻古港涛声，古风犹存。二是"藏资楼"。相传是红头船主巨贾蔡彦（澄海程洋岗人）之寓所，也是栈房住屋两用的建筑。

新兴街还有即南海庙，建于清嘉庆九年（即公元1804年），主祀观音菩萨（南海观音形象坐像），初衷为祈求观音菩萨保佑樟林港出海船只的安全。

新兴街是樟林古港最繁荣时期的一个历史缩影，它记录了18世纪初叶樟林古港的经济、政治、人文和民俗风情等情况，是潮人对外拓展、对内繁荣经济的忠实历史见证。著名汉学家饶宗颐教授专门考察了樟林古港，认为新兴街是潮人漂洋过海出国谋生的历史见证。1984年，新兴街被定为澄海区文物保护单位。

樟林永定楼

新兴街口东南面的一座高大建筑物，楼的大门匾上书"永定楼"三个大字。永定楼占地约800平方米，主要作用一是海员俱乐部，二是仓储，三是航标塔。据称，当年楼上挂着红色的航灯，红头船进入南澳海面即可见到，故又称观海楼。

樟林达祖家庙与林氏义祖祠

达祖家庙与林氏义祖祠都是新兴街

樟林永定楼

创建人、著名红头船商人林五所建。

达祖家庙位于新兴街南侧（相距几十米），当地人称内祠，赐封"崇孝堂"，是新兴街创建人林咸惠为其父林万达建的家庙。家庙前有两处因天灾人祸而至今残存的旗杆夹。

达祖家庙 　　　　　　　　　林氏义祖祠

家庙两旁三座私宅——朝议第。因林咸惠之父林万达被加封"朝议大夫"（相当四品），咸惠公在家族兴盛建家庙的同时建了三座朝议第。

林氏义祖祠位于新兴街东南，当地人称外祠。林氏义祖祠与达祖家庙同是清嘉庆年间建，但时间先于达祖家庙。

樟林西塘

西塘位于樟林塘西村内。清嘉庆四年（1799年）建，有凉亭、书屋。第一个主人是红头船商人林泮。

清光绪年间，洪广宏的曾祖父、做茶叶生意的红头船主洪植臣花了2000银元巨资购得西塘。洪家购后，特地派人赴苏州寻觅原建筑师后代，精工修葺一新；又斥巨资采购名家书画，有唐寅、陆润庠、何绍基等人墨宝真迹，还珍藏《二十四史》一部，自此身价倍增，堪称潮汕第一座"苏州庭园"。

樟林西塘是集住宅、书斋、庭园三者一体的庭园，亦称洪源记花园，是粤东地区较为著名的庭园之一。该庭园面积仅及亩许，前临外塘，亭榭楼阁，假山莲池，客厅书房，园林花木莫不具备，其东部凹入为水湾，过去通航外河，停泊船艇庭园的最大特点是结合地形，在有限的面积内获取最多的景观效，自此誉之"潮之名园"，其韵致不亚于拙政之大观。

西塘占地面积230平方米，虽仿苏州园林样式而建，却不失潮汕地区建筑特色。结合地形，分为居宅、庭园、书斋三部分。庭园大门东向、进门为封闭小院，正中辟圆洞门与园内相通。入洞门右侧为居宅，是一明暗平房，厅面隔扇及室前窗枢,细木装修纤巧精丽,宅前有拜亭和大庭院。中部庭园植遍竹木,以曲折的水池为主体,狭窄之处卧是平桥,又与宅风檐廊相通。池北叠石假山,有山脚下洞。进洞内攀石级可达山顶,山顶上立有重檐六角亭,称碧螺亭,亭内立有一小塔。池南有重檐尖顶的芳亭,立于水畔。园西部的书斋为二层楼阁,四周环绕小廊,上层可直接通往假山。庭园不专设园墙,以假山、楼阁为界,把园外空间和景色引为借景。

樟林西塘

西塘虽占地只有1亩多,但楼台、亭榭、假山、塔、洞、象形石、松化石、荷池等巧妙安排,在有限的空间营造无限的美景,使得山水相连,林木相间,亭台楼阁各得其宜,造化生灵惟妙惟肖,挈落其间。创设了"三步一'无我',五步频回头"之艺术境界。

樟林南盛里

南盛里民宅群是由旅新加坡侨胞蓝金生于1900年投巨资兴建。位于樟林南社布袋围,占地80多亩,房屋大小70座,671间,有华贵富丽的潮汕传统驷马拖车、四点金,也有普通小型民宅。

南盛里以"五巷三埕一池"为网络,构成交通路网和疏散集中场所。"五巷"即八落巷、担粗巷、龙眼巷、渔行巷、洋楼巷;"三埕"即天公埕、三落埕、锡庆埕;"一池"即索铺池(原名四方池)。南向的四条巷口都对着樟林古港的一个码头,每条巷道都在3米以上。当年的红头船可以抵达靠港的巷口。

蓝氏通祖祠锡庆堂左右有两座大夫第,建筑艺术、木刻、石雕、嵌瓷泥塑等都显示华贵高雅的建筑特点,既有规模宏大的祠堂气派,又有特异的地方。它的建筑重点放在门楼及拜亭。门楼按三门设置,大门两旁放置石鼓一对,中门匾额是石刻"蓝氏通祖祠",内侧匾额为"积厚流光",左、右门匾额为"兰芳""桂馥",内侧为"贻谋""燕翼"。两条花巷门匾分别是"礼门""义路",内侧为"入孝""出第"。门楼内外侧刻画石刻诗赋、诗画、人物戏出、动物、花木等。

樟林南盛里

锡庆堂的拜亭,平面尺寸为8.3×5.5米,这是潮汕地区罕见的,天可兼做戏台之用,也是祭祀庆典之场所。拜亭是重尖山式歇山屋顶,与大厅屋顶的结合是"一殿一卷式"勾连搭屋顶。屋面飞檐翘首,泥塑嵌瓷。拜堂里八角形及正方形起线的外八字式八根石柱及柱基,檐下木雕垂花柱及玲珑剔透的木刻构件,对拜亭的轩昂华贵起了烘云托月的作用。锡庆堂的内埕面积宽大,是潮汕地区少见的。

庞大的南盛里民宅群建筑接近尾声时,荣盛奉父命回乡掌管家业并处理建筑的事项。他以西方的形式,建了两个花园,三座钢筋混凝土结构的守夜更楼、防潮堤沿堤五座公共厕所、五地道下排水道和沿港的防涝闸门等,又用西方的形式建了书斋,乡人称它为"洋楼",使南盛里在建筑上掺入了西方发建筑艺术,又使南盛里是生态系统、安全卫生系统、防潮排涝系统等配套更臻美。1913年又从新加坡购进英国制造的小型柴油发电机,在南盛里蓝氏家院及布袋围一带装设电灯,发电照明,直至1941年为止。这是澄海历史上第一个家庭使用电灯照明的村庄。

南盛里于1917年竣工。它集建筑、泥塑、书法、美术于一体，是潮汕传统民民宅群建筑的精华，也是樟东蓝氏爱国华侨为家乡子孙后代留下的美丽家园，是海上丝绸之路的历史见证。

樟林风伯庙

风伯庙位于樟林西塘村。嘉庆二十四年（1819年），澄海知县尹佩绅捐俸200两，倡导"镇市中商民"合力捐资共680两，购买林泮充公入官住宅"大夫第"一座共30间，改建为风伯庙，书其堂额为"时风若顾"，亲自"虔具牲醴以致祭于风伯之神"，并在庙前树立《樟林镇鼎建风伯庙碑记》：

"樟林，澄之钜镇也。旧无风伯庙，自余宰是邦，越五岁而庙始建焉。夫建庙者何？祈风若也。建于樟林者何？澄滨大海，民多业于海，樟林尤河海交会之墟，闽商浙客，巨舰高桅，扬帆挂席，出入往来之处也。是非风不为利。非风伯之庇不为功。"

从碑记看，尹佩绅建造风伯庙，是因为樟林在海外贸易中的重要地位。

风伯庙建立之初，"堂之位仅奉木牌，未及虔塑神像以昭灵爽"。次年，"潮郡偏旱，岁将荐饥，青黄不接"，此时尹佩绅再到樟林，"谕商和，合厦舟来，连续不绝。随风飞至，瞬息千里，靡有坏棹倾楫之忧。人之力力，亦神之功也。"于是，风伯庙香火更旺。

嘉庆二十五（1820年）十二月，尹佩绅"又捐廉银二百二十余两，自买充公四围田十五亩，以俾吾民供奉，永为祭业"，并树了《拨充风伯庙祭祀香灯章程碑记》，后又树了风伯庙立碑（即《拨充风伯庙祭祀香灯示》），详细开列嘉庆二十五年至道光七年历次捐置和拨归风伯庙的田产所在、面积和租银，并规定了风伯庙每年祭祀的方式：

"为此示谕各行商、船户、乡民人等知悉：尔等各宜遵照。每值春秋祭祀，讫集伺候本县致祭。所有捐拨田产租银，届期着该司事征收，按照议定章程办理祭品物件。毋致临期周章。"

清宣统元年（1909年），塘西贡生陈疏瑜将庙址改为广智高等小学堂。1939年澄海沦陷，澄海中学周英耀校长偕同教职员工将澄中从饶平浮山迁回风伯庙。1943年日寇侵占樟东，澄中于1944年春又迁至浮山东官乡复课。1946年，陈卓凡先生倡导在家乡创办私立苏北中学，以庙址为校舍。现为苏北中学退休教师活动场所。

1984年，澄海县人民政府将樟林风伯庙确定为文物保护单位。

樟林风伯庙

樟林山海雄镇庙

山海雄镇庙位于樟林南社村。始建于万历十四年（1586年），祀三山国王。坐东北向西南，总面阔8.5米，总进深12米。山海雄镇庙香火来自揭西霖田。霖田祖庙，就是"三山国王"祖庙，距今已有1400多年历史。揭西的三山国王，一到樟林港，名字被称为"海晏公"，庙名也叫山海雄镇，山神与海神合为一体，寄托了当地人希望河清海晏、渔农丰收的美好愿望。这与樟林古港的海上贸易有着密不可分的关系。

山海雄镇庙

樟林火帝庙

火帝庙建于清乾隆八年（1743），位于八街街口。清代中叶，樟林以通洋港口名噪沿海诸邑，商业发达，人口兴旺，然铺户常遭火患，商贾不堪其苦。知县杨天德视事樟林司，喻民所苦。杨通五行，精湛舆术，谓樟林常欲火者，莲花山其源也，山系炉灶，樟河沟乃其通天火管，必使之为阴沟，空其火南行出海，始无患；又踏勘相基，自为分金字向，教建火帝庙与河沟中游，祀赤帝以制回禄。后火灾果锐减，民德之，特制禄位牌，曰"澄海县正堂天德杨公长生禄位"。火帝庙逐渐取代山海雄镇庙成为全乡的主庙。

程洋冈蔡彦故居与蔡万盛糖库

蔡彦故居，在程洋冈的诚记巷，其正面还保存有"儒林第"。故居门面以石板装饰，大气又简洁，精美而完整。一起门就是宽敞的长方形的院子，有下厅，而主座是四点金的格局，左右有两包巷，还有龟亭，主座还有后包巷。整座建筑保持着清中期完整的风格，其闪门精美的雕花，让人叹为观止。而最难得中厅正对面还保留着完整的祭祀的主龛。整个以金漆铁笔画。龛后壁有九幅山水与花鸟屏风，左右两屏是八仙骑八兽，其笔法成熟，其形象传神生动，是难得完整潮汕金漆画的精品。

程洋冈蔡彦故居

蔡彦，程洋冈成记、加合红头船、红糖联营企业创始人之一。蔡彦的父辈已经营洋船业，其商号为"蔡万盛"，发迹后也于嘉庆后期奉母携眷移居樟林。

他创隆成号船垄,前后往泰国订制红头船近百只,为船户用,五年内如遇风险沉没一笔勾销,若三年平安行驶则本利一并利还,时称"红头船债",时促进粹林港的繁荣起到极大作用,为澄海红头船先驱者之一。他于乾隆年间在蔡厝内兴建的"藏资楼",占地面积约 300 平方米,主要为栈房,少数房可住人楼房,成为樟林港最著名的"洋船栈"。蔡彦曾扶助大批族人、乡亲做船主,使红头船业和码头经营繁荣昌盛。

蔡万盛糖库

蔡彦是红头船的先者之一,对江西受灾和黄河崩堤的赈灾等也多有贡献,还先后两度通过往南洋载米平粜江西一带受灾民以及捐巨款资助黄河修堤,感动朝廷,其母百岁逝世时,获朝廷例封安人诰封宜人。

妈祖庙

顾名思义,妈祖庙就是祭拜"海神"妈祖的神庙,别称"天后宫""天妃庙"的。潮汕民间也有简称"妈庙""妈宫"的。

潮汕濒海,民间妈祖崇拜十分盛行。既是讨海捕鱼渔民的需要,也是行船运输船工商人的需要。故而潮地妈祖庙比比皆是,随处可见。

南澳的天后庙建于明万历四年(1576),至清乾隆以后,南澳的隆、云、清、青四澳、有天后庙达 18 座。

潮阳有后溪天后宫、棉城南龙津天后宫、棉城西南之桂桥天后宫、海门之莲花峰天后宫、胪岗天后宫等。

对于从事海运、发展海上商贸的潮人来说,尤其是当年的红头船商人,他们非常需要"海神"妈祖的保佑。他们每次出洋,必到妈祖庙跪拜,他们每到一处停靠歇息,必上妈祖庙祈愿。妈祖庙是海上丝绸之路的一个亮点。海上丝绸之路促进了妈祖庙的建造;助推了妈祖庙香火旺盛。妈祖庙见证了海上丝绸之路的历史发展,是"海上丝绸之路"文化的一大构成,是一种特别的"海上丝绸之路"文化。汕头的著名的妈祖庙,主要有樟林天后宫等。

樟林天后宫

樟林古港是潮汕地区的重要出海口,当年繁盛的商业街保留至今。在这块方圆不到2平方公里的地方,先后建了五座天后宫。

其一是建于元代石壁头山脚下的"灵感宫",当地人叫"娘感宫";其二是在樟林东面的外陇,俗称"外陇宫";其三在樟林城内南门;其四是明代中叶建于红肉埔(平乐埔)"暗芒宫",后移建于樟东路;其五是著名的是新围天后宫。现外陇宫已全部湮没,灵感宫与暗芒宫均已移址。其余两座,遗址尤在,且较完好。

新围天后宫是樟林规模最大的天后宫,又称妈祖新宫,位于樟林古港入海处叫的新围地方,占地10亩。清乾隆五十六年(1791年)建成,此庙前身为明万历八年(1580年)所建的一间规模颇小的妈祖宫。清代前中期,樟林港成为潮汕地区最大的港口,因此改建为大庙,以适应出海人数增加的需要,其香火鼎盛,遍及粤、闽、浙诸省船户、商贾,有"未上红头船,先拜妈祖娘"之说。

新围天后宫深71.24米,广34.86米,建筑面积2483.5米,以福建泉州天后宫为蓝本。全座结构紧密,建筑形式为中轴线宫殿式建筑。计有正殿、前栋、梳妆楼(望海楼)、拜亭、东西两庑及周围埕道、后座、戏台等。庙宇为皇宫式建筑,红墙朱瓦,金碧辉煌。门前是广场,场前是照壁,绘红日腾波,瑞彩炫目,广场有注生池,池边有巨型灰狮一对,高2米余,两旁旗杆冲天而起。入门前有两面大石鼓,两侧有一对雌雄石狮把守,造型雄伟;辟五封门,大门内两侧厢房设大圆门(左右门为日月洞天),内为茶房,于大院中置龙缸盛井仔泉水,专门煮茶供洋船上岸的人饮用。茶房走廊下设有马棚、马槽,专供远道信男信女敬马。从内到外,以中轴线,依次为梳妆楼、正殿、前栋、拜亭、大门,东西两庑,同时配有后座、戏台等,从正殿到大门有石刻对联六对,正殿顶额挂有清代著名书法家刘墉书写的"海国安澜"四个大字巨匾,两边的对联写道:"五更先挹曙;六月已知秋"。正殿上的天后圣母,饰金身,凤冠霞帔,乘青鸾舆,宫女奉盘及宝印,壁上绘红日鲸波和龙凤纹云、悬着上方宝剑。正厅设左右厢房,右厢房设宝榻,布置了云帷蕙帐、绣被锦褥、枕头、衣厨、交椅、脸盆等物,意为天后起居的闺阃。两廊有房十八间,供奉顺风公、注生娘等十八位神像。

樟林新围天后宫

新围天后宫东西两庑有两排碑记，完好无缺，是乾隆五十六年（1791年）所立的22块建庙捐款碑。从碑记的内容可以看出，捐款者包括了粤东、闽南沿海数县的官员和士绅，也包括了来自韩江上游的嘉应州和大埔县的信众，包括来往于天津、上海、东南亚的船户、商人，而最主要的捐献者则是樟林港的"商船户""众槽船舵公"和商号。每年天后诞时，前来拜祭的包括了闽粤交界地方数县的信众。正如秦牧先生指出的，妈祖是一位"国际女神"。

由于庙宇主要支持者离开，新围天后宫日渐破败。受1918年的八级大地震和1922年"八·二"风灾的冲击，新围天后宫大门和正殿倒塌，仅余两庑和殿后的"梳妆楼"。1949年以后，其地成为民居。近年在此居住、自称来自莆田的林姓人家，重新为天后设立小神龛拜祭，但香火极为稀落。与本地人的态度形成鲜明对照的是，新围天后宫在潮汕移居海外的华侨中仍有很大影响，泰国、香港等地潮州同乡会组织出版的多种刊物，都以较大篇幅介绍新围天后宫，每年有不少华侨到其遗址参观，并捐款筹建以天后宫为中心的樟林古港公园。不过，迄今为止，恢复新围天后宫的工作并无实际进展。

规模宏大，雄伟壮观的天后宫，建于清初樟林的全盛时期，又位于千舟云集的樟林港口，反映了二百多年前潮汕人民勇于向外拓殖，迎战风浪，发展海运的强烈愿望，也是樟林海运昌盛的历史见证物。

樟林城内天后宫

城内天后宫位于新联乡，建于乾隆五十九年（1794年）。随着红头船贸易的发展，樟林城寨内部的结构也发生了变化。乾隆中叶以后，城寨出现了长发、古新、广盛、仙桥、洽兴、顺兴、永兴和仙园等八个商业街区，加上其周围的东社、西社、南社、北社、塘西社和仙陇社，形成了所谓"六社八街"的格局。在东、西、南、北四社中央，有一个用石墙环绕的城寨，康熙至雍正年间，这里逐渐成为樟林及邻近地区的政治和军事中心，城寨建有樟林巡检司、守备署、汛署、驿塘（急递铺）等行政和军事机构，这些机构又建立了文祠、武帝庙和城隍庙等有官方色彩的庙宇。

城内天后宫建在城寨中央两条主要街巷的交汇处，是本地一个姓林的商船船主个人出资修建的。城内天后宫规模不大，只是一间面积约20平方米屋子，神台的摆设与潮州地区一般天后宫并无二致，中间是天后，两侧为花公花妈和福德老爷，神台前面的供桌上站着千里眼和顺风耳。庙宇内部布局最不平常之处，就是在天后像右前方的庙门一侧，有一头面对天后、虎视眈眈的大猪塑像，当地人称之为"亥爷"。

汕头妈屿岛新、老妈祖庙

妈屿是汕头港湾出海口的一个小岛。据清代《南澳志》《澄海县志》所载，从明朝起，妈屿称为"放鸡山"，盖因早期的汕头渔民，不仅在离岸的时候要拜祭妈祖，当船行至外海口妈屿时，还要到岛上的天后庙拜祭，并且要放生一只活鸡，一时岛上成了鸡的乐园，故被称为"放鸡山"，直至清末才称为"妈屿"。妈屿岛面积仅0.2平方公里，岛上有老、新两座妈祖庙，两庙相邻而立，香火相映。

汕头妈屿岛新、老妈祖庙

老妈祖庙坐落于岛上西北面山麓，创建于南宋淳熙（1184年）年间，是粤东沿海最早妈祖庙之一。明万历四十八年（1620年），南澳副总兵何斌臣拓新妈庙，撰有《放鸡山天妃宫碑记》（今重刻在妈屿上）。1619年拓建，1861年再次修建，1928年扩建，1990年又再修建。1988年被汕头市人民政府定为文物保护单位。

老妈祖庙为三进联结建筑格局，总面阔17.24米，进深13.4米，建筑面积233平方米。老妈祖庙恢宏典雅、富丽堂皇，筑有石牌坊、祭坛、大戏台、寿星石雕、碑廊、放鸡立体嵌瓷台、天公拜亭等。

新妈祖庙位于老妈祖庙南面山坡下30米处，创建于清咸丰八年（1858年）。1944年受台风袭击坍塌，1992年重修。面宽17.65米，进深14米，建筑面积247平方米。庙东侧有石碑4通，其中2通为清代古石碑。

新妈祖庙比老妈祖庙规模更大，是闻名海内外的古建筑庙宇。庙内龙柱工艺精湛，嵌瓷精美，木雕巧夺天工，充分体现潮汕木雕、石刻、嵌瓷三大传统工艺的艺术特色。庙内竖有由潮汕文坛专家张华云撰文、书法名家高煜书丹的石碑。

乾隆、嘉庆两代的《澄海县志》澄海八景图中，都有一景是"估舶桅灯"。"估舶桅灯"图描绘了妈屿周围的海情，岛上明显可见到一座规模不小的宫庙建筑，与岛上最高点的军事设施。

1988年，两座妈祖庙一并被列为市级文物保护单位。20世纪90年代后，新、老妈庙陆续扩建山门、亭榭、雕塑等构筑物，形成占约3200平方米的妈祖文化景区。

汕头老妈宫

因1860年开埠，汕头作为一座滨海城市而迅速崛起，"四永一升平""四安一镇邦"，以小公园亭为中心的扇形城市茁壮成长，成为遐迩闻名的"百载商埠"。在汕头这个老城区，共有5座妈宫。即升平路头老妈宫、杉排路天后右巷新妈宫、厦岭路妈宫等。其中，以升平路头的老妈宫最为有名。

老妈宫位于汕头市区升平路头，始建于清乾隆末年（公元1796年前），已有200多年历史，当时周围还是一片海滩。由于该宫香火兴盛，人气日旺，此地逐渐繁荣，形成汕头埠最早的闹市。后来，汕头开埠，规模日益扩大，但依旧保留着港口城市的特色，海运商贸保证了城市的繁荣。因而，妈祖在这座城市居民的心目中，也保有她显赫的地位。

老妈宫建筑结构富有地方风格，金漆木雕、石雕、嵌瓷等。整座建筑共二进，宫前建有朝圣厅，气宇轩昂；并新建一座大戏台，每逢演出观众云集。宫内殿堂正中供奉着高大的妈祖神像，庄严慈祥；左右则分立着地母娘、注生娘神像。该宫一年四季香烟缭绕，朝拜者摩肩接踵，鱼贯而入。

汕头杉排路天后右巷新妈宫

新妈宫与老妈宫仅隔数百米，位于其东南的杉排路天后右巷，创建于清咸丰八年（1858年）。相传此前有一来汕头办洋行的福建泉州人吴某，曾请地理先生看风水选墓地。地理先生走遍潮汕各地，最后对吴某说："潮汕共有一百只山凤，但都是向外飞去，唯有妈屿这一只向内，这是块宝地啊！"吴某遂选中这块靠近老妈宫的山坡作墓地。后来，当他到此建墓地时，忽见地面立着一尊大香炉，经探问方知是属于老妈宫的。当地渔民告诉他："没人敢去妈宫搬香炉；肯定是它自己飞来的，看来这块地是庙地哪！"吴某十分敬仰护国民的妈祖，当即决定将地出让；并带头捐钱，来汕贸易的各地商人亦纷纷解囊，最终建成一座妈祖庙。由于建筑时间晚于老妈宫，当地民众就称之为"新妈宫"。

南澳深澳天后宫

南澳深澳之天后宫是全粤东最早建设之妈祖庙。天后宫前有大埕600余平方米，埕中有石狮一对、古榕四株、明陈璘副总兵《南澳山种树记》碑石一块，其中右侧狮子为明清原物。天后宫为木石结构，屋顶采用悬山式，其坐东南朝西北，系三间三进即三厅两井格局，依次升阶有门厅、天井、拜亭、天井、正殿，总阔11.2米，深32米，建筑面积358平方米。

深澳天后宫

前进大门楼为全石构，凹肚内设三门，大门上额嵌一方竖牌青石匾刻天后宫，门厅内两侧库房各祀千里眼顺风耳护法。前天井埕面，有双凤朝牡丹彩色卵石图案，两厢钟鼓旁各立有石碑共四方，如明万历甲午南澳副总兵陈璘撰《南澳山种树记》碑、清代重修宫殿碑记等。

中厅朝外檐柱为盘龙石柱，高约3米，传系明代旧构；厅中设案几香炉，两畔金柱各有楹联，屋架下横坊悬沧海清波、功不禹下金漆大匾。后天井左右两厢各祀海神将军、福德老爷。后进正殿置案几神龛，祀天后圣母大小二身并二侍女，内外横坊上悬大匾环海镜清、恩周海国，前者环海镜清为旧匾，上款咸丰岁次己未桂月谷旦立，下款赏戴花翎署广东水师提督闽粤南澳总兵官陈应运敬书。深奥天后宫为南澳岛名胜古迹，1958年胡耀邦曾来此赏赞，1986年秦牧黄雨伉俪等也曾至此游访。于1981年9月被列入县首批文物保护单位。

明万历二年（1574），饶平县陈天资主撰之《东里志》载道，深澳妈宫，乃宋时番舶所建。深澳妈宫，即天后宫，其初位于深澳海滨东北侧，后于万历四年（公元1576）由南澳镇副总兵晏继芳将之移建海滨中部，十一年副总兵于嵩重建。据现庙中天后宫简介载，清康熙三年（1664），郑成功守将杜辉降清，南澳岛废，岛民皆徙于澄海苏湾，天后、关帝等诸神像则移祀于广州油栏门外。康熙二十四年，总兵杨嘉瑞从厦门移镇南澳，澳民则往省城迎请二像，然广人不允，互控于官，官令卜之于神，仅回关帝像，而天后则仍祀于省城。康熙二十七年，妈宫未复修，忽夜有半雷雨产一灵芝，紫色金茎，长七寸许，杨总兵以灵芝之瑞是天后之著灵，故在内巷前旧址再建庙，并遣人往湄洲岛祖庙割香刻像来祀。

此后，天后宫有多次修建，已知乾隆四十三年（1778）署澳镇刘梦金、原澳镇林国彩、署澳镇马琳同捐俸重建；道光十三年（1833）澳镇庄芳机、沈镇邦、署同知崔炘、易长华等官兵捐俸重建。日寇侵澳时烧毁左石狮。1949年行修葺。二十世纪六七十年代因故受破坏,且致香火中断。1984、1987年村民集资小修。1995年重建主座即后殿,并升高0.8米,重塑金身。2003年重建中殿,2004年重修前殿。2006年春至2012年冬,换新主龛及全部附龛、案桌、卧房与修妆房、两根木雕横桁、两根不锈钢旗杆,加筑石板围墙、庙外厨房,并修建连壁之潮音寺屋顶,及更换其前后佛龛等。

达濠妈祖宫

达濠是一个不可忽视的红头船港口,商业贸易十分繁盛。在达濠埠短短700多米的濠江岸线上,就分布了4座天后宫,其中以达濠埠妈祖宫最为出名。

达濠埠妈祖宫位于旧时濠江岸线厂前街西端。嘉庆《潮阳县志》载:"在达濠埠中,建自何年无可稽考。雍正乙巳年(三年,1725年)腊月重修。埠众、渔船共祀之。"[①] 达濠埠天后宫于道光六年(1826年)、光绪十八年(1892年)、1990年三次重修。庙门外两壁有光绪十八年刻诗:(左)"维兹天后,闺中养真。莆田身化,谢脱凡尘。母仪坤德,昭代功臣。慈航利济,实筏通津。恩加海岛,九州皆春。濠江保障,威灵圣神。"(右)"怀我圣母,赫赫休扬。倪天之妹,降福穰穰。狂澜力障,舟济平康。两埠商旅,食德莫忘。千秋崇祀,俎豆馨香。焕新庙宇,益著恩光。"[②]

关帝庙

关帝庙就是祭拜关公的庙宇,中国大地无处不建关帝庙。潮汕地区的关帝庙又称武庙、武帝庙、将军庙,其数量仅次于妈祖庙、三山国王庙。据黄挺先生的统计,见之于潮汕地方志的关帝庙多达42个。[③] 较有名的关帝庙是揭阳榕城天福路的北关帝庙、澄海莲阳关帝庙、饶平黄冈关帝庙、南澳深澳关帝庙、南澳后宅前江武帝庙等。据考证,潮阳新街城隍巷口的"勇义行祠"是潮汕地区最早的关帝庙,建于元代至正年间。

作为古代海上丝绸之路的重要节点的汕头,无论是明清海商还是清代红头船商人、近代汕头商人,都崇拜公忠的忠义与诚信,几乎所有的商家都将公忠作为财神予以祭拜。因而建了不少关帝庙,成为汕头海上丝绸之路文化的一个组成部分。

[①] (清)唐文藻纂修,中共潮阳区党史办、地方志办公室、政协文史委员会辑:《潮阳县志》(嘉庆版),2017年,第117页。
[②] 陈友义:《达濠:一个重要的红头船港口》,载《潮商·潮学》,2018年第9期。
[③] 黄挺著:《潮商精神》,华文出版社,2008年,第342页。

汕头关帝庙

汕头升平路关帝庙就与海上丝绸之路有密切关联。升平路关帝庙与天后宫毗邻,他们都是由人而神的典范,一后一帝,均已被推崇至神之极品。由此看来,关帝与天后并起并坐,恐非偶然。有趣的是天后关帝宫庙并列这一现象,在国外也不乏见,这显然是漂洋过海的中国侨民,其间包括大量的潮籍侨胞所带去的文化意蕴。

翁公庙

翁万达(1498—1552年),揭阳(今汕头鮀浦)人,官至兵部尚书,被誉为"岭南第一名臣",是潮州"明清十杰"之一。

随着潮汕人海外的足迹,翁万达威望还远播异邦。清代潮州有一位翁氏后代,携带翁公像,安抵泰国曼谷后,就在北榄府高碑店市建一间简陋的小屋定居,厝内安上从潮州带来的翁公像,全家人常烧香拜谒。此后,翁万达在泰国被奉为神灵,受到华人崇拜。在泰国曼谷市及龙江厝等地,有由华侨募捐或集资,自清代起兴建翁万达庙,当地尊称为"英勇大帝",在宋卡府又有"翁万达元帅庙",泰国共有"翁公庙"100多座。

北榄府高碑店市翁公庙经扩建后,气势宏大。在庙前左边约10米处,筑了一座高3尺多的台基,上面刻有大老虎擎大旗的立体浮雕,虎高约3尺,旗高约八尺,旗上大书"翁太师"。旌旗飞扬,虎气生威,更显得翁太师总制三关、威震天下的气势。

鮀浦巡检司遗址

在中国古代,"皇权不下县",即是说,国家的权力只行使到县一级;地方官员,也只任命到县级机构,县级以下,则由民间自行治理。对于一些比较重要的地方,只能由府县作特别的派遣,称为"巡检"。据《辞海》解释:"巡检,官名,始设于宋代。主要设于关隘要地,或兼管数州数县,或管一州一县,以镇压人民反抗为专职,以武臣为之,属州县指挥……明、清州县均有巡检,多设于距城稍远之处"①"金元沿设巡检一官,多限于一县之境。明清州县均有巡检,多设于距城稍远之处。"明代的巡检司,配巡检一员,司吏二名。清代或加弓兵若干名。巡检作为知县属官,官阶从九品。

鮀浦位于汕头市区西北部桑浦山下,面向大海。巡检司始置于明洪武二年(1369年)。当年,朝廷曾敕谕天下巡检说:"设巡检于关津,扼要道,察奸伪,

---

① 辞海编辑委员会编:《辞海》,上海辞书出版社,1979年,第1041页。

期在士民乐业，商旅无艰。"① 尽管巡检司的品秩不高，但却是明王朝加强基层控制体系中的重要一环，其主要职责是盘查过往行人，稽查无"路引"外出之人，缉拿奸细、截获脱逃军人及囚犯，打击走私，维护正常的商旅往来等。

鮀浦巡检司一开始设在鮀浦市乡（今鮀东村）。民国期间曾任广东省议会副会长陈述经在《汕头市前身鮀浦市旧墟考古》一文说到，"旧鮀浦司衙址在西门，沿称衙园。围墙外角有福德祠，宫侧有更楼，已塌；宫前为盐厂旧址，沿称盐厂巷。"② 近年，村民在其址建筑民房，清基时曾出土石鼓等衙门装饰用物，古朴精致，略可见当日鮀浦巡检司署衙门的雄伟壮观。"鮀浦巡检司为出入海港商场，防御重镇要地，驻百户一员，率兵守卫。"③

清初，清廷为防范台湾郑成功的反清势力，采用"沿海居民内迁五十里，以杜绝汉人接济郑氏"的做法。在内迁过程中，鮀浦巡检司署因荒置而衙门遭拆毁。直至康熙二十三（1684年）年，清廷收复台湾，海禁解除，沿海建制恢复。但鮀浦居民回迁之后，巡检司无力展复，乃于康熙二十七年（1688年）在当时澄海知县王岱的主持下迁入蓬洲所城内，于南门择地视事。

1860年汕头开埠后，鮀浦巡检司也即从蓬洲所城迁至汕头埠升平路九号建衙办公。坐落在升平路路头的澄海县鮀浦巡检司衙门，其上部呈盖山顶琉璃瓦结构，其下部砖墙是传统的贝灰结构，大门之前有道木条护卫栅栏。整体上具备明显的明清官场风格。新庆里的巷道很窄小，宽仅容两三个人并肩行走，呈曲尺形状。

当时巷内往北是巡检兵丁的宿舍与员工的住房，与巡检司衙门后壁相连的则是贝灰结构的官员住所。巷道的曲尺型处往南设有一个中小型的木栅栏门，由此门进入是一间设于天后宫与关帝庙围墙后面的巡检司附属机构的办公场所和器械存放处等。

同治七年（1868年），清政府在汕头设置"惠潮嘉分巡兵备道"，取代鮀浦巡检司。道台署设于汕头市，鮀浦巡检司衙署由此闲置。后来，在鮀浦巡检司衙门旧址建造了龙尾圣庙。

---

① （清）李书吉编纂：《澄海县志》，上海书店出版社，2003年，第26页。
② 黄锐辉主编：《小公园一楼一故事》，汕头大学出版社，2018年，第27页。
③ 黄锐辉主编：《小公园一楼一故事》，汕头大学出版社，2018年，第27页。

据民国期间的《汕头全市庙宇调查》中记："龙尾爷（庙），光绪七年（1881年）建，升平路九号。"在同份材料中则有记载位于升平路七号和八号关帝庙、天后宫于光绪五年修的信息。也就是说，从光绪七年时，这个地方就形成三庙并列的文化景观。20世纪中叶，龙尾庙被改建为经营药材的门市部，今已恢复龙尾庙。

汕头埠鮀浦巡检司遗址是汕头埠商贸活动繁荣的历史见证。

近代洋人建筑旧址

鸦片战争前，外国资本接踵而至，纷纷涉足汕头港湾，进行商业贸易，从事鸦片走私。1860年汕头被列为开放口岸，辟为商埠，从此外国列强纷纷占地修教堂、办学校、设医院、建领事馆。这些领事馆、领事署，既有政治使命，又有经济功能，商贸业务，是"百载商埠"和海上丝绸之路重要港口城市的标志性历史建筑。

1860年开埠后，各国先后在汕头建立10多个领事馆，其中，英国和日本领事署旧址是其中至今保存较为完好的两处领事馆。

英国领事署旧址

英国领事署旧址位于汕头市濠江区礐石海旁路5号（即礐石风景区主入口前段），建成于清咸丰十一年（1862年），总占地面积4200平方米，建筑面积1010平方米，包括主楼、附楼、工人楼和后花园，均为典型的欧式建筑。该署建筑物底层采用石板架空，砖石墙体，瓦木歇山屋顶造型。主楼为二层建筑，每层建筑面积约360平方米；附楼单层，建筑面积约140平方米；工人楼单层，建筑面积150平方米。主楼及附楼建筑物四周设有内走廊，为巴洛克拱券外形，落地式双层木门窗，内设有壁炉，室内外装饰为典型的西方建筑风格。

英国领事馆旧址

1962年，中华人民共和国政府通过外交途径将其赎回，2005年8月，英国领事署旧址被汕头市人民政府公布为第三批市级文物保护单位。目前，英国领事署旧址被礐石风景名胜区管理局、濠江区城市建设管理、环境保护局、礐石街道办事处作为办公场所使用。

日本领事馆旧址

日本领事馆旧址

日本领事馆旧址位于汕头市金平区大华路11号，建成于1904年（清光绪三十年），20世纪20年代重建。总占地面积2500平方米，包括主、附楼建筑和前、后花园，为典型的日本式西洋楼，保存完好。1945年日本战败后被撤销，1947年由当时的海港检疫所接管，2011年由金平区人民政府列入第三次全国文物普查登记的不可移动文物予以公布，现由汕头市出入境检验检疫局使用并管理。

潮海关系列建筑旧址

1860年，汕头开埠，同时也成立了潮海关。作为如今汕头海关的前身，潮海关见证了汕头埠昔日的繁华。

汕头海关钟楼旧址

海关钟楼位于汕头市外马路2号。两层楼钢筋混凝土结构，建筑面积1351平方米。是汕头辟为通商口岸的重要标志之一。汕头海关前身为潮海关，建于1860年1月，地址初在妈屿岛，1863年迁入汕头埠内，设于现老妈宫对面巷内，该地后称新关街。1888年海关用18000元光洋向澄海县政府征购海滩地100多亩，填土建筑办公楼，（钟楼）1919年建成，1921年迁进办公。钟楼大时钟报时，成为汕头市一段时期的标准时间。为向汕头埠居民报时，与它相对在中山公园内九曲桥头的炮山安置土炮，每当中12时海关钟鸣，公园便放午炮，故有"钟楼鸣，午炮响"之说。

如今坐落在汕头市外马路2号的汕头海关关史陈列馆，就是市民们最为熟识的海关钟楼。建于1921年的海关钟楼是目前全国保存较为完好的民国早期海关钟楼之一。新中国成立后至1988年，海关钟楼也一直是汕头海关总部机关的办公所在地。这座建筑依然保留了原来的欧式古典建筑风格，天台周围有100多个米字形的通花装饰，大门顶端的狮子浮雕显得庄严肃穆，底下的那座以罗马数字标识的大钟十分显眼。陈列馆内分为上下两层，一楼展出的是1949年前潮汕地区海关的设立与历史沿革，二楼展出1949年后汕头海关的发展与建设。

汕头海关关史陈列馆内许多展品都反映了开埠时的汕头口岸万商云集的辉煌历程和百载商埠的沧桑巨变，是汕头港对外贸易发展的缩影。2005年4月，海关钟楼被公布为广东省第6批文物保护单位，名称改为潮海关旧址。

潮海关高级帮办宿舍

潮海关高级帮办宿舍位于汕头市南海路12号，是汕头海关前身潮海关高级洋员在市区的住所。该楼所在地为清末海坪填地中部，该填地于同治四年（1865年）澄海县政府就已遵照广东总督的命令划归潮海关使用，属潮海关公产。后来，由于德国鲁麟洋行出于商业利益而蛮横争地，光绪十五年（1890年）广东总督及布政司再次明确产权，于这片海坪地处划出临内港一段470尺拨归海关，作为建造查验码头、避风塘和改建新关、邮局之用。后来潮海关在这片填海坪地建造马路、宿舍、办公楼。潮海关高级帮办宿舍就是这一系列建筑中的一处重要建筑物。

海关宿舍大院内的民国建筑

潮海关华员低级帮办宿舍与潮海关副税务司公馆

在汕头市外马路的海关宿舍大院内，还有两座同样属于这一系列建筑的楼房。一为潮海关华员低级帮办宿舍，是一座建于1922年的两层钢筋混凝土红砖洋楼；另一座是潮海关副税务司公馆，同样是建于1922年，是潮海关外籍高级官员在市区的住所。

潮海关高级帮办宿舍、潮海关华员低级帮办宿舍与潮海关副税务司公馆这几座都是目前汕头市区保存较为完好的近代西洋建筑。

礐石潮海关副税务司公馆

海关副税务司公馆位于礐石海关顶对面的医生顶15号。1860年1月1日，潮海关创设于妈屿岛上，后于1865年搬迁至市内铜山路口洋楼办公。由于市区用水需要运自礐石，生活不便，潮海关高级洋员住所于是选址礐石。

礐石洋楼

礐石潮海关副税务司公馆是一座双层外廊式的红色小洋楼,建筑面积为720.32平方米,长方形结构,钢筋混凝土红砖洋楼,分上下两层,有地下室,二楼环内室走廊,属西洋式建筑风格,配套小花园,是潮汕地区保存较为完好的一处近代西洋建筑。该公馆地基12亩6分,购于1889年4月16日,稍后建成潮海关帮办宿舍,1898年重建。1901年11月11日,五十里内常关划归海关税务司管理后,该帮办宿舍改建为常关副税务司公馆。

日本侵占汕头时,礐石关产被强行移至日籍税务司名下。1945年汕头光复,包括礐石副税务司公馆都移交回来。1949年10月28日,汕头海关军管会接管该公馆。1982年经海关总署拨款,于1984年报汕头市建委批准进行维修。1990年11月下旬,该公馆经有关部门核准,产权归汕头海关所有。

妈屿潮海关别墅旧址

潮海关别墅旧址位于妈屿岛营仔山顶,建于1923年。1860年1月,外国人在妈屿岛设立潮海关(汕头海关的前身)。1865年,潮海关迁至汕头市。1923年,潮海关在妈屿岛营仔山顶建造这两栋别墅,由外国人LtuonduStodast设计。上栋为潮海关副税务司夏日公馆,坐北向南,占地350平方米,建筑面积230平方米,内有4间房间,外围是通廊;后面有附属用房3间。下栋为潮海关高级帮办别墅,占地300平方米,建筑面积253平方米,内有5间房及通道,后侧有3间附属用房。

妈屿外国人公墓遗址

妈屿外国人公墓遗址位于妈屿岛营仔山东侧坡地,占地面积约200平方米。清咸丰元年(1851年)便有外国商船在妈屿岛停泊,与内地商人做买卖。1856年,英国长老会在岛上始建教堂。1860年,外国人把持的潮海关设立。1923年,潮海关在岛上建别墅,外国人在妈屿从事传教及商务、旅游、休闲活动,直至1939年日军侵略为止。在长达近一个世纪的生活中留下多处遗址。该墓地原有石筑围墙,墓园中的墓碑在20世纪50年代被村民撬起它用。现存一块墓碑置于岛上赤埠路二横巷旁,墓碑长118厘米,宽70厘米,厚11厘米,墓碑刻上"ErrinerunganGeorgTio, gestorben26Mai, 1862, ambordOSCAR."(德语)。内容为逝者于1862年5月26日逝世于奥斯卡罗号船上。

汕头永平酒楼旧址

永平酒楼旧址位于汕头市金平区永平路,始建于1922年。酒楼坐北向南,建筑面积230平方米,为三层建筑。建筑立面独具特色。门楣、窗框等处有类似潮剧头饰繁复的雕饰，又有典型的西方建筑元素、碑亭式构件的女儿墙、潮汕式阳台及栏杠均采用雕花形式。

汕头永平酒楼

汕头邮政总局大楼

作为广东全省邮政系统中保存最完整的两座采用欧陆式建筑风格的邮政建筑实体之一（另一座是位于广州沿江路广州邮政博物馆），汕头邮政总局大楼是汕头开埠以来第一所自建邮局，俗称"老安平邮电局"或"安平邮局"。

汕头邮政总局大楼位于汕头市金平区外马路24号。1922年竣工，全部工程约15万银圆。占地面积1449平方米，建筑面积1042.8平方米。坐东北向西南，建筑风格为欧陆式，气势恢宏，集华丽、高贵、典雅于一体，在宏大与华贵之余，也同样注重建筑细部的装饰。

大楼建筑为两层楼加一个天台，石、钢筋、洋灰的三合一结构，平面为L形。立面为对称三段式，花岗岩石砌筑的基座、八根带涡卷的希腊式大圆立柱，使整座楼平添了一种威严的气势。檐下是西洋纹样的装饰三角形山墙，主立面二层凹进形成阳台且有石栏杆，目的在于显示潮汕建筑的特点。首层门开3个，安装有6扇厚实的落地实木门。外墙同时采用清水灰砖和红砖，富有特色。此外，所有窗扇均采用木制百叶窗，每层楼的楼幅都超过4米，二楼每个房间都设有西方特色的壁炉，还铺设木地板。

虽然汕头邮政总局大楼已有近百年历史，但外表依然完好无损，房屋结构保存完整。只是当年建筑时，因打桩等技术原因，屋基略有下陷。当年镌刻在大楼正门上方的"邮局"两字清晰可见，洋灰楼梯、楼梯护、方格门、磨花玻璃、木地板、罗马柱等仍原建筑风貌。从侧门走上二楼，一条洋灰楼梯依旧，楼梯护栏亦仍是当年的产物，方钢条制作的造型与众不同，扶手为实木。对直是长长的通道，两侧房间实木方格门镶着磨花玻璃。室内的木地板、百叶窗及露台外的罗马柱依然保留着当年的建筑风貌。

汕头邮政总局大楼

2005年，汕头邮政总局大楼被汕头市人民政府公布为第三批汕头市级文物保护单位。

胡文虎大楼

胡文虎大楼位于汕头市金平区民族路69号。1927年，由有"万金油大王"和"报业巨子"之称的侨居缅甸爱国华侨胡文虎所建，作为永安堂制药厂使用，是汕头开埠后第一座最高洋楼。

大楼坐西北向东南，占地面积约480平方米，建筑面积1422.7平方米，通面阔50.63米，通进深28.1米，主体为钢筋砼结构，外观为扇状建筑，三层，第四层至顶部为圆柱体望楼，属骑楼式，为中西合璧建筑物。该楼是汕头开埠初期第一座最高的欧式楼房。其窗楣、屋沿、望楼外壁等部位皆饰以浮雕图案，细腻精美，其东南侧有方形附楼一栋，通面阔12.7米，通进深8米。望楼内部有螺旋式楼梯通往顶层，望楼顶端装较长避雷针一根。永安堂制药厂大楼是汕头市区保存较完整的欧陆式建筑风格骑楼。胡文虎大楼是胡文虎热爱祖国的见证，也承载着汕头百载商埠的深厚文化底蕴。

胡文虎大楼

漳潮会馆

漳潮会馆在汕头市安平路66号。建于清咸丰四年（1854年），是漳州和潮州船商创建的贸易场所。其时设有船务、米粮、药材火柴、汇兑等五个行当。建筑为硬山顶，内有石刻，现为安平小学校址。

六邑会馆

在汕头市商平路，是潮州府下的海阳、澄海、饶平、普宁、揭阳六县商人交易集会场所。建于清同治六年（1867年），同治十六年（1867年）重修，光绪三十二年（1906年）改建。为杉木结构建筑物，馆内雕刻甚多。原为商平路小学宿舍，因属危房，1984年已拆建成新型校舍。馆前戏台遗迹尚存。

陈慈黉故居与永宁寨遗址

陈慈黉故居位于汕头市澄海区隆都镇前美村，是著名旅外侨胞、红头船商人陈黉利家族在家乡建造的许多宅第的总称。

从1865年，陈慈黉家族开始建造豪宅，历经三代人，跨越两个世纪。从祖居地"刘厝"建到新乡，相继建了12座。这里所说的陈慈黉故居，是指陈慈黉家族在新乡建造的宅第。

从清朝宣统二年（1910年）开始，陈慈黉在前美新乡兴建的"郎中第""寿康里""三庐"书斋和"善居室"，它数座连片，鳞次栉比，既古朴典雅，又富丽堂皇，连同中间池塘和规划未建的花园在内，占地2.54万平方米，共有大小厅房506间，是潮汕乃至全国新中国成立前稀有的华侨住宅建筑群，是民居建筑古今相糅，中西合璧的成功典范"。其中最具代表性的"善居室"始建于1922年，至1939年日本攻陷汕头时尚未完工，占地6861平方米，计有大小厅房202间，是所有宅第中规模最大，设计最精，保存最为完整的一座。

陈慈黉故居

陈慈黉故居凝聚了潮汕民居的建筑特色，既保留潮汕民居"下山虎""四点金""驷马拖车"的建筑风貌，又效仿中国古典的宫廷式建筑，富丽堂皇，古朴典雅，在此基础上更融进西方建筑艺术。宅第主厅堂为"四点金"布局，双侧火巷（也称双背剑），近似北京故宫东、西宫格式，分若干个小院落，构成大院套小院，大屋拖小房的住宅网络，加上楼梯、天桥、通廊与屋顶人行道，里应外合，迂回曲折，扑朔迷离，令初晤者，如入八卦阵。被人盛赞为"岭南第一侨宅""潮汕的小故宫"。

陈慈黉故居建筑风格中西合璧，总格局以传统的"驷马拖车"糅合西式洋楼，点缀亭台阁，通廊天桥，萦回曲折，进之如入迷宫，乐而忘返。

陈慈黉故居的建筑材料汇集当时中外精华，其中单进口瓷砖式样就有几十种，这些瓷砖历经近百年，花纹色彩依然亮丽如新，各式门窗造型饰以灰塑、玻璃、高雅大方，富丽堂皇；木雕石刻多以花鸟、祥禽为内容，表达吉祥、吉庆、富贵的美好愿望；此外故居内的书法石刻皆出自当时名家之手，一字千金，是一本集众多书法名家手笔的"活字帖"。

陈慈黉故居四座宅院，分属陈慈黉的三个儿子。

郎中第，为纪念曾官拜"郎中"的陈慈黉之父而命名，是次子陈立梅（字惠芳）的宅第。清宣统二年（1910年）动工，历时10余年始建成。整座建筑物为龙虎门硬山顶"驷马拖车"式，共4进阶，龙虎门内置舍南、舍北书斋各1

座；两厢为平房，四周由骑楼、天桥连接。占地面积1506平方米，共有大小厅房158间。

寿康里，是长子陈立勋（字惠臣）的宅第，与"三庐"成犄角之势。开建于1922年，至1930年建成，占地4097.7平方米，大小厅房116间，格局与郎中第基本相同，有房95间，厅21间，门窗嵌各色玻璃，闪光透亮，金碧辉煌。

陈慈黉故居

善居室是幼子陈立桐（字惠华）的宅第，因其早逝，故这座楼宅基本由幼媳一手督建。开建于1922年，可惜到1939年还未完工建成，后因日军侵占汕头被迫停工。它占地面积最大，为6861平方米，大小厅房也最多，共有202间。因未完全建成，部分门窗，屋梁和木雕还为油漆，四座宅第从开始建算起，至今近百年，依然完好。

"三庐"则是族中长辈议事和接待贵宾的场所，因其建筑风格形似书斋、别墅，后人遂称其为"三庐书斋"。"三庐"书斋是"寿康里"的附属建筑，占地799.2平方米，有厅房30间，它与"寿康里"同时开工同时竣工。

陈慈黉故居所用上等建筑材料多是当时从泰国、西欧、上海等地海运进来的。为了修建这一座座豪宅，慈黉家族专门雇人挖了一条小运河，从韩江入海口一直到村前。可见其工程之浩大。

永宁寨距陈慈黉故居西面 1 公里处，是陈慈黉先祖陈廷光于雍正十年（1732 年）所建，距今已有 270 多年历史。

永宁古寨建在俗称"鼎脐"的低洼地上，坐西南向东北，正对着远处的莲花山，四周有沟渠池塘护卫；前面寨池澄清，莲峰倒影，明堂开阔，众水汇聚，被认为传统"风水"绝佳之地，是一个占地 10333 平方米的四方形巨型村寨。

古寨前有"义门"，这两个字是从永宁寨门楣的题字"义路""礼门"而来的，乃是建造永宁寨的前美先儒陈廷光对子孙的遗训，他寄望子孙要懂"礼义乃人生之路，处世之门"。寨门有一个破旧的石亭。

全寨设有三个寨门，一个小寨门开在后寨墙西侧；两个大寨门高大坚固，还建有寨门楼和瞭望窗口，如此坚固的建筑，一旦把寨门一关，可谓真正的滴水不漏。

永宁寨门

寨门正中写着"永宁寨"三个字，标注着"雍正十年"的字样。两扇门页分别写着"义路""礼门"。进入寨门，展现在我们眼前的是并排三座典型的"四点金"硬山顶平房建筑。

寨墙三面高一面低，低的一面寨墙俯临寨外的大池塘，寨内所有民居都朝着这面矮的寨墙，因为这个朝向正对着"一郡文峰"莲花山，相传这面寨墙之所以建得矮，是为了让寨里的这些府第能够不受阻挡地吸纳到莲花山的"吉气"。三面寨墙高达 8 米，具有防洪、防涝、防盗的作用。

寨内有宽阔的阳埕，而且还分上中下三层，上层阳埕后面建 3 座四点金式民居，一字排开，形成九条纵横交错的巷道，共有 201 间厅房。环倚寨墙而建的住屋皆是两层楼，互相连接，若洪水进犯，人们就搬上楼屋，确保安全无虞。

寨前大池两端连着前、后两溪，溪池联结处设有水闸，可以排灌，便是遇到暴雨，寨中也不会积涝。

永宁寨的中瀚第正厅的中央悬挂着一块牌匾，上面写着"重宴鹿鸣"四个字。中瀚第两边是阡陌小巷，小巷里遗留下数十间破旧的小屋。

整座古寨，呈长方形结构，它按"驷马拖车"的布局建筑，是典型的潮汕古民居建筑风貌。寨内自成一城，生活活动空间和资源都非常充足，足可见建寨人的高明。

古寨的东南方还有一个保存完好的八角形石井，据说该井井中有井，井水深不可测，永不枯竭。当时全寨人的生活水源，全靠此井。古井的后面，有一条石阶，沿着石阶可以登上寨门楼和望窗口。这个寨门楼是旧时守楼值更的岗楼。

此外，在古寨旁俗称"寨脚"的地方，还有陈慈黉父子建的两座"通奉第"和"仁寿里"，气势恢宏，其建筑格局与现在新寨陈慈黉故居几乎完全相同，是当年陈氏父子回乡修建的第一座大屋。

永宁寨寨体保存得非常完好，陈氏家族的后人依旧在这里劳作生活，寨里各项生活功能都依旧齐整。尽管永宁寨的建筑结构迥异于慈黉故居前四座富有潮味的宅第，但彼此间却是一脉相承的，慈黉故居是古寨的发展，古寨是慈黉故居的根。

二、汕头海上丝绸之路文化遗迹

文化遗迹是古代人类通过各种生产生活活动遗留下来的痕迹，是不可移动的古代遗存。一般地说，遗迹是经过人类有意识加工的，因而能够反映当时人类的活动。

南澳西烟墩

位于西半岛龟埕龙颈山。离龟埕约200米，主体直径7.5米，高约1米，呈"U"形状，连同许公城（位于隆澳东部鲤鱼山下）的附属军事设施，与东烟墩（位于后宅山顶村东偏南山麓）、上水关（位于后宅坑内）、下水关（位于后宅东坑仔东段）为明嘉靖三十八年（1559年）海上武装集团首领许朝光盘据南澳时所建，是岸上观察敌情之报警系统。其功能在于及时发现通报军情，与寨、堡等防御设施，互为犄角，形成一个防御整体。西烟墩位置既可扼控船只通往内地必需的莱长海峡，又可见许公城。守兵发现海上敌情时即点燃墩中柴草，借其浓烟向许公城报警。既是明代海上武装集团在南澳活动之见证，也是明代南澳设镇建牙前重要的军事观察报警设施。驻足西烟墩，既可眺汕头、莱芜、黄冈出海口，又可观南澳县城全景。

南澳长山尾炮台

长山尾炮台位于南澳西半岛长山尾区域。清康熙五十六年（1717年）建，嘉庆十九（1814年）年总督蒋攸铦改建。与澄海大莱芜炮台相对，控制由东陇出入外洋之门户。鸦片战争时期，长山尾至凤屿一带洋面，为英国鸦片船停泊、贩卖鸦片的海域。

1994年，南澳县人民政府拨款重修炮台，保存良好。城郭呈长方形，长60米、宽20米、高6米、墙垣厚2米，现存城门由高约3米、宽2米的石条石板构筑，贴着南、北墙垣各有梯级可登城，西面有高大平台用以置放大炮。登城远望，可将对岸的莱芜山，西山海中的凤屿岛，尽收眼底。

鸥汀背寨

鸥汀背寨位于韩江下游出海口，因是海鸥栖息在水边的地方而得名，是韩江下游四大名韩江之一。是汕头发源地之一，民间有着未有汕头，先有鸥汀之说。宋代始创村。明代倭寇与海盗为患，乡民筑寨以防御，遂称鸥汀背寨，简称鸥汀。清顺治十四年（1657年）十一月二十三日，郑成功部属陈斌破寨。清康熙七年（1668年）展复。暑县事通判阎奇英于旧址重建乡寨。寨围600丈，高1.4丈，有水师营垒驻防。现残存"北平门"和"北定门"两个寨门及部分寨墙、更楼遗迹。

汕头小公园历史街区

小公园历史街区形成于二十世纪二三十年代，是汕头建市初期的产物，也是对外开放、海外华侨在家乡投资建设的具体体现。其建筑风格特殊，中西建筑元素完美结合在一起；典型的骑楼式建筑，规整、美观、实用；外墙装饰百花齐放、独具一格；街区规划以法国巴黎街区为蓝本，以中山纪念亭为中心，呈放射型扩散，条条道路通码头，是既方便交通又适宜经商的典型商埠建筑区间，承载着百载商埠的厚重文化，极具历史文化价值，是汕头作为开放口岸，对外交流史的活见证。

汕头的老市区的中心叫作小公园，其最突出的标志是一座亭，名为"中山纪念亭"，本地人多管其叫公园亭，而蜘蛛网构造可以认为正是由此发端，呈扇形放射出安平路、升平路、国平路、同平路等夹路两边周围富有特色的骑楼街道，有两句话能很容易地看出老城区的构成"四永一升平，四安一镇邦"。四永一升平是永安、永和、永泰、永兴街和升平路；而怡安、棉安、万安、吉安街和镇邦路为四安一镇邦。四永一升平、四安一镇邦构成了旧时汕头这座百载商埠的一副活生生的《清明上河图》。

小公园老市区

汕头老街路面宽度一般都在九米左右，两边人行道约两米，加起来大概在十二米左右宽度，骑楼建筑高度一般都在三层左右，高度在十二米左右。道路宽度和建筑高度比例大概都在1∶1。这样的尺度是非常宜人的。沿街两边规模不大，排列整齐而又对目可视的店家，组成了鸡犬相闻，温馨而又热闹的市井空间。

小公园骑楼

小公园周围老街的骑楼，最有代表性，莫不中西合璧，浑然一体。这些骑楼群，中西合璧的建筑艺术，临街架空、星罗棋布的商品网点加上环形放射状的路网格局，充分展示了汕头"百载商埠"的人文历史风貌。

曾经是汕头最大的百货公司———南生公司，虽然它已陈旧，但仍能感觉当年的繁华，它的楼式也正是一座典型的骑楼式建筑。南生公司大楼是1932年华侨集资50万大洋创办的。当时一二层经营苏广洋杂百货，三四层为中央酒楼，五六七层为中央旅社，是当时粤东最大的商业场所。大楼高7层，采用中西结合建造，底层为骑楼结构，外墙立面装饰细腻丰富，带涡卷的希腊爱奥尼柱头、中国古典的花卉图案浮雕等被广泛采用，令人叹为观止。楼内天花板的横梁雕刻着花卉等浅浮雕。地面采用彩色地砖铺贴而成，楼梯两侧一侧为艺术造型的铁栏杆，另一侧贴着带有鲜花绽放图案的磊瓷砖。独树一帜的希腊立柱令人赏心悦目，雕花图案栩栩如生，拱廊设计巧夺天工，脚线点缀其间，小花、檐部、钻心石，无一不是设计者的杰作。

南生贸易公司

澄海侨批局

澄海较出名的侨批局是致成批局，最早创办的是新加坡致成栈创办人黄继英。振盛兴批局是一家设在泰国、汕头、澄海三地，实行自收、自寄、自投的甲种批局，它的创办人是祖籍澄海上华镇渡头（图濠）村的曾仰梅。据记载，"澄海隆都镇有12个老侨批局，分别是在三个时期建起来的。"最早是1884年前埔的"泰万昌"，1888年后溪又建了"广顺利"，再到后来的"潘合利""万兴昌""荣利"等。

澄海明德家塾

坐落于澄海区隆都镇前沟村仙地头。为20世纪隆都11家批局之一的"福成批局"旧址，经营侨批派送业务。福成批局是目前澄海保存最为完整、建筑规模最大、建筑艺术最为精美的侨批局，1931年由许若明、许若德兄弟建成。许氏兄弟在泰国与汕头埠经营批局，福成批局是设在隆都的投递站点，由末代榜眼、清末民初书法家朱汝珍题名"明德家塾"。

明德家塾占地六亩，建筑面积 2114 平方米，遵照潮汕建宅传统，大厝向南。主体建筑是典型的驷马拖车，在三座落的基础上，左右各有两条厝巷和厝包拱卫，前有阳埕，后带厝包和后天井。建筑正面中心为巴洛克圆拱凹斗门楼，装饰南洋水洗石、嵌瓷双凤朝牡丹、八卦镜；左右各有两个花巷门楼，上层阳台凭栏远眺。

明德家塾

后包通廊回字纹方曲（木载），廊柱与围栏相接，构成延伸的廊门，通向尽头的门洞；右侧厢房一门间两窗，在立面上构成四分之三的华尔兹节奏。

从形制上看，明德家塾的空间序列仍然遵照传统法度，沿中轴线开展，起承转合；但其框架已是钢筋混凝土的"叠楼"，二楼畅通全座；在柱式、门洞、窗牖等细节上，更是中西合璧的花式表达。

全座建筑共有六道楼梯通往二楼，一楼右侧青框小窗内隐约可见阶梯，这是独创的防盗窗（门），关上窗户，楼梯就隐藏起来。

明德家塾以十年时间营建主体，此后又用了三四年的时间雕饰门窗。超过80间厅房的400多扇门与窗，运用嵌瓷、泥塑、木雕、彩绘等传统潮汕工艺美术，亦有当时澄邑流行的意大利瓷砖拼接、樟林蓝结合百叶窗；题材上海纳百川，宣扬伦理道德的家训格言，表现传统文化的戏曲人物、吉祥图案，时代写实之火轮汽车洋楼教堂，更有本土专属物产狮头鹅，政治旗帜国父孙中山。粗略统计，明德家塾的窗户组合类型约有 15 种，一一扫描，犹如漫游一座"门窗博物馆"。

汕头老城区批局

潮市安平路和合祥批局　　永泰街的光益裕批局　　杉排路的玉合批局

昔年设在汕头的批局主要聚集在老城区的"四永一升平"（即永兴街、永泰街、永和街、永安街、升平路）一带。自民国初年开始，这里就成为商贸活跃之地，商家青睐之处，行铺林立，商号众多。到了上世纪二三十年代，汕头市区约有大小商行、店铺3000多家，其中"四永一升平"就占了近三分之一。与众不同的批局多也是"四永一升平"一大特色，分布在纵横交错的街头巷尾，据不完全统计，先后在这里开办的批局有：

振盛兴（永兴街42号）、盛昌利（永兴街62号）、进兴昌（永兴街64号）、同发利（永兴街91号）、和兴盛（永兴街91号）、万丰发（永兴街123号）、益丰（永兴街127号）、荣丰利（永兴街130号）；天外天（永泰街11号）、宏通（永泰街15号）、嘉隆（永泰路37号）、生利（永泰路41号）、思成（永泰路53号）、协成兴（永泰路71号）、陈文记（永泰路95号）、泉利（永泰路104号）、信大（永泰路128号）；悦记（永和街10号）、宏通（永和街41号）、理元（永和街83号）、光益（永和街85号）、成顺利（永和街97号）、黄潮兴（永和街97号）、永安（永和街99号）、普通（永和街109号）、致盛（永和街110号）、马源丰（永和街112号）、裕大（永和街140号）；马德发（永安街36号）、万兴昌（永安街46号）、顺成利（永安街54号）、和兴盛（永安街73号）、福成（永安街86号）、陈四兴（永安街86号）；悦丰（升平路71号）、胜发（升平路102号）、源合兴（升平路122号）、捷成（升平路134号）、广源（升平路169号）等。[①]

[①] 陈楚金：《散落在老城区的批局》，载《汕头特区晚报》，2015年5月18日。

南澳岛大潭摩崖石刻

南澳岛大潭摩崖石刻

位于南澳岛国家森林公园管委会黄花山村委会大潭东侧，坐西南向东北，面积约为1平方米，是南澳迄今最早的摩崖：

"女弟子欧/七中捨井/一口乞平安/癸巳十一月记/匠李一/弟子欧七娘同/夫黄选捨井二口/乙未政和五年。"

石刻为楷书阴刻，字体歪斜，行次不整，大小不同。这个散发着神秘气息的历史遗迹是航海人两次捨银挖井的记录，镌刻着距今900多年的历史。

达濠河渡营盘山摩崖石刻

位于濠江区广澳河渡村营盘山，该石刻群为北宋摩崖石刻，共四处。其一"威武寨"石刻。石刻三直行，第一行为"皇佑壬辰岁"，字大12厘米；第二行为"威武寨"三字，字大45厘米；第三行为"富春孙蕃记"，字大12厘米。其二为"威武寨"记事石刻。在"威武寨"三字刻石上方附近，高105厘米，宽76厘米，分7行，每行字数及字大小不一，石质较松，石面风化严重，内容不能详读。其三为"威武寨"凯旋记事石刻。在"威武寨"前约20米处，石刻长196厘米，宽170厘米，分10行，每行10字，字大15厘米。刻于北宋皇佑四年。其四为"南无观世音菩萨"石刻。面向大海，字体丰厚稳重，不失为名家手笔。

河渡营盘山摩崖石刻

樟林古港码头石碑

樟林古港保护修复中挖掘出来的珍贵古石碑

2017年2月17日，东里镇在樟林古港新兴街古码头清淤中，挖掘出一块珍贵石碑，上刻文字"众议，港内不许拥塞水道，填埕霸占港坪，乃风水所关，违者拆毁重罚……"这一发现，是樟林古港航道红头船贸易繁荣，立碑管理航行秩序的重要见证。现在石碑已重新竖立在"修旧如旧"的新兴街古码头上。

著名作家秦牧撰写碑记，碑文如下：这里矗着一座古色古香的碑亭，记录着人间的风云和历史的沧桑。

樟林古港新兴街古驿道修复记

驿道者,古代官道,通达之坦途也;港口者,船舶起锚,扬帆之起点也。

澄海偏处海陬,樟林虽属弹丸之地,然其地理独具,江宽海阔;迳通南海,畅达远洋。宋代盐业发展,明代渔鲜盈市。清代康熙年间,海禁初弛,讨海谋生更趋活跃。时至雍正,粤籍商船桅杆船头均涂红漆,俗谓"红头船"。船队扬帆出海,北上沪津,西至雷琼,南下直达安南、暹罗、马来亚诸国,蔚为壮观。嘉庆七年,新兴街建,货栈成行。潮人祖先越洋过番,必由此港。八街六社,盛极一时。樟林遂为海上门户,誉称"通洋总汇之地、河海交会之墟"。商贾如云,市井繁华。人文鼎盛,名贤辈出。艰苦奋斗,诚实守信,红头船精神由是勃兴焉!

公元一八六零,汕头开埠,粤东海港迁移鮀城;红头大船,日渐式微;跨海越洋,火力轮船取而代之。时势掣肘,樟林古港河道渐为淤塞,文物古迹残破零落。近年虽略修缮,实仍未尽人意。幸遇新政激励,樟林古港跻身中国海上丝绸之路三大重要起源地。丙申春酣,又获"广东十大海上丝绸之路文化地理坐标"之称,新兴街荣登"南粤古驿道八大示范段"之榜。各界关切之情溢于言表,先人壮志鼓舞民心,修复古港口,活化古驿道,势在必行!

时逢盛世,民族复兴。端赖党政重视,多方扶持,林木声、许瑞生先生等上级领导暨陈春声、林伦伦先生诸专家学者倾心运筹,省市住建、环保、体育、文物等部门并广东省城乡规划设计院、联泰集团鼎力相助,保育活化樟林古港新兴街古驿道,盛举共襄。丁酉初夏,全力修复;十月金秋,工程既竣。出海口遗迹重光,新兴街盛况再现,古码头颜貌尽展。天地人和,大道彰显。海上丝绸之路荣耀,殷殷可期!爰勒贞石,以垂久远。

汕头市澄海区人民政府立丁酉年金秋
2017.11.18

廉明县主毛太老爷牌示

特调潮州府潮阳县正堂加五级记录五次毛。

为叩准勒石事,本年五月初二日,据船户马恒顺、许发万、张万财、许永顺、林有财、李有财等呈前事词,称潮邑地居滨海,所有山海出产货物,皆由船只装各省发售,是以顺等置造商船,禀请给照征饷装载,因往来江浙闽粤诸省,水运天遥,归期靡定,而船内所雇水手,保无有病,故沉溺之祸,致亲属借端滋索。经前船户李永有等签呈。

前主准照海门各港规例,立石示禁。如遇病故者,船主捐棺贮回,仍给伊亲属埋葬银叁两；如沉溺无尸者，给伊斋祭银陆两；如人船两失，均属不幸，免其置议泰批行水手，遭风失水，此乃天数。迩来该亲借端生事，听讼棍唆害，亦物可定，姑准尔等，合同立石，永垂可也。在案奈今久法弛，碑字朦混，诚恐昧良之徒，遇有不测，复生萌念，或妄听恶亲，讼棍唆教籍词，同伙合本，吓分货物噬索多金，马害不浅。

　　仁宽德泽，施山海势，得签叩恩，准照案勒石示禁，以垂永久，以杜祸累阖邑，讴歌等情到县当批准照，案给示在案，合行出示勒石。在案给合行出示，勒石为此，示喻各港出海船户、舵水人等，知悉尔等驾船出洋贸易，资生仰赖。

　　天恩庇护，倘有船上舵水人等在洋不测，皆由命也。务秉天良，循照伊议，向船户出银叁两，该亲属领棺埋葬。如沉溺无尸，向船户领斋祭银陆两，至人船两失，是由天灾嗣春。有该亲属，籍端诈索，悭情妄控者，一经查觉，定行严办，决不轻恕，各宜凛遵毋违。特示。

　　商船户　张有财、潘永顺、黄玉盛、曾盛利、林万发、李源盛、林万财、陈振利、颜潮盛、张万财、张万利、张进利、朱丰盛、李顺利、郑顺利、詹万财、魏发万、王振利、周詹顺、马恒顺、马发万、马扬兴、马扬顺、马恒升、马恒丰、马恒泰、马顺利、杨兴合、黄万得、郑有利、许发万、许永丰、许兴发、许兴创、许裕盛、许盛万、许元亨、许发财、魏永利、黄李发、陈盛利、许永顺、姚长顺、姚顺利、姚兴顺、姚长盛、姚万利、姚万盛、姚永泰、詹协顺、翁郭顺、姚合发

乾隆四十九年五月初二日呈请示谕

潮阳城南公园《廉明县主毛太老爷牌示》

汕头巡道行署碑记

清同治六年（1867），分巡广东潮惠嘉兵备道兼管水利驿务的张铣，在汕头老市兴建潮惠嘉分巡道行辕。同治七年（1868）落成后，张铣亲撰并书"汕头巡道行署碑记"。全文如下：

潮为郡，负海阻山，延袤千余里。汕头特海滨一隅耳。其水斥卤不可食，风沙晦冥，颓洞无际。十年前污莱未辟，居人捕鱼贩盐为业。茆檐蔀屋，落落数十家而已。咸丰八年，海禁稍弛，诏许岛人通商互市，立关征税。于是殊方异域，梯航绳索之国，峨舸大舳，奔走偕来。闽越吴楚各省，估客佣夫，乘波涛，凌万顷，陆□（醢）水菹，珍物奇货，凡可以给生人之用、而逐什一之利者，云集鳞萃。遂隐然一大都会焉。

於以叹天下盛衰之理，循环无穷。其由衰而忽盛也，地为之，实时为之也；时为之，实人为之也。天子怀柔远人，纳赆输琛，重译麕至。海外诸国，皆得设领事官，管理商贾交易之事，与内地官司、文移往来无虚日。

予谬膺简命，观察是邦，按部巡行，一岁卒数至。阛阓嚚尘，难容轩盖。且与外人相接，不足以式观瞻。乃请于大府，创建行署。鸠工庇（庀）材，经始于丁卯之春，逾年而工竣。率僚属百执事，集外国诸领事翻译官，大会宴饮而落之。座上诸君，奉觞进曰：此固昔日荆榛芜菅之地也。今且交衢列肆，市成五都，画栋飞甍，攒罗舛互。虽曰地气与时数使然，岂非盛衰之理，转移自于人欤？夫后之观今，犹今之观昔。由此休养生息，攘外安内，殷繁富庶，又将月异而岁不同，其兴讵有艾哉！

署之周遭二千四百丈。襟高山，带远水。疏潮立基，磊土作址。为堂为庑，为室为宇。牙戟森然，旗鼓列峙。畚筑之工居其四，木石之工居其五，丹雘黝垩之工居其一。计用□（缗）钱一万八千有奇。任其役者为周府经锡畴、赵县丞荣犖，督课勤慎，无旷期、无冗费，皆可书也。因援笔记之，而命镌诸石。

同治七年戊辰仲春月

诰授通议大夫盐运使衔分巡广东潮惠嘉兵备道兼管水利驿务长沙张铣寿荃氏撰并书

澄江李鹤龄镌

《汕头巡道行署碑记》载于民国时期《大光报》。该报在所载碑文后还加注，该石碑高二十九英寸（73.66厘米），阔五十六又半英寸（143.5厘米），周围有缘线。碑实高二十六英寸（66.04厘米），阔五十三英寸（134.62厘米），石质为黑色涑石。碑文为行书,分三十二行,共五百七十五字。道台行署,民国十年辟为第一公园,今为民居,碑现藏故画师黄史庭家。"这方575字的碑文,是汕头开埠以来最为权威的历史文献。

南澳南澎灯塔

南澳系闽、粤、台三省及国际航线上的海上交通要冲,因岛屿多,暗礁繁复,给各种船只尤其是外国船只造成航行安全威胁,为确保航行安全,自清代以来,南澳先后在交通要冲处建立了不少航标灯,如南澳雾笛、芹澎灯桩、顶澎灯桩、乌屿灯桩、赤屿灯桩、云澳港口灯桩、青屿表头灯桩、后江新港灯桩、深澳鸡心礁灯桩、溜牛礁灯桩等。特别是位于南澳东部43.2公里远的南澎屿上建的南澎灯塔,极具代表性。该塔19.3米,直径4米,外围由一块块的大生铁板焊接而成。灯光中心离高潮水面72米。建于清同治十三年(1874),系由英国伦敦的国际海上人命保险机构"万国公司"兴建。

汕头鹿屿灯塔

鹿屿灯塔位于粤东沿海汕头港鹿屿岛。鹿屿,曾用名龟屿,位于汕头港湾内,是进入汕头的门户,处于海湾大桥下的主航道旁。岛形如坐鹿,称鹿洲,潮语说德与鹿谐音,故今名德洲岛。

鹿屿灯塔

鹿屿灯塔始建于1880年,由英国人建造,是我国南海海区迄今最为古老且保留较为完整的古塔。它完好地保存着当年的雾炮和作为看守鹿屿灯塔所建基灯守房等历史遗迹。2010年,鹿屿灯塔被汕头市人民政府列为第四批汕头市文物保护单位。

达濠表角灯塔

表角灯塔又名广澳灯塔,位于粤东沿海汕头港达濠半岛广澳角,始建于1880年。原塔为生铁所造,上涂白色,塔高只有6.7米,射程只有10到12海里。灯器的发光由一套铁链系统构成,每上紧一次链条,灯器可以维持发光3

个多小时，这个灯塔的设备在当时来说是非常先进的。

表角灯塔

现塔身为白色圆形混凝土塔，标身高 15.6 米，灯高 61.8 米，灯质为闪白 8 秒，射程 24 海里，配有雾炮两门。表角灯塔为潮海关建造，在世界灯塔中编记在册，第二次世界大战时部分被炸毁，1947 年修复。表角灯塔既是粤东沿海干线的重要灯塔，又是进出汕头港外航道的重要助航标志。第二次鸦片战争中国战败，清政府被迫签订《天津条约》，增开潮州（汕头）等 9 处为对外通商口岸。1860 年 1 月 1 日，潮州（汕头）实施对美开市，在汕头港外妈屿岛设立"潮海关"。

高绳芝纪念亭

高绳芝是潮汕华侨中的杰出人物，原名高秉贞，1878 年出生于澄海城，晚清举人。他中举后目睹现实，深感朝政腐败，仕途无用，遂弃文从商，走兴办实业救国道路，先后投资兴办汕头自来水股份有限公司、汕头开明电灯股份有限公司、汕头绵发和昌发两家机器榨油厂，还集资架设了汕头至澄海的有线电话。

高绳芝是汕头自来水业、电灯业、电话业的创始人，是开发汕头埠的大功臣。他同时也是一个革命党人，辛亥革命的功臣。他思想进步，积极参与孙中山领导的民主革命，参加并赞助丁未黄冈起义和惠州起义。民国初期，为化解各方革命党人的矛盾，为汕头埠营造和谐发展的环境，他委屈周旋，慷慨解囊。1913 年 12 月 11 日，年仅 35 岁的高绳芝积劳成疾病逝。国民政府批准他为"丁未着花红烈士"。

1930 年 6 月，汕头中山公园建设委员会根据市民提议，为缅怀高绳芝支持辛亥革命和举办地方公益事业功绩，特地在园中建一座纪念亭，命名"高绳芝纪念亭"。该亭六角直筒形平顶，钢筋水泥西式凉亭，高 6.7 米，6 门 3 梯，梯门有"高绳芝纪念亭"的横匾，系国民党元老胡汉民所题。亭侧有一座石碑，记录高绳芝的业绩。"文革"中,"高绳芝纪念區"被敲掉,石碑也毁了,这座亭的灵魂没有了。汕头自来水公司在纪念该公司 100 周年庆的日子里,重立碑记,以此纪念这位汕头自来水业的创始人。

汕头中山公园高绳芝纪念亭

北宋古运河——山尾溪

介乎东溪与北溪之间,有一道人工开凿的河流,叫山尾溪(即现南溪)。宋哲宗时(1086—1100 年),盐场官李前动用了大批的人力,在程洋岗的北面,开"山尾溪,上通韩江,东行十五里,至神山(即狮山)前,会合水寨溪(即东里溪)入海"。远在宋代,于滨海地方用人工开凿这样的运河,应该说是一项浩大的工程。

盐场官李前之所以要动起这么浩大的工程,与澄海经济、交通、军事有极大的关系。旧澄海县志载:"澄海县,地狭人众,土田所入,纵大有年,不罡供三月粮,濒海居民,所恃以资生面为常业者,非商贩外洋,即鱼盐本港也","农工贩贾,皆藉船为业。"①

山尾溪原有"开凿山尾溪记"碑、"仙尾溪"碑,上述碑记已佚。另有一件诗文石刻,刻在狮山巨石上,系盐官李前专咏开凿山尾溪的诗。诗文曰:"筑堤开市易通津,神宇盐亭又鼎新。力小当能支五事,增光更俟后来人。"刻石长

---

① 黄挺著:《潮商精神》,华文出版社,2008 年,第 121 页。

二米多，宽一米余，解放初期仍仰天卧于狮山道旁，后来在炸山取土中炸掉。

山尾溪全长10公里，流经前沟、后沟、南溪、梅州、下西、仙市等乡村，上通韩江，下达海口。既可引东溪水沿南溪济北溪，贯通县境东、北二溪，方便当时水运交通，有利两岸农田灌溉，又促使宋代以后北溪下游的河汊发育、堆积旺盛，以及三角洲不断延伸，新增一些小河汊并逐渐形成基本稳定的河网状态。

山尾溪是粤东最大的古运河，它的开凿为当时盐运节省了不少路挑人力，减轻了人民的负担，内通腹地，外通海域，是东陇埠樟林古港形成的基本条件之一，对潮汕货物外运，开展对外贸易起着重要作用。

三、汕头海上丝绸之路文化遗物

文化遗物是指古代人类活动遗留下来的各种具有可移动性的器物。它包括各种生产工具、武器、日用器具及装饰品等；也包括墓葬的随葬品和墓中的画像石、画像砖及石刻、封泥、墓志、买地券、甲骨、简牍、石经、纺织品、钱币、度量衡器等。一般而言，遗物都经过人类有意识的加工和使用，未经人类加工的自然物，也必须与人类活动有关从而能够反映人类活动，如各种农作物、家畜及渔猎或采集所获得的动植物遗存等。遗物的分类方法较多，按其材质可分为石器、陶器、骨角器、金属器、玉石器以及文书契约等；按用途分则有生产工具、生活用具、随葬品等。文化遗物是人类社会活动的产物，因而它们能够从不同的方面反映当时社会生产和生活的情况。

海上丝绸之路是海上航海、商贸活动，当也有丰富的文化遗物。这些文化遗物都是长期的航海、商贸活动的历史遗存，见证了海上丝绸之路的历史。汕头作为海上丝绸之路的重要一站，汕头也在长期的航海、商贸活动中，留下了可观的"海上丝绸之路"文化遗物。

樟林古船

澄海发现古船甚多，特别是红头船。仅据《澄海县文物志》统计就达25艘，其中不少当与海外贸易有关。

1925年，在疏浚樟林南社港时，在新兴街侧港底起出一巨钢锭，长数尺，三爪状，重3200余斤府秤，称为番仔碇。

1927年，澄海农民曾在河道里打捞出一双柚木沉船。

1965年，在原观一村外公路下米深处，发掘出至少100多立方米完好的杉木，以成排横放又成排直放交叉叠放以固码头，为防止淤泥下沉、码头塌陷而采取加固措施。发掘的杉木堆了两个祠堂。这一古码头的发现，说明了200年前樟林为停泊红头船古码头设计上的周密与宏大的气魄。

1971年10月4日南州坪河床出土之樟林古港明清红头船,全长39米。

20世纪70年代澄海樟林港遗址附近的南洲、和洲河床先后出土的两艘双桅红头船。一艘是1971年九十月出土的,船身长39米,宽13米,船舱纵深7.3米,有49片完好壁板及12片残断壁板,船底49根横楹,五层舱房,船中有明清瓷器30多件,铜钱200多枚。整船用泰国楠木制成.全部角铜钉紧固。

另一艘出土时间是1972年九十月,长41.6米,船舷刻有"广东潮州府领□字双桅壹佰肆拾伍号蔡万利商船"字样。两船均为泰国楠木制成,全用铜钉紧固。经确凿考证,两船都是嘉庆十四年(1809年)六月初三被海盗抢劫时焚烧的。据记载,这样的红头船可载货150—200吨,载客100—200人。

1983年,在东里应菜园探有埋在地下五米深处的红头船,取样已入藏澄海博物馆。

尚未出土的古船有:石头坑原凤岭院泊点地下有唐宋古船。樟林石壁头原古港遗址地下有明清古船,派人下水探索,摸到古桅一段,尾直径20余厘米。上西陇地下有古船尚未出土。

清代驶往日本长崎、东南亚暹罗等地从事贸易活动的中国船中,有一种来自广东的红头船,1993年中日联合在日本举办的《中国南海沉船文物为中心的遥远的陶瓷海上之路展览》中就展出了红头船的模型。

澄海古船分布录略①

地点	器物名称	港口航道	是否出土	大概年代
下面溪	大桅船	院埔前	未	
后埔	船板	院埔前	出土	

---

① 蔡英豪主编:《海上丝路寻踪》,华文出版社,2001年,第80—81页。

续表

地点	器物名称	港口航道	是否出土	大概年代
程洋岗	船桅	凤岭古港	部分出土	北宋
程洋岗	大锚	凤岭古港	出土	北宋
官湖	大船桅	凤岭古港	出土	北宋
管陇	船桅	凤岭古港	出土	北宋
南山	大船桅	凤岭古港	出土	北宋
狮山	古船	凤岭古港	未	
冠山	古船	凤岭古港	未	
冠山	古船	凤岭古港	未	
上窖	大船桅	凤岭古港	部分出土	北宋
里美	厚船板	凤岭古港	出土	北宋
大衙	大船桅	大衙古码头	出土	唐宋
沈洲	大船桅	大衙古码头	出土	唐宋
外砂	古船	大衙古码头	未	
槐东	大船桅	凤岭古港	未	
和洲	古船	樟林古港	出土	清
南畔洲	古船	樟林古港	出土	清
东里	古船	樟林古港	未	
上西陇	古船	樟林古港	未	
陈厝洲	大船桅	凤岭古港	出土	
外埔	古船	辟望古港	出土	清
石头坑	古船	院埔前	未	唐宋
窖东山前	古船桅	凤岭古港	出土	宋

红头船分家书

2013年，青年学者丁烁得到一份清嘉庆年间红头船船主家庭的"分家书"。它实际上就是一份契约，其内容如下：

立分约绳课、绳安、会沛等，先父在日产下三男，长男绳课，次绳岳，娶妻未育身亡，立课子会沛承继，三绳安。课等兄弟籍凭前基，兢兢业业。嘉庆十五年十一月内，母亲陈王氏已口口遗产业、田房、铺屋以及资材物件，敬请亲戚分为三股，酌抹均匀，当众阄受，至公无私。阄受以后，各照分关管业，惟盛发商船一号六分，公得其五，课等合共，生理幸稍如意。所获资材支分之余,招伙续置先利商船一号六分得三,该船装载货物向往天津等处贸易,本应同心协力,拮据经营,但恐日久事繁,致生异议,不如先事而图友恭翕合之为愈乎。况产业即已先分,船货何必终合。谨承母命,仍延公亲,将现在公共船务分货物账目一并清算,分毫无差,从公酌议找口口白,其盛发六分得五船分带货,分与长房绳课、二房会沛为业;而先利六分得三分带货,分与三房绳安自己为口。立约之后各宜竞业营生,毋得异言生端,俾课等亲历诸务,如生财之有道。庶几无负父祖燕翼怡谋之意也。至若开财源节财流,广蓄积以恢宏世业,毋惛淫毋匪彝,遵先训以大振家声,此又课等所恪守而勿替也矣。此嘱。

付长房绳课收执

嘉庆十六年九月十九日立分约。母陈王氏,长房绳课(花押)、二房(花押)、 三房(绳安)花押。

代书:绳称(花押)。

签见亲戚:叔现许(花押),侄会口(花押),侄其凝(花押),兄绳养(花押),兄直达(花押),侄其中(花押),兄绳辅(花押),堂兄(花押)、绳扬(花押)。

一批明,会祖、尚祖结存公司之银,候后日会众清算公数,应否母利多寡,俱就绵祖蒸尝除还焰。

一批明,丙寅年两房分囊之日,公议二房贴还长房口请封典银二百五十元口口口未抵,捐其银,议坐尚祖积息之数,以为子孙进泮科甲膏伙之用。嗣后果有应需口口银,不拘母利多寡,俱就绵祖蒸尝除还焰。

一批明,先利舟到港之日,船内豆货家用等物,并公司起限银两,俱对畔均分,其牌照等件,俱交绳鉴兄投执焰。

红头船分家书

这张泛黄的红头船契约宽43厘米,长48厘米,附有十多人的花押。契约讲的是,陈姓一家有三个兄弟,分别为绳课、绳岳、绳安。二哥陈绳岳结婚后还没孩子就去世了,大哥陈绳课的儿子陈会沛继承其二叔绳岳的遗产。绳课等三房子孙兢兢业业,继承父业。红头船盛发号和先利号是家族经营的商船,往来天津和潮汕之间,做大豆等生意。但怕日久事繁有争议,母亲便在多名亲戚的见证下,把商船的股份和货物重新分配给三个房头。

《潮州会馆记》

吾郡七邑,首海阳、次澄海、次潮阳、次饶平、次惠来,次普宁,次揭阳。议定规条,将历置房产,设立册簿。所有现带租银,征收以供祭祀,余充修葺诸款动用,并襄义举。延请董事经理,三年一更。七邑轮举。一应存馆契券,递交董事收执,先后更替,照簿点交,永为定例。所以敦请董事,必择才具贤能、心术公正之人。综理巨口,其责郑重。我郡同人互相勉励,善保始终,尤会馆之第一要务也。

"议定规条"就是制定章程。这段话虽然简单,但已经讲到会馆制度最重要的三个方面:一、会员:潮州七邑在苏州的商家,都是会馆的自然成员。在侨居异地的特有心态驱动下,相信这些商家都愿意加入会馆。二、财产:财产方面规定两条,一条是产业的登记造册,一条是出租收入使用于祭祀、修缮和慈善事业。三、管理:主理馆务的董事是外聘的,要求选择"才具贤能、心术公正之人"。由七县轮流推举,一任三年,从《后序》和《后跋》可以得知,乾隆四十六年(1781年)由潮阳商人推举,自称壬辰科(乾隆三十七年,1772年)进士的马登云被推为董事,到乾隆四十九年(1784年)任期已满,这一次由澄海商人推举同邑姚振宗继任。董事要负责保管会馆业产契据,登记钱银收支,责任重大。

澄海建阳西班牙银币

1988年在澄海莲下镇建阳村出土的一批西班牙银币,共99枚,制作粗糙,是用手工捶打制成。银币正面文字译文为"西班牙与印第安国王查理二世",正面图案为十字架与双狮双城,背面为盾形图案。纪年为公元1691—1699年,即清康熙三十年至三十八年。其时澄海樟林港正处于粤东沿海贸易恢复发展的时期,这批银币无疑是欧美商人来粤东进行贸易的其中一批货币。

南澳"三保老爷"石香炉

郑和七下西洋"五经南澳",这在明代学者黄省曾的《西洋朝贡典录》、法国人伯希和的《交广印度两道考》（上卷·占城）都有多处记载。数年前，南澳发现了郑和下西洋舟经南澳留下的三保公庙遗迹（毁于20世纪50年代）、"三保老爷"石香炉等重要史迹文物。

程洋冈公鸡树

在程洋冈村西面，紧靠石尾下（石板下）溪的公鸡山上巨石之巅。公鸡山是个小山冈，并不见得高，但是地势突出，位置特殊，四无遮障。这株盘根错扎，枝叶繁茂的古榕，历史上父老都说不清它生长于那一年代。远远望去，大有金鸡独立的气概。

唐宋时期，这里原为一片汪洋，是潮州出海的一处古港，由于沿岸冈峦起伏，山屿绵亘，水势湍急，波涛汹涌，出海船只，至此时有翻舟沉樯的事故发生，因此公鸡树的耸立山巅，就起着标志以进险域的重要作用，它警示艄公小心行使、确保安全。

海外归侨，船到妈屿中外，站上甲板，便远远可以望见山冈上这棵公鸡树，使远洋归来的赤子，立即会产生了家乡已到之心。

第五章

汕头海上丝绸之路非物质文化遗产

非物质文化遗产是具有民族历史积淀和广泛、突出代表性的民间文化遗产,被誉为历史文化的"活化石""民族记忆的背影"。非物质文化以物质文化为前提,是人类创造的精神文化产物,主要表现为民间文学、民俗活动、表演艺术、传统知识和技能等。

汕头海上丝绸之路非物质文化遗产是历史上汕头人在长期的海上丝绸之路活动中创造的精神文化,与汕头海上丝绸之路物质文化构成丰富的汕头海上丝绸之路文化遗产。汕头海上丝绸之路非物质文化遗产包括"海上丝绸之路"文学、"海上丝绸之路"习俗、"海上丝绸之路"诗词、"海上丝绸之路"音乐、"海上丝绸之路"戏剧等多方面。

一、"海上丝绸之路"民间文学

民间文学是劳动人民创作的文学,多为群众口头创作,口头流传,集体加工修改,能够直接反映劳动群众的思想情感和理想愿望,包括神话、民歌、民间故事等许多形式。① 民间文学包括神话、史诗、民间传说、民间故事、民间歌谣、民间叙事、民间小戏、说唱文学、谚语、谜语、曲艺等。民间文学以不同的形式表现内心情感,再现一定时期和一定地域的社会生活。

(一)"海上丝绸之路"民间故事

民间故事是散文叙事体的一种,是一种以传统的口头形式流传和保存的虚构故事。② 汕头人在长期的海上丝绸之路活动中创造了丰富的民间故事。

历史上的汕头是海上丝绸之路的重要一站。无论是唐宋海疆的开拓者、明朝的海盗海商,还是清代及近代的红头船商人,走南闯北、战天斗海,披风斩

---

① 金紫千编:《简明文学手册》,内蒙古人民出版社,1982年,第232页。
② 王朝娟:《民俗学概论》,北京大学出版社,2002年,第71页。

浪，经商行贸，演绎了一个个感人的故事。汕头"海上丝绸之路"故事，以海上贸易为背景，充满海洋文化与商贸文化色彩；汕头"海上丝绸之路"故事，以侨乡为平台，富有侨乡风情，充满华侨文化色彩。

"大船澳"的由来

南澳岛长山尾码头东南侧有一个临海村名叫"大船澳"。这地名之由来，传说是郑和下西洋时，率领"三保公船"舰队，经南澳岛近海，为避风而停泊海湾时所命名的。

明永乐三年至三十年（1405—1432），三保太监郑和七下西洋时，曾舟经南澳。有一次，郑和率领"三保公船"舰队，从福建浩浩荡荡而来。驶近南澳岛东北侧海面时，遇到了强风，难再前进，便转舵驶向约30公里远的饶平大门海域，想再转入东面约5公里远的柘林港避风。

可是，当时皆为木帆船，靠风驶船，时刮东北风即顶头风，驶至大门时，无法前往柘林港。又逢傍晚，于是转舵驶往数公里远的海山岛南端，却碰到浅海土坪沟仔。本来，海山岛内外之船，驶行过此长约5公里的沟仔时，皆会搁浅，但因风力很大，强风猛烈推动"三保公船"驰前，竟闯过了浅滩。领头舰上的舵公不知海山岛这里海水的深浅，因需要用海水洗东西，便命水手抛下小水桶打水，不料桶很快碰到泥滩，提上来一看，桶里泥多水少，大吃一惊："这里是浅泥滩，船为何驶得过？"

海山岛渔民更深感奇怪，这里从未有船能驶过去，便说："三保公船，逢山过山，逢滩过滩！"此话流传至今成俗话，并把该港称为"犁港"，即被三保公船犁过的港。

三保公这时已知岛附近海水浅，不宜停泊他们的大型舰队，此时风又大，便命领头舰向南侧靠南澳岛山的海面驶去，找个水深而靠山的海面停泊避风，众舰随之。当驶至南澳岛西端长山尾偏南近山海面时，试探一下水之深浅，知属深水区，可以避风，便下令舰队于此停泊避风。

待风转弱，舰队又要升帆起程时，三保公问划竹排载淡水上大舰的南澳岛渔夫道："这地方叫何名字？"

渔夫答："没有名字。"

三保公说："这里水位深，可避风，适宜停泊大船，可取名'大船澳'。"

渔夫笑道："感谢三保公为我们取了一个好地名！"

南澳大船澳

自那以后，大船澳之名沿袭至今，并成为国际海图所标明之大船抛锚处。清道光年间，英国鸦片船把这里当作鸦片走私之贸易区，林则徐多次谕令南澳总兵严厉查办之。民国时，该海湾临近山中住数户人家，以大船澳为村名。

海怪"角鱼舵"导航英船

汕头位于南中国海。明清时期的海盗、海商，近代开埠等等历史事件的发生，使得汕头较早、较多地发生涉外关系，民间也就十分自然地流传着很多涉外故事，主要是与洋人关系的故事。南澳澳前村就有"海怪'角鱼舵'导航英船"的故事。

100多年前，位于南澳岛40多公里远的芹澎岛，极少有人前往寄居捕鱼。六岁起便随父出海的"角鱼舵"，算是较早以它为舞台的猎鱼人。

有一年农历四月的一个夜里，海上轻雾缥缈，一艘驶向上海的英国货轮，途经芹澎海域时，误入了百亩礁。何谓百亩礁？看官须知，芹澎屹立在汪洋大海中，只有0.07平方公里，是由几块大礁石露出海面而成，上面没有一株草木，也没有一口泉水，而四周礁岩多如牛毛，面积不下百亩，故称"百亩礁"。正如歌谣所唱："芹澎景致古传来，东有佛翁（礁名）北战台（礁名）。佛翁能劈神仙蚊，前面恰鼎（礁名）有两个。忽听东畔黄牛（礁名）叫，西畔龟蛇（礁名）吼起来。海上夜灯如飘逃，好似城市电灯楼。食似官家难比拟，日宿夜出像乞丐。"另有一首歌谣唱道："芹澎篙桨真严涯，流水匆匆石还在。本欲辞了芹澎路，为了渔利又再来。"

这百亩礁岩石，或明或暗，犬牙交错，外来舟楫一旦误入，几乎没有安然脱险者。这里不知撞毁过多少船只，淹毙过多少人命，人称"魔鬼礁"。这夜，英船误入，其险景可想而知。倒霉的英船，夹在礁缝之海面，进退不得，船员们十分沮丧，如临绝境，赶忙画十字，有的号啕大哭起来。

船长倒是个冷静汉。他细察夜海，忽见不远处有一点闪闪烁烁的微弱光亮，认为是渔火。"有渔火就有救星，"船长悲戚之心，涌起一阵振奋之波。他派一名翻译员，由二名水手划小舢板，载往渔火处向人求救。那小光亮点，果然是芹澎边一只小船上的渔火。船上蹲着一位二十多岁的彪形大汉。翻译员喜出望外，向渔人道明了来意，以恳求的口吻说："只要你将船安全地引出险礁区，赏你白银百两。"

这位渔人就是"角鱼舵"。他打量了舢板上三位来者，然后透过薄雾，扬起两道长眉，闪动着那双炯炯如炬的目光，遥望那数点灯光聚集处，爽快地说声："行！"便升帆摇船，跟着舢板船而去。"角鱼舵"挺立在英轮船头，比着手势，由翻译员传达给指挥舵公驾轮，时进时退，时左时右，经过半个来小时的周旋，居然把货轮引出险区，轮身毫无磨损。船长兑现了许诺，赏给引航的"角鱼舵"白银百两。

英轮脱险往上海，接着返国后，深知芹澎一带，险礁林立，涛惊浪恶，但那区域却是公海要道，便与其他国家的远航公司商定，合捐巨资，以"万国公司"名义，于芹澎附近的较大岛屿南澎顶峰，花一年时间，筑设了光照数十里远、粤东最早的航标灯——"南澎火"，数年后又建了声震数十里远的"南澎笛"，为过往轮船雾天鸣笛导航。

"南澎火""南澎笛"筑建后，英人特聘"角鱼舵"当顾问，月薪70两白银。可是，"角鱼舵"觉得还是捕鱼自由，得利多，便推荐妻舅李文逢代任。李之堂弟李国镭也上澎当助手，后去汕头港当上早期管航标灯的领头人。

郑信王故事

潮汕民间流传着不少郑信的传奇故事，主要有关于"郑信出世""大城勤王""罗容招兵""义释洛坤王"及其成为暹罗第三代王朝国王的传奇故事。

郑信出世

传说二百多年以前，在暹罗国都城亚尤提亚（俗称大城），有一户寻常人家，男人名叫郑镛，澄海县上华华富村人氏，因生活所迫，乘坐红头船漂洋过海来此度生，他娶了傣女洛央为妻。

一天天色已晚，风雨交加，妻子怀孕十月，肚子阵阵疼痛，眼看就要分娩了，郑镛急忙跑去请医生。回来时，刚踏进家门，忽见一条大蟒，浑黄如龙，从房里曲伸而入，蜷卧摇篮之下，郑镛见状，惊恐万分，忙念动平安咒，那大蟒顷刻不知何处而去，这时只听"呼哇，呼哇"一声啼哭，婴儿终于坠地了，郑镛急忙脱下身上的华装，为婴儿包裹，产婆也为婴儿返脐。这婴儿生得粗犷乌黑，像块乌金，于是取名"信"，泰语"信"字即"财"的意思。这郑信便是后来的郑皇。

大城勤王

郑信出世后，相貌与体态甚异，酷似佛祖之貌，有伟人之相。暹罗王朝大臣昭披耶节基极为喜爱，把他收为义子，加教习暹文，后又进入佛门为僧，受佛教训育，一时学业大进。还俗后，由其义父带入宫中，荐为御侍，因生性聪颖，文武全才，深得暹王赏识，数次升官，后被封为哒府侯王，暹人皆称他为披耶哒。

佛历二三〇六年，缅甸古王朝大举进犯，杀入暹罗国，边关告急，全国军民急起抵抗，但因缅军凶猛，暹军节节败退，城乡沦于敌手，人民颠沛流离，苦不堪言，后来，缅军扑向暹京阿尤提亚城，暹王及御林军浴血死守达一个月之久，眼看京都就要陷落，国破家亡在即，郑信急率五百勇壮，由哒府开入京勤王，到了城外，只见京都已被缅军里三层、外三层围得水泄不通。郑信大吆一声，杀进阵中，左冲右突，莫奈缅军势盛，连续两次均被打回，第三次他抱着必死的决心，驱马冲杀，终于逼近城池。这时，城上城下，御林军与缅军犹在厮杀，城楼上死尸横陈，血流遍地，城门已被缅军攻破了，城内三千僧侣焚香向天祷告，数以百计的民众伏地痛哭，缅军蜂拥进城，步兵、骑兵从伏地的百姓身上踩过去，到处烧杀抢掠。郑信目睹惨状，心痛欲裂，他冲杀到皇宫，遍寻国王无踪，宫妃也已集体自焚，全城一片院乱。郑信眼见大势已去，救不了老王，只得夺开血路，冲出重围，以图再举，报仇复国。

罗容招兵

郑信率领数百勇士，杀出城来，六日六夜，马不停蹄，来到了山巴里一个偏僻的小地方——罗容巴真，当这些带着满身伤痕，满脸血污的士兵下马，来到群众中间，诉说大城陷落，暹罗亡国的消息时，男女老少，军民大众相抱大哭，居住在这里的许多华侨华裔更是悲阶万分，他们远离家国来此谋生，如今连这侨居之地也已沦亡了，今后将何以为生。郑信见状，便鼓起民众，树起义旗，提出"坤泰坤真、团结复国"的战斗口号，立即受到民众拥护。许多华侨把家资悉数捐赠郑信，以作购军火之用，并选派华人丁壮组成义勇队，许多傣人送子前来投军，一批造船华工也向郑信请命修造战船，就这样罗容巴真建起了战船修造厂、武器弹药兵工厂，还通过国外，买来大炮，远近人民闻讯，也归附而来，队伍迅速扩大，郑信日夜带领义军训练，个个同仇敌忾，时刻准备英勇杀敌。

佛历二三一〇年，郑信眼看时机已到，悄悄移兵于尖竹汶，分乘一千六百艘战船，由湄南河进军北揽河口，直捣吞武里之暹奸通因巢穴，那卖国求荣的通因正在享乐，万万没有想到郑信会在这时候突起包围吞武里城，只好仓促应战，兵败身亡，众将也纷纷投降。郑信拔了一城，军威大振，一路民众响应，士气正旺，队伍日益壮大，郑信乘胜挥师北上直逼大城，从水陆两路合攻，这时城中民众响应，缅军后营着火，主帅被擒，阵脚大乱，终被郑信击溃，大城遂告光复，举国欢腾。

义释洛坤王

缅寇既退，群雄又起，许多豪强乘势割据，宣布自立为王，郑信又举兵晓义，向中部的呵叻，东北线的彭世洛，南部的那空是贪玛叻等府，一个一个开展包围战与攻心战。在平定那空是贪玛叻府中，遭遇称王的洛坤王负隅反抗，杀了郑信的两员大将，正当洛坤王自鸣得意时，郑信的勇士们把洛坤王生擒了。

洛坤王被押到帐中，对郑信玻口大骂，极其傲妄骄横。

郑信对洛坤王说："你杀了我两员大将，如今却落在我手，还有何说？"

洛坤王是个莽夫，大吼大叫："要杀便杀，别无话说。"众将士也要求郑信把他杀了，为两位虎将报仇。

郑信把脸色一沉，挥手示意众将士不得喧哗，他正言厉色地对洛坤王说："想起我那南征北战的虎将死在你的手，我多么想把你碎尸万段，以消我心头之痛，杀你容易，也是应该，但是，我得先问你，你有没有一个暹罗人的良心？"

洛坤王被郑信这一问，不禁心头一怔，没有话说。

郑信又紧紧逼问："难道你忘记国破家亡之苦？难道你忍心百姓遭殃？！当今国家战乱，百业待兴，你不思戴罪立功，为国建功立业，却求一死？"

在场的战士，听到郑信这肺腑之言，莫不流下热泪。

郑信离开了座位，来到五花大绑的洛坤王面前，为他松绑，并赐他为皇朝警务官，洛坤王感激万分，伏地大哭，决心为豁达大度的郑信效劳。

义释洛坤王的消良传遍暹罗国，群雄纷纷归顺，很快完成了统一山河大业，郑信看到人城经过战火，尽成废墟，满目疮痍，便下令迁都吞武里，将士军民人等一致拥戴他位登九五，成为逞罗第三代王朝，建都于吞武里的开国大帝。同时把暹罗国改为泰国，希望从此国泰民安。

十八缸咸菜

郑信称王的消息传到潮汕，乡亲们为暹国繁荣安定而高兴。澄海上华都华富村的郑信叔父更是喜出望外，他收拾行装，到樟林港搭红头船，前往泰国看望郑信。郑信见是自家叔父前来，十分欢喜。这时，他的生父已亡故，存下刚刚接回来的生母洛央，被封为王太后，叔嫂相会，千言万语。郑信每日款待叔父，天天派人带他在皇宫里游览玩乐。叔父过不惯皇家生活，时时想念华富村的乡亲们，执意要回归，郑皇挽留不住，只得为他送行，登船之时，赠送十八缸礼物，千嘱万咐好生保管，回乡后分赠村中父老乡亲。

红头船进入七洲洋。郑信叔父想到侄儿贵为皇帝，对乡人有情有义，富贵不忘贫贱，实是难得，只是不知究竟送什么礼物，船中闲坐无事，顺手打开缸口，不看犹可，一看怒火中生。原来缸中盛满咸菜，一连打开十七缸，缸缸如此，一怒之下，都把缸子推下海去，推至最后一缸时，郑信叔父心想："我把它带到家乡，让人家看一看我那侄儿的穷酸相吧！"

回到华富村，众乡亲夹道看郑皇的礼物。只见郑信叔父满面怒气，把缸当众一摔，突然间满地金光闪闪，咸菜之下掩藏着的是银圆珠宝。原来，郑皇不忘华侨浴血奋战之功，更不忘他的生身之本，多么想为故乡亲人做点好事，又怕老实忠厚的叔父在路上受人欺骗，才装上咸菜掩人耳目，至此叔父恍然大悟。乡亲们为感郑皇恩德，在他死后，于莲阳河滩头乌鸦地，建了郑皇衣冠墓，至今该墓犹存。

三保公鸡

明朝年间，三保公的船队又一次到暹国。三保公特地跑去看望正在巴里垦荒的侨民，在一棵大树脚下，三保公和侨民聊天，他知道创业艰苦，好言好语安慰大家，"凡事起头难，要刻苦，要刻苦！"三保公要走了，侨民们舍不得他走，送了一程又一程，回到原地，继续开工了。忽然，树上传来了"刻苦，刻苦！"的叫声，大家感到诧异，望上去，只见禽不禽、兽不兽的动物，伸长了脖子，正在向大家点头，连声"刻苦，刻苦"地叫着，这是哪路神仙呢？只见它头像鸡头，四只脚，全身披着细鳞。大家猜来猜去，谁都没有听说过，没见过。有位上了年纪的人说："它说的是三保公的话，说不定就是三保公来陪伴我们的。"大家也都觉得是那么回事，就把它称作"三保公鸡。"

从此，大家移到那个山巴，三保公鸡就跟到那个山巴，"刻苦，刻苦"地叫着，使人听了浑身有力气，几下锄头下去，荒山立刻变良田。后来有人跑到城里经商，三保公鸡也跟到城里去，还是"刻苦，刻苦"地叫着，谁家屋顶来了三保公鸡,谁家生意就兴旺。侨胞都说,三保公鸡的声音就是吉祥如意。

高绳芝故事

高绳芝早慧,少年得志中秀才,经科考合格,赴省城乡试,一发中的,举人榜上有名。正当"春风得意马蹄疾"之时,其祖父高满华勉励他百尺竿头更进一步,不中进士不罢休。高绳芝却对祖父说:"我不想再考下去,更不想当官。"原来,从小饱读诗书,接受中国传统文化教育的高绳芝,富有忠君爱国思想,他凤愿通过科举,跻身士林,做个忠臣良辅,施展才干,为国为民。但此次上省城赴考亲历的两件事,彻底动摇了他的信念。

他在省城考完试,准备乘船回汕,走在路上,一个老妇向他求乞。心地善良的他,毫不犹豫掏钱给她,正想向老妇说点什么,忽然冒出好几个乞丐把他围住,都伸手要他"行行好"。同行的几个潮汕考生,见势不妙,纷纷逃离。一个揭阳籍的考生喟然长叹,对他说:"天下乞丐何其多,你给不完的。我如果舍得下脸皮,也得当乞丐了。我这次赴考的路费,全是父亲向乡亲们一户一户跪借来的。"考生们纷纷向他诉说底层民众生活艰难之状,这都是他闻所未闻的。他根本不知他凤愿为之效忠的大清帝国的子民竟是这样贫弱。与他乡试同科期的一个考生,质地极差,但竟然榜上有名。考生们私下嘀咕:"他有钱,用钱买的。"高绳芝目睹清廷腐败,国贫民穷,决定绝仕途,致力兴办民族工业,创实业以振兴国家。

| 高绳芝 | 汕头中山公园高绳芝纪念亭 |

高绳芝弃文从商的决定,大受仅比他大四岁的叔父高晖石支持。高晖石本也是读书的好料,中过秀才,但他比侄子高绳芝醒悟得早,立志走办实业救国

的道路。他较早到暹罗继承父业,由于他多财善贾,事业不断发展,成为泰华商界之巨擘。如今,聪明的叔侄联手打天下,无疑如虎添翼,高氏事业蒸蒸日上,更上新阶段。

高晖石、高绳芝继承了先辈的产业,也继承了先辈诚信、慈善的优秀品质。他们的事业不断扩展、发达,而赞助社会公益事业的资金也成正比增拨。创实业以振兴国家、造福民众正是他们的初衷。

1906年,孙中山批准潮汕革命党人许雪秋、陈涌波的起义计划:丁未年(1907年)正月初七,革命党人攻打潮州城。许雪秋向潮汕铁路公司承领建筑工程,安排了700多革命党人当路工,分布在潮州城内外,预备起义时响应。各路革命党人约定正月初六秘密会集饶平浮山埠,初七举义,翻越坪溪岭,途经潮安意溪,直捣潮州城。谁知老天不作美,正月里竟然连降大雨,道路受阻,很多革命党人无法如期到达浮山埠,起义无法如期举行。正月初八,少数革命党人留在浮山埠一家小客栈,这其中就有高绳芝。

举义的消息不知何故泄露,官府立即派兵到黄冈城和浮山埠搜捕革命党人。官军围住浮山埠,革命党人危机四伏。危急关头,高绳芝镇定自若,他掏出身上所有的钱币,分发给革命党人,吩咐大家立即散开,混进墟场,装成上墟场卖东西的农民。他赶快躲进墟场里,买了一根扁担,两只畚箕,还有一只肥鹅,一头扛着,大摇大摆在官军的眼皮底下向浮滨方向走去,其他革命党人也都化险为夷。

潮阳"大篷下"

清朝期间,潮阳城西门外有一人,其姓不详,知人称为大舍。大舍出生之日,是其父亲经营酱园发财致富之时,因此大舍自幼娇生惯养,过着幸福生活。及年长,读了几年书,便游荡嬉戏。后来父母为他娶妻,生了儿女,仍依赖父母供养,懒惰成性。转眼双亲去世,大舍不受约束,吃喝玩乐,不到几年,把父亲留下的财产挥霍殆尽,穷苦起来,加之无一技之长,要找职业,人家认为他是纨绔子弟,不欢迎,因而处境窘迫,家庭不免产生不和,夫妻经常吵架。一天,夫妻因生活问题又吵了起来。妻子骂他一生只顾浪荡,如今家财散尽,连累了妻儿,有何面目见人,他反驳妻子目中无人,是要叫他去死吗?妻子气头上便回应他:"你是无用的废物,死了亦好。"大舍气愤之下,径直走出家门,不回头了。妻子也十分盛怒,认为这无志气的人,虽然出了家门,没有生计,不久定会回家来,就不理睬他。

大舍走出家门后,思其一生所作所为,既无供养父母,又无养育妻儿,致使家产散尽，实在无脸见人，倒不如死了干净。他走到一处僻静的河边，找河水深的地方，跳了下去，肚子灌了水，挣扎了一下，昏沉沉地失去知觉。不知过了多久，忽听见耳边有人嚷道："这人是大篷下的，送他回去吧！"大舍感觉身体一阵颤动，苏醒过来，他睁眼向四处看看，原来被冲到岸边。他想，死也死不成，怎有面目回家，于是，弄干了衣服，走到汕头。大舍混进了洋船，往暹罗去。他到了暹罗，初时在潮汕人的商店里混饭过活。

有一天，他在街上走，遇到一妇人，这个妇人认识他。原来，这个妇人曾经在大舍家做过工，后随丈夫到了此地，她丈夫开了一家商店。她见大舍无着落，就带其回家，向她丈夫夸口说大舍以前是一家大酱园的老板，希望在暹罗工作，于是，大舍便在她家当伙计。无巧不成书。不久暹罗曼谷市面，有家停业的酱园厂要招人顶受，这妇人的丈夫经过洽商，将这家酱园接过来，让大舍管理。大舍得此机会，立志要好好珍惜，洗心革面，奋发苦干，在其努力下，大舍成了酱园的老板。

转眼几年过去，大舍在暹罗娶妻育儿，过着甜蜜生活，但身处他乡，不免挂念家乡妻儿。适逢曼谷有一商人要回潮阳探亲，大舍以暹罗旧友的名义，告诉他一处在潮阳城西门外的地址，托他询问这个家的近况，并托他寄去钱财。不久，这商人返暹罗，告诉他这家人现有一妇女及两个儿女，儿女皆已长大，一直依靠手工艰苦维持生活，这妇女的丈夫，数年前因口角而离家，至今不知去向。大舍闻悉，不胜慨叹。

第二年，大舍随这商人回来潮阳，住在商人家中。在他家见到自己的儿子，儿子认不出父亲，大舍不言明，而是交给其钱财，吩咐次日置办一些牲品，祭拜祖父。第二日，大舍便来到他的家中，去厅室燃香点烛，进行祭拜，还与其子说些话，便辞别走了。这时他妻子在房内帘里观察，此人的身材、面貌、举止显然是她丈夫，便叫儿子到商人家找他父亲回家相认。儿子到商人家时，大舍已出门往汕头，重返回暹罗，只留下一封信。儿子将信带回，母子读完，哭一场，只能作罢。大舍返回暹罗，将其财产的一半寄给原配妻子，自后音信稀少。

又是十几年过去了，大舍在暹罗的儿子也长大成人。一天，他问父亲酱园的大工场是什么地方，一位老工人代答："这里是大篷下。"大舍听后一怔，回忆起早年在潮阳水里听到人喊"大篷下，大篷下"的情景，如梦初醒，默默带他的儿子归家乡。

淑芳亭

清朝末年,达濠东湖村有一名妈赐的青年,新婚不久就和乡人一同过番去南洋。隔年,同行乡人带来噩耗,说妈赐在一次海难中身亡。已生下遗腹子的妈赐嫂阿芳,如闻晴天霹雳,但只能认命,含辛茹苦养育儿子,孤儿寡母,生活十分困苦。几年后,阿芳在好心人的牵线下,改嫁邻乡的娘添。娘添为人厚道,很勤快,小婚后日子过得还算可以,过继来的儿子已七八岁,和继父相处情深,邻居都称赞不已。谁知就在这个时候,妈赐回来了!

原来,妈赐在那次海难中被人搭救,漂泊到另一个国家,受尽磨难,终于赚得一笔钱,千辛万苦跋涉回到家乡。得知双亲去世,妻子改嫁,就寻访到娘添家,结发夫妻抱头痛哭。可问题来了,阿芳是随前夫还是随现夫?娘添很明事理,主张阿芳跟妈赐回东湖,毕竟是先来后到;妈赐却十分纠结,对妻儿他是深爱的,但对娘添在阿芳危难时收留了母子是感激不尽的,不愿拆散这个美满的家庭。在娘添的坚持下,阿芳决定回东湖。

两个村隔了一座高山,娘添送他们来到岭顶,正要作别,小孩子突然放声大哭,要跟着娘添回去。确实,孩子对娘添的感情比妈赐更深。这一刻,妈赐惊觉自己犯糊涂了,对不起娘添兄,对不起妻儿,自己过些天还是要到南洋的,难道生生拆散他们,让妻儿再受苦?不能这么做!于是,他下定决心,拉着他们折回原路,并把从海外带来的银票塞给娘添。娘添断然不依,说你让我做什么人?你回来不但老婆没了,银票也要给我,人财两空,怎么行!就这样,两个男人都为了对方而互相推却。忽然,电闪雷鸣,大雨倾盆而下,他们找不到避雨之处,全身被雨淋透。阿芳触景突然有了主意,说你们不要推了,银票用来在这山岭上盖一座风雨亭,让往来的乡人有一个避雨和歇息的地方。事情终于得到圆满的解决:妈赐又回南洋,娘添和阿芳幸福地相守。那座用爱心和品格构筑的风雨亭,一直庇护着行人和客商,被人命名为"淑芳亭",至今屹立。

三家欢

话说这一年腊月廿三日上午,外出教书的李秀才打点行装,告别学生,冒着寒风,匆匆踏上了回故乡之路。一年辛勤教书,难得有机会外出观山玩水,趁这次回家准备过年之机,李秀才一路上观赏着沿途那既熟悉又陌生的山光海色,风景名胜。虽然天寒地冻,身子有点寒战,李秀才却觉得心情舒畅,精神爽快。过了很久,李秀才来到了家乡的小河边,正想驻足歇息片刻,忽然从附近传来妇女凄惨的哭泣声。他抬头望去,只见一妇人蹲在小桥上,怪可怜的,嘴里不时诉说着什么,看来她是想寻短见。

李秀才忙走上前去，躲在一旁细看，原来那妇人正是他邻居李健之妻陈碧莲。李秀才感到奇怪，李健前几年不是前往暹罗谋生去了吗？如今年关将至，碧莲因何在此寻死叫活呢？为了探明原因，他在一旁静听她究竟说些什么。只听陈碧莲哭泣道："李健你这个负心人，暹罗一去，音信全无，是死是活也得有个消息呀！如今年关逼近，你又迟迟不寄钱来，这教我们母子如何生活？李健啊李健，你断情绝义，连盗贼都不如。我与其凄苦度日，不如跳河自尽了事。你绝情就别怪我无义了……"碧莲声泪俱下，边哭边诉。

李秀才听后十分心酸，对陈碧莲母子的遭遇十分同情。李秀才心想，要是碧莲有个三长两短，她的孩子将怎么生活呀？可又有什么办法来解决她们母子的生活？李秀才又暗想，自己的口袋里不是有十二两银子吗？何不将这笔钱送给她。但把这笔钱给了她，自己一家子的生活又怎么过呀？正当李秀才感到左右为难之时，忽见陈碧莲抬起右脚，跨过木桥栏杆，身子向外倾斜，眼睛一闭，要跳下深河。就在这千钧一发之际，李秀才一个箭步跃上前去，急忙拉住了陈碧莲。陈碧莲吓了一跳，定神一看，原来是邻居李秀才，顿时感到羞愧，鼻子一酸，"呜呜呜"地哭泣起来。"嫂子，日子还长着！你为何这样短见？你忍心撂下那可怜的孩子吗？！"李秀才劝释道。"李秀才你有所不知，自从那冤家离妻别子前往暹罗谋生，几年过去，一直无消息，分文不寄，眼看年关将到，家里已穷得实在揭不开锅，这叫我如何活下去啊！"

"哎呀嫂子，谁说李健兄没寄钱来？"李秀才见事到如今，无论如何也得救陈碧莲一家大小，就撒谎道："嫂子你有所不知，你看，这是李健兄托人带来的十二银子，说是先让你们母子备办年货，过个如意年。在来年的适当时间，他打算再回来见你们。"陈碧莲见李秀才手里那白花花的银子，又听他刚才这么一说，顿时疑云骤生，奇怪呀，那冤家有钱为什么不直接寄给我，却偏偏要寄给李秀才转交呢？这岂不是容易被他独吞了吗？陈碧莲从开始对李秀才感激很快便变成疑心，一把夺过十二两银子，头也不回地走了。

李秀才见此情景，有如哑巴吃黄连——有苦说不出。当然，读书出身的李秀才，对钱财不是看得那么重，况且这事又是自己心甘情愿的。他背起行李，继续赶路，刚到家门口，妻子江梅忙迎了出来，对他问寒问暖，非常体贴，李秀才心里热乎乎的。他望着勤快的妻子，十分感谢她一年来辛勤劳作以及对儿子的精心抚养，夫妻相亲相爱。当天晚上，江梅在与丈夫闲谈中，问起丈夫的年薪是否已领取。江梅这一问，可把李秀才问住了，一时不知怎么回答才好。就在此时，乡里的懒汉阿兴听说李秀才外出教书回来，想偷他几个钱好买点年货过年，偷偷摸摸地躲在李秀才家的角落里，等待时机下手。

这时，只听秀才娘江梅说："哎呀夫君，你辛辛苦苦教了一年书，怎么连分文都没有呢？我问你，这年怎么过？咱家日后的生活又该怎么办？"李秀才听了妻子的话，感到十分难过，只得摇头叹息，硬着头皮，把当天上午发生的事情如此这般地细说了一番。江梅听了丈夫的叙述，沉默了一会儿，说道："夫君，你做得对，自己一家饿肚子事小，救陈碧莲一家两条人命事大啊！日后咱家的生活将就着过就是了。"

李秀才说："事情已经过去，年关临近，家里没有粮食了，咱们不好意思去向人家借，又没有钱可购买过年用品，我想唯一的办法是……"李秀才把话音放低说："不如今夜到田地里偷挖些番薯来维持几天，以后的生活咱们再想办法就是了……"

阿兴本想到李秀才家偷盗几个钱买年货，听了李秀才夫妻一席话，倒觉得有些过意不去。他心想，李秀才能将任教一年所得的十二两银子去救陈碧莲母子，自己也应该尽力去帮助李秀才一家渡难关。李秀才去偷番薯是迫不得已的，待我在暗中助他一臂之力。想到这里，他连忙从李秀才的屋里退了出来，躲到屋外一角，静等李秀才出门。

却说李秀才带着一个布袋和一根绳子向外面走去，说不清是寒是冷还是心慌，浑身直打哆嗦。阿兴蹑手蹑脚地尾随着李秀才前行。不一会，李秀才摸黑走进一块番薯地。此时正值寒冬腊月，番薯畦早已被寒风冻得坚硬如铁，没有锄头是很难挖开的。况且李秀才做贼心虚，浑身颤抖，哪有什么力气挖番薯呢？

此时，趴在李秀才附近的阿兴，左手紧抓番薯藤头，右手插进番薯畦，用力把番薯连藤带土拔了起来，每挖起一丛番薯就移动一下位置，好让李秀才轻易取薯，很快就装满了一布袋。李秀才掏出绳子，将布袋口捆绑个结实，转身将它背上肩膀，不料身子一歪，自己摔了一跤。他爬起身再来一次，阿兴急忙猫上前去暗中帮助，李秀才才轻而易举地把那袋番薯背上肩膀。阿兴又用双手托住两个布袋角，轻轻地跟着李秀才往回走。那年大年三十晚上，李秀才一家也跟平常一样煮番薯吃，家里哪有米粒下锅！

回头再说李秀才的邻居李健，自从他离妻别儿前往暹罗谋生以来，不知不觉已有六年之久，经过一番艰苦煎熬，业有所成，独自创办一家日用百货商店。由于他经营得法，生意十分兴隆，财源广进。李健日子过得去了，一缕思乡思亲之情越来越炽烈。他不禁自言自语道："碧莲，我对不起你们。这几年来因店务繁忙，顾不得给你们写信、寄钱，再过些日子，我一定会回到你们身边。"

翌年元宵节，各家各户都忙准备过节。就在这一天，侨居暹罗的李健回到家乡省亲来了。李健突然而归，着实把妻子吓了一跳，她简直不敢相信自己的眼睛，以为自己在做梦哩。见面之后，陈碧莲埋怨丈夫几年来不顾妻儿，无情无义，害得他们真苦呀！李健见妻子埋怨他，做了许多解释。然而，陈碧莲并不体谅丈夫的难处，板着面孔问道："怎么，你口口声声说没有时间给我写信，为何有情趣给人另寄钱呢？""你胡说，我何时给谁寄过钱呢？"李健感到莫明其妙。

"去年腊月廿三日，你不是给邻居李秀才寄了十二两银子吗？在此之前，你究竟给李秀才寄了多少次钱？""哎呀！你越说我越糊涂了，我从来没有给李秀才寄过钱。"李健据理辩解道。"那又奇怪了，为何李秀才说这十二两银子是你托他带给我的？要是没有这钱，那……那我早就跳河自杀了，家里的孩子迟与也会被饿死的。"陈碧莲说着伤心地哭泣起来。"我清楚了，这次是李秀才救了俺一家呀！"

陈碧莲当即接口道："我不明白，难道他真有这么好吗？""这事我得向李秀才问个明白。"吃罢晚饭，李健登门拜访李秀才。双方寒暄了片刻，李秀才忙着泡起工夫茶来招待他。

李健先开口道："秀才啊，今晚我是特意前来请教一件事的。""老兄，都是邻居，还客气什么，有什么事你就尽管说吧！""既然如此，那就恕我冒昧了。"李健直截了当地说："秀才今天我刚从暹罗回来，就听碧莲说我给你寄了十二两白银，我真感到奇怪，这到底是怎么回事呢？你能否把详情如实相告！""这个……"李秀才一时语塞，不知怎么说才好。

在李健的再度请求下，李秀才终于把去年腊月廿三的事，一五一十地向李健叙述了一遍。李健听后感激万分，临别之时，对李秀才说道："秀才，明天是农历正月十六，我决定在家设宴请诸位亲友，到时特请你赏个脸，前来饮杯薄酒呀。你是我家的大恩人。俗话说得好，'知恩不报非君子'呀。"

中午时分，李健家里，应邀而来的亲朋都按照主人的安排各就各位。正在这时，一位壮汉快步向李健客厅走去，他见还有一个空位，二话没说，大大方方地入了座。大家惊奇地望着这个不速之客。原来，这个不速之客并非别人，而是懒汉阿兴。为打破这尴尬的局面，李健微笑着询问道："请问阿兴兄到来，有何贵干？""嘿嘿，番客呀，我若不言明，在座的诸位自然不知其内情。其实，这次不发请柬给我是番客的过错。"众人越听越感到莫明其妙。

阿兴环视了一下众人，望了望李秀才，开口道："那就请李秀才多多原谅了!"李秀才一听此话,惊愕地望着阿兴,问道:"阿兴兄,我到底怎么啦!你别卖关子了,请你快说吧!"阿兴便当着众人的面,把去年腊月廿三夜里他如何当小偷入屋,偷听李秀才夫妻的对话,又暗中帮助李秀才到番薯园偷挖番薯的事,原原本本地讲了出来。阿兴一席话,说得李秀才十分难堪,大汗淋漓。

阿兴停顿了一会儿,又继续说道:"诸位,今天我就明说了,番客一家要是没有李秀才的全力相救,那肯定酿成悲剧了;而李秀才一家,要是没有我暗中相助,又将怎样生活下去呢?所以,李秀才受到番客的盛情款待,敬如上宾,而我却得不到宴请,这难道不是番客的过错吗?""阿兴兄所言极是,今天的阿兴兄已不是过去的阿兴兄了,你理应受到宴请和重赏。如今咱们三家人皆大欢喜。"李健诚挚地说道。

席间,陈碧莲对李秀才说:"秀才,真对不起你,那天是我错怪了你,请你原谅吧!""嫂子你不必客气,俗话说,一方有难八方相帮嘛!"李秀才不好意思地说。"阿兴兄,多谢你的帮忙呀!""秀才兄,我是在你的高尚行为感动下,觉得应该这样做的。"阿兴答道。

事后,李健分别给李秀才和阿兴赠送了一份礼物,奉回十二两银子给李秀才,一再感谢他的相救之恩。几天后,李健携带妻儿,告别乡亲们,乘船前往暹罗去了。

不久,李秀才找到番薯失窃的那位乡亲,要把番薯钱如数付还,并再三向他表示歉意。那位乡亲怎么也不肯收下李秀才的钱,还说若李秀才粮食紧缺,他还可以尽力帮助。阿兴从此也不懒惰了,成为一个勤劳俭朴的好后生,不久还娶了妻室。三家人各自过着欢乐的生活。

月尾出初十五六,宽宽等

从前有一妇人,丈夫前往南洋谋生,杳无音信。她天天盼望能收到丈夫寄来的侨批,可惜愿望总是落空。有一天,她到镇上找了一位算命先生,推算她的丈夫什么时候才有寄批回家。那算命先生装模作样地推算了一会,说:"你丈夫迟早会寄番批回来的,不是月底就是出初,要么就是十五、六,你回家耐心等待吧。"

这条俗语两个意思,一是说事情迟早会发生,肯定会有结果,要慢慢等待,不能焦急;一是讥笑、讽刺一些被人愚弄,还不清不楚。

戆过阿网伊阿嫒

阿网的父亲早年到南洋谋生,一去杳无音信。阿网的母亲天天盼着丈夫寄来批信,以解挂念。一天傍晚,阿网带来一位从南洋回来的水客,刚一到家门口就大声喊道："娘啊！喜事来了，阿爸托人寄来番批了！"正在家中洗浴的阿网母亲被这喜讯冲昏了头脑，竟然忘记自己正在洗澡，立即走出来收批。水客见状，不好意思地转过身，阿网母亲惊醒过来，急忙跑回房穿衣。

这条俗语的意思是讥笑人装得糊里糊涂，其实是心怀贪念，只管收入而不付出。

唔对阿开伯个数路

相传有一位有暹罗华侨叫开伯，托水客带信款100圆给家乡的妻子，由于这位华侨也不识字，只好用画图的方法来表示。在信里画4只狗（潮州音"狗"与"9"字同音，4条狗表示36的意思）和8只鳖（潮州音"鳖"与"8"字谐音，表示64的意思）。水客见他只在信批上画图，而没有写明批银数目，就暗中扣留了2圆。开伯的妻子虽然也不识字，但她聪明伶俐，从信里悟到丈夫托来100银圆，就对水客说："阿兄，你唔对阿开伯个数路。8只鳖代表八八六十四，4只狗代表四九三十六。明明是100银圆，怎么只有98圆？"水客无言可对，只好交出扣留的2圆。这位妇女也如愿以偿地收到了丈夫寄来的100银圆。

这条俗语有两个意思，一是对不上号；一是为人要诚信。

番畔钱银唐山福

从前，有一个人到南洋谋生。在异国他乡，他每日起早摸黑，为人洗衣，每月赚的钱都寄回家给妻儿，这样，家中逐渐富裕起来。在母亲的疼爱下，儿子长大成人，但被宠成一个娇生惯养、游手好闲的花花公子。儿子娶了老婆后，母亲去世。夫妇俩少了约束，无人管教，更是放手花钱，什么事都不干，还雇人给他们洗衣做饭。

父亲接到妻子噩耗，痛不欲生，赶回乡办丧事。他问儿子从事什么工课，儿子竟然说："你赚的钱够花，我哪还要去吃苦。"老华侨听后，心想自己在南洋为人洗衣，儿子却在家雇工洗衣做饭，深有感叹地说："番畔钱银唐山福啊！"

雨伞与草鞋

从前有兄弟两人，老大是个穷秀才，老二不识字，却过南洋经商发了财。一日，老二回唐山，托人请老大到城内他住的客栈会晤。老大到客栈时，老二刚好外出，弟妇接待了大伯。老大问弟妇说："你们做那么大的生意，不识字怎么记账？"弟妇拿账簿给老大看，说："记账画记号！"老大只见簿上画着密密麻麻的各种记号，叹息着，随手拿笔在账簿上写了两个字："命也！"就告辞了。

老二回到客栈，听老婆说老大来过，就问："他有没有伸手要东西？"老婆说："他画有两个记号在这里。"老二看后说："他要雨伞和草鞋"。原来，他把命字看成一把张开的雨伞，把"也"字看成一只草鞋。

无可奈何舂甜粿

有一次，红头船主蔡彦来到船上清点客号货物是否齐备，他的母亲也随着儿子到船上看望。这时，蔡母看到这些过洋的人的行李中，都放着一大块一大块的甜粿，有的人甚至拿着甜粿津津有味地嚼着，感到十分诧异。因为在潮汕地区，除非逢年过节，一般人家是不会蒸甜粿的。蔡老太问："现在宽时闲月，怎么大家都有甜粿？"大家给蔡母一问，不禁一阵苦笑。一个过番客者应声回答："老太，这是无可奈何舂甜粿呀！"大家也随声附和。蔡母说："有甜粿吃还说无可奈何，这话怎么说？"蔡彦这才说："每次过洋，如果是顺风顺水，行程需一、二十日。如果碰上风浪，要一个多月的行程，若不带些干粮，如何挨过这些日子？甜粿不易变质。所以，过洋者必须准备一些甜粿作为干粮。否则，若有不测，岂不是活活饿死在海上。过洋时吃甜粿，实在是无可奈何啊！"蔡母听后，方知其中苦衷，不禁感慨万千。"是啊，无可奈何才舂甜粿的啊！"

因生活所迫，炊甜粿去过番。这条俗语反映了当年潮人生活困难，被迫去过番的情景。比喻对某事某人无能为力，无可奈何，只好应付，只能作罢。

亥爷得份妈祖宫，妈祖得份亥爷福

此俗语比喻互相受益。

无师请着青盲茂

旧时澄海樟林曾经是潮州最大的海港，红头船牵动着潮汕海外移民生命财产安全。红头船乘北季风出港赴南洋前要请师公驱鬼以保平安。

有一天，又有一批红头船将开航了。一时间，樟林的师公都被请光了，某船主只得派人去府城请，但城里的师公也紧缺。这人在湘子桥头遇上了算命的青盲茂，便问他岂会驱鬼，青盲茂满口说会，于是，就被请到了樟林。

做法驱鬼要上蹿下跳，仗剑作法，跛子尚且不行，何况盲人。但开航时间紧迫，只得叫他应付了事。

这条俗语常常用来比喻人才紧缺，无可奈何请不到合适的人，请来不合适、水平低的人。另作"无师请着青盲五"。

拉甫遇着熟人

从前，有船工常到南洋各地。他喜欢夸张地对乡人大讲外边的奇闻。有一次，他对人说："暹罗的田螺与眠床一样大！"听众大吃一惊，他见众人不信，又说："至少与蒸笼一样大！"这时，忽听身后有人说："年轻人，暹罗的田螺到底有多大？"原来发话者是从暹罗回乡的老华侨。行船人红着脸说："一粒有茶盅那么大。"众人说他"拉甫遇着熟人"。

这条俗语常常用来发泄心中的怨气。也用于指责他人过分吹牛说谎，终于被揭穿了。

清明念修山，做忌粉神主

有一年，某乡一户人家的祖坟被洪水冲坏了，其家兄弟有的侨居海外，有的外出经商，清明节才团聚扫墓。清明节那天，在墓地上，他们决定择吉日重修祖墓。但过后，各人都忙于业务，就忘了修墓。第二年清明节，他们又商议修墓，但又没完成。就这样，一年复一年，总是没有动工。于是，乡亲们都笑他们是"清明念修山，做忌粉神主"。

这条俗语常常用来讥讽平时不行动，临事才着急。

食早早拜陈炳春

陈炳春原是东湖仙居村人，自出外洋经商发家，民国初年便在外砂华新村兴建一座大宅院，并购置大量田地，富甲一方。1945年，陈炳春和长子陈益章遇害身亡，陈家亲属想把他们骨头埋葬在家乡，因战争而不能如愿，只得把他们两个灵柩暂时停放。

日本投降后，海禁开放，益章灵柩先行运回家乡（现华新乡）的上割尾埔埋葬。由于陈家是华侨大富翁，葬礼极其隆重，附近村民得知消息，急忙准备三牲祭品在下埔桥迎拜。陈家为谢乡人情谊也备下厚礼答赠，使众人一时大获祭拜之利。当时有乖巧者从下埔桥至下葬地点相距的三里路中，购一个猪头连续越位拜了三次，受了三次赠金，所得甚丰。

隔年开春，陈炳春灵柩也将回家乡落葬，地点选择在外砂金洲堤脚埔地。消息传开，七乡八里的人都停止工作，冒着春寒，天色微亮便搬起四方桌，前往下埔桥旁摆设祭品，祭桌长达二里之远，皆希望比上次获利更多。谁知时运不同，这一次陈家委派的治丧主办人，为了从中渔利，只回赠祭拜者每人二元，并且为防备一个猪头拜重次，还用刀把猪划了"×"号。一个猪头买几元到十元不等，许多祭拜者为此吃了大亏，致受家人埋怨说："今日无去讨赚，赶人食早早去拜陈炳春"。

这条俗语比喻想得到好处，反而亏了老本。

慈黉起厝，好慢孬猛

相传陈慈黉历来注重建筑质量，只求好，不求快。他一见某个工人紧紧张张，拼命劳作时，就立即责问他"是不是家中有事待你去理？"然后就叫工头先给他发工钱，让其回家理完事再来做工。因为类似事例一再发生，人们就形成一个印象,产生一句俗语——"慈黉起厝,好慢孬猛"。

这条俗语说明工作要精工细作,宁可花多点时间也要讲求质量。

万世保斗

澄海人称人的臀部为"斗",大屁股叫"万世保斗"。这称谓背后有个民间故事。

澄海人多地少,是个缺粮区。明清时期,粮食进口始终是大宗货物。清乾隆时期,衙前港有一著名的粮食进出口商,叫万世保。他通过商船,从泰国、缅甸,从安南,或从国内的江西、安徽,源源运来大米,堆积如山。

南门外有一处地,叫"米街内",是万世保的粮食储仓。他让粮食转口,或批发各地粮商,供应百姓生活。当年粮食的量器,是升和斗。按古制,十升为一斗。十斗为一石。一石为一百二十斤。一斗便是十二斤稻谷。民间日常不用斗,只用竹筒,二筒为一升,一筒谷约0.6斤,一筒米约0.9斤。万世保因是粮商,平时进出量大,嫌用标准的斗麻烦,便自己特制一种大斗,其容积比一般通用的斗大一倍,这样,五斗便是一石,日常粮食的计量,便快捷了许多。澄海人把这种斗叫"万世保斗。"

二、"海上丝绸之路"俗语

俗语是"一种广泛流传在群众口头上,结构相对固定的通俗语句,大多是劳动人民创造出来的,反映人民群众的生活经验、愿望以及各地不同的风俗习惯。"[①] 俗语是民间文化中的口头语言艺术,集民间语言材料与俗文学于一体,是民间文化的一种主要载体和艺术形式,包括口语性成语、谚语格言、歇后语、惯用语、俚语等。

汕头"海上丝绸之路"俗语,顾名思义,就是汕头人在长期的海上丝绸之路活动中也生成、约定俗成并流传下来的俗语。它体现着汕头人的艰辛生产、酸甜苦辣生活,浸透着汕头人的家国情怀,反映了汕头人的心绪、意愿与诉求。汕头"海上丝绸之路"俗语以海上丝绸之路为背景,以潮汕大地为主要舞台,具有浓郁的侨乡风味。

汕头"海上丝绸之路"俗语有相当部分属于侨批俗语。

九月尾,铜锣撑撑叫 旧时侨批多由水客乘船从国外带回潮汕。"此等水客

---

① 王伟深:《潮汕俗语文化漫谈》,汕头:汕头大学出版社,2004年,第5页。

往返，每年计分六期：正月、五月、九月三期为大帮；二月、七月、十月为小帮"，①其中尤以每年农历九月以后少台风，水客乘船带批回乡者甚众。与此同时，侨乡的港口则有专人打望，见船进港就立即鸣锣通知迎接，暗示批款到了，喜事临门！民谚"九月尾，铜锣撑撑叫"就源出于此。此俗语比喻喜事临门。

笑笑，龙银换纸票　从前侨胞汇款回乡，均以龙银计算，但龙银不便于携带、保管和使用，故在领取批款时，批脚、侨眷总是喜欢兑换成当时市面流通的一种纸质货币——"大洋券"，因而潮汕民间有"笑笑，龙银换纸票"之俗谚。此俗语有两重含义，一是比喻等价交换；一是说吃了亏还沾沾自喜。

类似这样阐析批款作用的潮汕俗谚，还有"小生单丁，有南风窗""花不逢时没乱开""洋船到，猪母生""金西洋，银下桥，大富市东乡"等。

番畔钱银唐山福　这条俗语也有称"七成食番畔，三成靠唐山"，其意思是指海外华侨赚的钱，给家里人享福，但家里人不知海外华侨的凄惨与辛苦，讥笑、讽刺那些力食懒做者，告诫年轻人要珍惜钱银，辛勤劳动。

汕头"海上丝绸之路"俗语有不少反映潮人出国谋生之艰辛苦难。

一帆去到实叻埠　旧时潮汕地区连年天灾人祸，民不聊生，许多潮人结伴离乡，移民海外。新加坡是潮人移民一个集中地，仅次于泰国。据1990年的人口统计，在新加坡2百多万国民中，华人人口约214·6万人，占总人口的77·7%，而包括潮汕人在内的闽南语系人口，则占华人人口的75%，约有170万人。②

潮汕早期的海外移民从樟林港乘坐红头船出海，这是一种高桅大型木帆船，也叫"行舶艚船"，每艘载重自数十吨至二十顿不等。在漫长的航行过程中，主要靠的是风力，帆起了重要作用，故说"一帆去到实叻埠"。"实叻埠"指新加坡。这条俗语比喻一下子跑到很远的地方去。

牵猪哥，过暹罗　这条俗语比喻身逢困境，另谋生路。

好赚过去暹罗牵猪哥　牵公猪替人家的母猪配种，据说在旧时的泰国还算是一份能够多赚钱以谋生的行当，因而有潮汕歌谣："天顶飞雁鹅，阿弟有嬷阿兄无，阿弟生仔叫大伯，大伯听着无奈何，收拾包裹过暹罗。来去暹罗牵猪哥，赚有钱银多少寄，寄返唐山娶老婆。"这条俗语指办事合算。

---

① 徐光华，蔡金河：《略论侨批对口头民俗文化的影响》，潮汕历史文化研究中心、揭阳市政协教科文体委员会编：《第三届侨批文化研讨会论文选》，天马出版有限公司2010年，第230页。

② 郑绪荣：《潮汕俗谚》（上册），公元出版有限公司，2006年，第4页。

猪仔船一上，返唐山免用想　清末，帝国主义在中国中国掠夺华工，称"猪仔贸易"。清代林大川在《韩江记·搭习歌》载："咸丰戊午年正二月间有洋船数十，买良民过洋这饿名过咕哩，初则平买，继则引诱，再则掳掠。海滨一带更甚内地，沿海居民无论挑夫乞丐以及讨海搭习者，亦被掳的。"①

在汕头设招工局的有英国德记洋行和荷兰元兴洋行。各洋行社有扣押华工准备装船的"猪仔馆"，也称"咕哩行""客头行"，至1876年竟达23家。被掠骗者就成为卖身的"猪仔"，上了猪仔船，受尽了百般虐待，被关进铁栅的"猪笼"里运载出海，其死亡率竟达45%以上，② 到达帝国主义国家各自的殖民地之后，送进大种植园或矿山做苦工，难得生还。

日里窟，会得入，不会得出　"日里"即印尼苏门答腊岛日里，当时是荷兰的殖民地。日里就是其中一个华工集结点。

这条俗语也是指昔年华侨出国谋生的艰辛遭遇。

安南窟，会得入，得出　澄海是著名侨乡，澄城侨属众多。那些海外侨胞，当年过洋的目的地，普遍是泰国，以及实叻（后称新加坡）、马来（后称马来西亚）诸地。往安南（包括越南及独立前的柬埔寨、老挝）的人很少。澄城有句熟语："安南窟，会得入，得出"。在澄城人印象中，法属殖民地安南谋生不易，除非娶安南女子，有了依靠，但安南女人精明、强悍，喜欢控制财权，掌管大锁匙。她们怕什么？怕男人有钱便去寻花问柳，怕他们拿钱养唐山老婆。所以，在安南的澄海男人无钱，要回唐山也难，等于被束缚住，"会得入，得出"。所以，澄城少安南华侨，尽管不少安南华侨在那边其实很有钱。不过，例外总是有的。澄城有三户安南侨属，在家乡建了华丽的大宅。一户是城北的杨玉利，在市巷头与火药局之间的建筑，在澄城算得上是豪宅，装饰尤为精美，差可媲美"三格门第"。

缥条裤带出南洋　昔年许多潮汕人为谋生计，空着手离乡背井移民海外，经过多年艰苦创业，也有人发财致富，衣锦还乡。

靖你到婆罗洲　婆罗洲也称加里曼丹岛，今属马来西亚，当年为英国帝国殖民地。婆罗洲本是一个荒岛，后为英国殖民地，大面积种植橡胶，成为原英属马来西亚的一块橡胶基地。婆罗洲就是其中一个华工集结点。

当年这些"契约"华工在热带丛林中披荆斩棘，栉风沐雨，语言不通，气

---

① 郑绪荣：《潮汕俗谚》（下册），公元出版有限公司，2006年，第534页。
② 郑绪荣：《潮汕俗谚》（下册），公元出版有限公司，2006年，第534页。

候不适,水土不服,可谓九死一生,挣扎在死亡线上,尤其是婆罗洲这些人们印象中最遥远、偏僻、荒凉,与世隔绝的地方,更是使人望而生畏。

这条俗语意思是为把你赶到荒无人烟的角落,指对方不受欢迎,巴不得离开,越快越好。

三死六留一回归 这条俗语指的是昔年华侨出国谋生的艰辛遭遇。大约十个人当中有三个人客死他乡,六个人仍需滞留当地,仅有一个人能回家乡探亲。

早期的海外移民含辛茹苦,呕心沥血,但创业艰辛,环境恶劣,形同海外孤儿。有如清乾隆六年(1741年)发生的震惊中外的"红河事件"。荷兰东印度公司总督伐根年在爪哇巴达维亚对华侨进行一次大屠杀,死难者达万余人。乾隆皇帝对此案的御批竟是:天朝莠民不惜背弃祖宗庐墓,出洋谋利,朝廷概不闻问。"

在泰国曼谷市郊和内地的一些寺院墓地上,有一种以"红头船"为造型的潮汕华侨墓葬。他们在生不能"落叶归根",仍希望死后灵魂能乘红头船返回故乡。

这条俗语指海外华侨老时希望回归祖国,希望落叶归根。

人地生疏,番仔擎刀 当年乘坐红头船过番到南洋的潮汕移民,无论是破产浮食的农民,还是"契约劳工"和自由移民,他们到了海外之后,碰到的困难之多,遇到的困苦之大,是常人难以想象的:一是异国他乡,人生地不熟,语言不通,生活习俗不同;二是海上漂泊之苦,而身无分文,只有几件旧衣服、几个甜粿、几个冬瓜,缺资本,只能做苦力工;三是受尽欺凌。不仅要受所在地居民欺侮排挤,而且面临殖民当局的歧视,甚至屠杀。在印尼、马来亚等地,殖民当局均视华人移民为二、三等"贱民",大肆欺压,滥开杀戒。是有了"人地生疏,番仔擎刀"这一俗语。这条俗语比喻到一个生疏的地方,会遇到种种困难。

雨来乞伊沃,日出乞伊曝 这条俗语有两个意思,一是无遮盖;二是房屋破漏,形容早期海外移民的艰苦生活。

汕头"海上丝绸之路"俗语有不少反映汕头开埠崛起的历史。

难事多过招商局 清末洋务运动后期出现了一些官督商办的民用工业。1875年,清政府在上海设立招商总局,又先后在广州、汕头、厦门等地设立办事处。1888年,在汕头建浮水码头和扩建仓库。1899年,汕头办事处改为招商局汕头分局,主管轮船客运、货运业务。邻近各县设有办事点及其机构。从一开始,招商局的采用国外的商业簿记方法,即复式记账方法。它的特点是手续齐备，少漏洞，须严格审查原始凭证。这种新方法严密，业务手续多，规章制度也严格了。民间客户与招商局打交道当然就深感办事烦琐，但又无可奈何，就发出"难事多过招商局"的怨言。

这条俗语常常用来发泄心中的怨气。

未有小公园，先有顺昌街　汕头小公园是汕头"百载商埠"的历史标志，具有环形放射状路网格局、中西合璧骑楼建筑群及多元复合潮汕地缘文化的特征，是富有魅力的城市个性和地方文化的重要遗产。

汕头中山公园假山内壁画

小公园是20世纪30年代初建设的，有假山、喷水池，树有"万国来朝"牌。1934年4月续建一座八角楼，红柱绿瓦，亭四周筑石椅，名为"中山纪念亭"，俗称小公园。而附近的顺昌街形成早于小公园。旧时的汕头称为"沙汕头"。那时的汕头天后宫前附近就是渔船和过往船只停泊、避风的海湾。天后宫和关帝庙建于清嘉庆年间。宫前一带就成为船商和小商贩集结贸易的场所，附近的顺昌街、行街相继出现。因此，顺昌街形成于汕头开埠前，当然早于小公园。

这条俗语反映了汕头市老城区的历史变迁。

未有汕头埠，先有厦岭港　这条俗语也是反映汕头的历史变迁。

汕头"海上丝绸之路"俗语有不少反映樟林古港历史。

金仙桥，银长发　自雍正元年至乾隆五十六年（1723—1791年）大约70年的时间，是樟林港埠早期的黄金时代。这时"六社八街"的港埠格局已经形成。

红头船已多不胜数。所谓"六社八街"指的是港埠中心的仙桥、长发、古新、广盛、顺兴、洽兴、永兴、商园等8道大街，和围绕的外围——东、西、南、北社及塘西、新陇等6个村社，后又扩增三条街道共数百间铺屋。其中仙桥街和长发街最繁盛，仙桥街拥有商店和作坊60余家，故有"金仙桥，银长发"之美称流传至今。

这条俗语反映了樟林港埠早年的繁盛历史。

南社做戏天就知，锣鼓一响雨就来　这条俗语说的是昔年澄海樟林南社游神赛会演出潮剧时多有下雨。

旧时澄海樟林是清代粤东第一大港，有"八街六社"之称。其中，南社每年正、二月在游神赛会时都要请潮剧戏班演出潮剧，戏班的道具不够用，就借用神庙里的刀、枪。因此，每逢演戏下雨时，人们就说此举得罪了神明，"南社做戏天就知，锣鼓一响雨就来。"其实，农历正、二月多有春雨，这是不足为奇的。

一支竹槌倚倒百外间行　澄海樟林港是清代粤东第一大港，巨舶高桅，帆樯云集，盛达200余年。光绪元年（1875年），英国出的世界地图上已标有"樟林"的地名。

古港共建铺位114间，组成八条街道，外有六个村社环绕，故有"八街六社"之称，后来，还发展出外围的"新兴街"。单新兴街的货栈就有54座。于是，港口拥有一大批卖苦力的码头工人。

清咸丰十年（1860年），汕头正式开埠之后，轮船逐渐取代了红头船，汕头港也逐渐代替了樟林港。那时，樟林商行相继倒闭了。了解内情的挑夫们仍然一支竹槌两条索，天天斜靠在货栈前。哪知没人老雇工，只能看着一间间商行的倒闭，埋怨时运不济："一支竹槌倚倒百外间行"。

这条俗语常常用来发泄心中的怨气。

"**红头商船谭半港**"清初的红头船商帮航线远达东南亚的吕宋、暹罗、安南等诸多国家，而国内也与上海、台湾、广州、宁波等地保持着密切的海上贸易往来，全盛时期民间红头船数量达到300多艘，在各港口红头船上的水手、舵工，多为谭姓人氏，尤其在潮阳海门，故有"红头商船谭半港"之说。

其时潮阳的谭姓人氏大部分聚居于棉城镇郊的家园。昔有家在这里栖息、晒网，后定居。因村中有祠堂，称"家宫"，又称"家宫村"。从事航运贸易的潮阳谭姓，从潮阳的龙津港出发，既有海船航运于国内沿海商埠，又有南下达雷州、琼州、安南、暹罗、新加坡及东南亚诸国；也有民船穿驶于练江流域，货运达惠来、普宁等内陆地区。

他们运载的货物，多为红糖、土产、瓷器、渔网，进口的多为大米、豆类、干果、药材、海珍、丝绸、布帛、木材。至乾隆年间，已出现贩运蔗船北上而成巨富的商家。

汕头"海上丝绸之路"俗语有不少反映侨乡风情。

潮阳海门

洋船到猪母生，鸟仔豆带上棚 "洋船"指红头船。昔年，潮汕海外移民多是从澄海樟林乘坐红头船前往南洋各地。红头船也从南洋载来了回乡探亲的华侨，带来了华侨的侨批、信件。因此，侨眷们盼望红头船到来，"洋船到"就带来了侨乡兴旺和景象。这条俗语指昔年红头船带来了潮汕侨乡的兴旺和侨眷们的希望。

富唔过慈黉爷 "慈黉爷"即陈慈黉，又名陈步銮，澄海隆都前美乡人。其父陈焕荣经营南洋至中国沿海各地海运，人称"船主佛"。陈慈黉早年接管父业，后在暹罗曼谷创设"陈黉利行"，经营出入口贸易与火砻业，遂成侨商巨子。

在陈慈黉掌管时，"陈黉利行"及其分行已是颇具规模的跨国米业贸易体系，在汕头的"四永一升平"有229间铺号，在亚洲、美洲、和澳洲等24个国家和地区都有产业。据说，从20世纪初期至抗日战争前，汕头黉利栈每晚清点银圆，往往由于银圆太多，来不及逐一点数，只好先用米斗来量算，足见当时营业之盛和财力之雄。怪不得战前潮汕流行过一句话："（谁）富过慈黉爷?!"

陈慈黉故居

到其子陈立梅、其孙陈守明相继掌管时，"陈黉利行"已发展成集工商贸易、金融保险、船务航运和房地产于一体的跨国集团，在第二次世界大战前，被誉为"泰华八大财团止首"，富甲南洋。

这条俗语说的是澄海隆都陈黉利家族的财富是谁都比不上的。

身家厚重过高满华　高满华（楚香）是著名华侨实业家，澄海城南人，19世纪在泰国创业，经数十年努力，商号遍及东南亚及香港，成为潮汕巨富。高满华热心公益慈善活动，赈灾恤贫，襄助家乡教育事业。子高晖石承父业，热心侨社与慈善文化事业。孙高绳芝致力兴办民族工业，是潮汕民用工业的先驱。在19世纪至20世纪初，高氏三代誉满海内外。

在老一辈澄城人看来，高满华是极有身份的人物，真正的绅士，也是澄城人的骄傲。对后来那些装模作样、摆架子、图虚荣、讲排场、贪享受的人，澄城人讥讽为"身家厚重过高满华"。

嫁着过番翁，有翁当无翁　昔年，嫁了出国过番的丈夫，长年离别，杳无音信。另作"嫁着过番翁，夜夜守空房。"

孬钱百百挼　"孬钱"就是次钱，俗称"坏钱痞"。清代中期，由于朝廷腐败，物价飞涨，因而滥铸铜钱流通使用。这些滥铸的钱质薄且小，成为"孬钱"。那时，也有日本、安南等国质差的铜钱流入，称"夷钱"，也为"孬钱"。据《潮州志》载："次钱单独不能通用，惟依附成百。"[①] 每百文铜钱挼入"孬钱"五至七枚，甚至掺入二三十枚之多。这条俗语有两个意思，一是比喻品德

[①] 郑绪荣：《潮汕俗谚》（上册），公元出版有限公司，2006年，第385页。

不好的人，许多坏事都有他一份；二是指小孩好动好奇，见事总喜欢参加，常帮倒忙，故老年人常用此俗语批评他们。

汕头"海上丝绸之路"俗语有不少反映海洋气候。

"春西南，夏西北""东风做久着回南" 这两条属于气候谚语，是渔民、船工在长期的海上作业中形成的，体现了汕头的季风气候特点，也是航海者的经验总结。

三、"海上丝绸之路"歌谣

潮州歌谣是一种由潮汕人创造，在潮汕民间流行，富于地方色彩的歌曲。它是潮汕民间文学体裁之一，常称为畲歌或潮州畲歌仔。[①] 汕头人在长期的海上商贸、移民、文化交流活动中创造了不少广为流播"海上丝绸之路"歌谣，主要为红头船时代的过番歌。

《洋船到，猪母生》
"洋船到，猪母生，鸟仔豆，缠上棚。洋船沉。猪母眩，鸟仔豆，生枯蝇。"

《红首黑睛，海上恐龙》
"红首黑睛，海上恐龙，穿洋过海，大显其能。上至天津，下达马辰，帆开得胜，船到功成。"

《背个包袱过暹》
"无钱无米无奈何，背个包袱过暹罗。火船一到七洲洋，回头再望我家乡。父母奶媪仔个个哭，哭到我心如着枪。"

《火船驶到七洲洋》
"火船驶到七洲洋，回头不见我家乡。是好是劫（灾难）全凭命，未知何日回寒窑。"

《一溪目汁一船人》
"一溪目汁一船人，一条浴布去过番。钱银知寄人知返，勿忘父母共妻房。"

《送兄过港去打工》
"送兄过港去打工，拭掉目汁装笑颜。兄呵在家千日好，出外讨赚朝朝难。"

《暹罗船，水迢迢》
"暹罗船，水迢迢，会生会死在今朝。过番若是赚无食，变作番鬼恨难消！"

---

① 郭马风、吴奎信著：《近现代潮汕民间文学》，中国戏剧出版社，2010年，第190页。

《赚有回家去团圆》

"信一封,银二元,叫嬷刻苦勿愁烦。奴仔知教示,猪仔着知饲,田园力落作。待到赚有,紧紧回唐来团圆。"

《盘起浴布背起篮》

"盘起浴布背起篮,欲到实叻胶拉巴,菜脯刻苦咬,海水咸咸堵喉干。"

《阿叔今日去出洋》

"阿叔今日去出洋,番畔唐山架金桥,来日荣耀归故里,荫妻荫儿荫家乡"

《卖厝卖仔过重洋》

"卖厝卖仔过重洋,父母嬷仔无主张,海水迢迢万丈苦,目汁滴落七洲洋"

《天顶飞雁鹅》

"天顶飞雁鹅,阿弟有嬷阿兄无,阿弟生仔叫大伯,大伯听着无奈何,收拾包裹过暹罗。"

《批信无来》

"战事浮,批信无来,食番钱个哭哀哀,米瓮无粒米,暹稠无人欲,个领吊在钩,全家大小抱肚脐。"

《嫁着过番翁》

"嫁着过番翁,有翁当无翁,看着老屐股,目汁吞落肚。嫁着过番翁,半天吊灯笼,日日守活寡,夜夜企空房。嫁着过番翁,目汁浸眠床,待到阿郎过番返,别人已经在抱孙。"

《过番歌》

"'番批'断,无火烟,走四方,乞无食,仔儿饿死娘改嫁,一下提起目汁流。"

四、"海上丝绸之路"歌册

潮州歌册又称歌、歌文、说文、弹词,是用潮汕方言诵唱的民间说唱本子,是一种民间说唱文学,主要流行于潮汕、闽南地区,在港澳台、东南亚潮人中也有流行。① 2008 年,潮州歌册被列入第一批国家级非物质文化遗产扩展录项目名单。作为一种民间文化遗产,潮州歌册深受学界珍视,被收录于 1983 年 8 月出版的《中国大百科全书》。潮州歌册俗中有雅,成为"中国

---

① 陈泽泓著:《潮汕文化概说》,广东人民出版社,2001 年,第 235 页。

说唱文学的百花园里一朵绚丽多姿的小花"。① 潮州歌册既有"戏笔造歌劝善良",又有"悲欢离合的鉴赏""扬善征恶的箴言",文化内涵十分丰富,教化功能非常明显。

汕头人在长期的海上丝绸之路活动中创造了一定的"海上丝绸之路"歌谣,主要表现为流传于澄海樟林的《游火帝歌》与《答谢妈祖三炷香》。

《樟林游火帝歌》

光绪登基国太平,十八省内俱中兴。正是国泰民安乐,风调雨顺好年情。
自同传古及至今,情叙多端难尽陈。别州县府不必唱,单唱澄海人知因。
澄海管落樟林埠,埠头宽阔实是强。共有六社八街路,巷口铺户不寻常。
中间建有一皇城,城内建有三官厅。中央镇司在副府,右畔一衙是守城。
一座宽阔文帝祠,主事就是王老师。南门一座武帝庙,庙内僧人在住居。
埠中虽是杂姓人,并无相欺西共东。不论士农工商客,合埠俱是江里人。
六社共有六乡绅,照理按束土农商。如若做事不合理,拿送司爷办伊身。
第一大粒西社陈,雄斯太公是伊人。第二乃是仙垄社,职居世袭麦总爷。
第三北社黄白太,第四炎爷在塘西。第五南社陈潮秀。第六东社让秀才。
绅士个个好名声,理事公道无乱行。士农不敢妄违法,合埠和顺免惊营。
只等按下不必提,唱出神事人知机。第一有钱长发厂,销户俱是绸缎行。
第二便是永兴街,米豆口行亦整齐。第三就是西门外,厂名唤作古新街。
第四仙桥近涵头,亦有茶居在高楼。第五便是洽兴街,洋货交易在外溪。
第六顺兴多洋行,亦有当铺共糖房。第七广胜销海味,亦有扣舟+古共牵罾。
第八仙园四角街,酒坊药材亦整齐。中股行去是马路,早市到来人万千。
早市摆有菜共羹,亦有韭菜甲豆芽。飞龙芹菜荷兰豆,青茄白茄黄豆生。
秋瓜番瓜共冬瓜,皇京白菜韭菜花。董荷莞荽六蒚蒜,百合青菜格蓝花。
真珠花菜菜仔粽,菜头菜豆吊瓜葱。芋头芋卵芋枝仔,大叶婆种松又香。
赤种番种在粪种,乌叶白心花夫鲍。贡种山种甜粿种,三帝婆种赤米龟。
鸡鸭摆在栅门边,㣧伯顶秤无私偏。买卖就着伊过秤,只鹅收入四文钱。
此是闲话说不完,唱出人物你知端。男女约有六七万,金顶色顶数十员。
举贡生员甚是多,布政进士亦无。积祖富贵也少,发有洋船数十号。
陈姓发只号贞兴,一只厍发更才能。杨姓一号叫和裕,洪姓万昌意更兴。
许姓有只美书公,发有三号上咸风,一号叫作万合发,二号叫做万合隆,

---

① 吴奎信著:《潮汕歌册》,天马出版有限公司,2011年,第17页。

第五章 汕头海上丝绸之路非物质文化遗产

三号叫作万合成。瓜册命爷更才能。一号洋船叫福顺，二号洋船是大升，
余下船号说不完。唱出神事人知端。马路尾一火帝庙，神灵显赫万古传。
此是乾隆三年间。二甲进士杨大人，到任来做澄海县，遇逢拜客樟林行。
杨爷地理精万千，从路直入长发街。举目一望直过箭，顺途游到马路前。
吩咐住轿就出来，抬头一望心内知。当面一山成火局，火煞迫近成火灾。
此街生成一烟筒，冬天一至火自红。不时定欲走火祸，为何无人识形藏。
当时上轿游入城，直入武庙帝君厅。和尚闻知来迎接，接入县主到大厅。
杨爷下礼拜神明，和尚擂鼓共敲钟。拜毕进入后堂去，小僧捧茶无延停。
樟林司爷一闻知，慌忙亦到武庙来。六社乡绅也就到，礼毕坐下言东西。
杨爷开口说一声，本县路过大街行。我观此街生大煞，切须料理快施行。
众人听着喜冲天，大人明镜无差迟。正是年年遭火难，一年一次真惨凄。
大人有何好计施，可来示阮众人知。如若得保平安福，感戴大人恩如天。
杨爷开口说一言，若欲调理不艰难。市嘴建一火帝庙，可保合埠稳平安。
县主说完就起行，摆道回返澄海城。众人听伊就调理，择日兴工庙建成。
就刻火帝一金身，并刻一位是夫人。前面两位双太子，两旁将军有四身。
吉日开光闹猜猜，好戏做有数十台。庙前并有打大敬，师公出来茂虎狮。
并当老爷寿旦辰，六月廿三帝爷身。九月十五是帝后，庆祝圣寿事非轻。
上好外江请二棚，每厂做有二日夜。算来共凑有八厂，连做一月日连夜。
八厂备有大五牲，粿品大锭彩玉斋。串炮烟火企脚统，金顶色项来进香。
自此埠中愈中兴，俱知杨爷个恩情。不觉杨爷登仙界，刻伊灵位请入宫。
造字以位天德爷，每年神游同来营。开道摆有四抬轿，铜锣十三喷喷声。
这样福分不非轻，杨爷清官无屈民。今日方才有如此，香名分人传古今。
再说游神人知因，二月十五庆神游。自从起基年年有，闹热半月本非轻。
二月初一日到来，人客入乡闹猜猜。姑姨舅吟亦就到，女儿媳妇亦回来。
五十七代老表姨，买有礼物几十钱。提个春篮摆呀摆，也来认亲假呆痴。
亲戚来了一大堆，可比一群蛙米龟。城市之人欲脸面，刣鸡杀鸭掠池鱼。
三餐桌席来奉承，夜来同去看花灯。并有涂戏共革戏，拾个神厂赛月宫。
八街尽盖蓬天采，挂有灯橱共灯牌。纱灯活灯柴头景，龙虎狮象做一排。
行店各有彩铺前，门上吊有灯橱畔。两旁对联贴雅雅，又吊鲤鱼龙虾灯。
亦有数屏走马灯，青景奇花样样精。彩有飞禽共走兽，亦有海味绣球灯。
花灯出街闹凄凄，人物跟不敢移。每屏火把有一对，亦有绸标一大枝。
四个把槌梳大辫，大锣八面头前摆。三对灯牌同同光，头前引路有思算，

二枝火把丈外长，三对高灯如金瓜。吹首一班头前吹，数班八音大锣鼓，
出来虎势面横横，男妇老少相挨陇。欲行头前看分明，大锣高灯已过去，
后面营来是花灯，头屏董永送麟儿。二屏打城月南枝，三屏天德金环记。
四屏秋月病相思，五屏巧儿别陈商。六屏讨亲杨子良，七屏咬脐在打兔，
八屏赏月吴美香，九屏蒙政在会妻。十屏私合周英奇，十一乃是双鹅记，
十二郭巨去埋儿，十三白氏遇许仙。十四乃是造角王，十五砍柴毛艳女，
十六商辂中状元，十七马武抬金狮。十八乞食收狐狸，十九姐妹在拜月，
二十被杀洪秀才，廿一雪梅跳火城。廿二闵子去拖车，廿三讨亲杨天保，
廿四迷人山狗精，廿五请旨去完婚。廿六爱王在拜坟，廿七搭着徐龙渡，
廿八学鲁冯长春，廿九钓鱼陈春生。三十星盲乱花灯，卅一陈三在磨镜，
卅二造桥蔡瑞明，卅三秀英送寒衣。卅四必政在偷诗，卅五乃是童台别，
卅六五娘打媒姨，卅七刘永在祭江。卅八走贼遇瑞兰，卅九翠娥竹箭误，
四十扣破玉花瓶，四一骑驴去探亲。四二戏法吕洞宾，四三红娘去请宴，
四四勒路王金真，四五王氏在补缸。四六就是跳油汤，四七八仙来过海，
四八怀玉杀四门，四九金花在牧羊。五十张生跳粉墙，五一姑嫂在相咬，
五二投江苏六娘，五三永清双打擂。五四薛蛟遇薛葵，五五访妻何文秀，
五六行孙战张奎，五七四姆移龙宫。五八常山赵子龙，五九高珍红书剑，
六十结义王茂生，六一审阴包青天。六二马俊去上京，六三郭奇在咬指，
六四攻书往杭城，六五文勇把三关。六六昭君去和番，六七在祭雷峰塔，
六八梨花战杨凡，六九挂帅杨翠娥。七十休妻蒋兴哥，七一陈琳在救主，
七二游河苏东坡，七三乃是花二郎。七四伯皆奏皇门，七五篡位赵匡义，
七六潘角跳油汤，七七大战魏文通。七八就是吴阿愤，七九水淹金山寺，
八十拜牌刘进忠，八一去收浪子尸。八二子仪打金枝，八三乃是山东案，
八四虞国伯里奚，八五三藏取真经。八六大战穆桂英，八七秦香去打洞，
八八送别在官亭，八九世美不认妻。九十烈女去考诗，九一来收孙公豹，
九二程英救孤儿，九三仙女在摆船。九四大闹铁钍坟，九五武松去杀嫂，
九六封神李老君，九七进宝高厘番。九八飞虎过五关，九九得着宝珠塔，
百屏庞统献连环，大厂共有一百号。其余子厂愈更多，亦有花篮共花钵，
彩有老鼠拖葡萄，街中人物如黄蜂。革戏人戏廿外班，初一日起夜日做，
灯烛光辉如日红，灯会看完返回家。各各回返心头青，忽然过了十数日，
二月十三分标夜，司爷阿奶欲着灯。打有银牌点双龙，红绸做标为灯赏，
衙内看得十分清，大灯小灯入衙来。阿奶看后赏银牌，八音锣鼓赏标仔，

八街看了笑唠咳，
值事总理不敢迟，
圣驾出游便起行，
然后坐厂各回程。
四棚做在河尾田。
四棚相斗无做情，
树墩脚做玉春梅。
蓝厝祠前喜春园。
东巷万利永丰春，
四宝顺兴在东门。
红字三胜斗无赢。
河尾转外玉堂春。
北社外江有二班，
引动邻近外乡人，
尽来游玩兼看人。
茨染裤土赤裤头，
洪厝埔内十外乡。
尽皆缠在肩势头，
南墙后浦上墩乡，
三洲下寨陈南美。
内溪人物来更多，
龙潭西洋下南溪。
白水湖乡店仔头，
北山仙洲仙池头，
大围头洲南洲乡，
董坑梅州甲窑尾。
　莲阳外砂共东堤。
男妇老少人如蜂，
三枝竹仔滑溜溜。
其中总是有藏弊，
三群四党合一班，
亦是压着伊就来。

灯巳赏了不必提。
忽又听见二铳声，
十四是营古亭日，
再说演戏人知端，
上好白字说分明，
再说二班分人知，
新兴街乡宝顺兴，
书斋前做正和兴。
东社的人敢出银，
叶厝祠前老万利，
乐天彩拼新天彩，
仙垄二棚好白字，
白字西秦共外江，
东畔来者讨海人，
讨海之人受风波，
山内出来多过虾，
只班都是山内人，
十八乡来愈更多，
东浦西浦八角楼，
林畔溪头雅道梓。
前沟后沟鹊鸟巷，
关脚大巷南溪赵，
上山人更好得桃，
钱东黄冈布袋寮，
银砂南砂共宫兜，
仙门塘陇梅浦头。
乌丁洋边共冠垄，
亦有赌钱做生意，
一枝带有红丝线，
内中十人伊得九，
借个号衣穿身上，
口说欲缀手拖丢，

明天就是十四天，
乡老衣冠俱齐整，
分为八厂各游行，
西胪福顺是外江。
老正顺胜老正兴。
外江三多荣天彩，
中玉相斗亦切情，
塘西做有万年春。
请有八棚闹纷纷。
十棚相斗清秋埕。
外江相斗惊煞人。
老宝顺胜金春园。
共凑共有廿外班。
浮任海山后宅曾。
头毛赤赤目汁流。
卓花内寮黄山坑。
赤布裤土蓝衫头，
成群成阵如黄蜂。
尚书寨乡石丘头。
许陇西陵石板乡。
前溪后溪樟树下，
大东山乡驿东山。
赶人来此摆人鹅。
四乡六里数不了。
口厝二蚁接埭头。
仙市乡中大渡头。
澄海城内俱来齐。
亦有猴戏掩三空。
压着倍足免用抽。
任你一人难赢伊。
乌裘叠面假闲人。
伊洗火炭你岂知。

不觉城内推头铳，
号炮三声午时至，
六社八街着营透，
做在城内中军戏，
玉春香班老荣泰，
相斗就在郑厝祠。
南社宫前荣天兴，
灰窑做棚老宝顺，
宫前福顺天宝春。
万年春斗老采霞，
河尾围内正和春。
桂和做在河内田，
连做四夜共四日。
南澳柏林云盖寺。
辫尾结条红棕索，
田厝寨乡曾尾店。
新衣入乡不甘穿，
长宁新楼佛公寨，
陇仔溪西甲隆城，
铺头埠乡仙岩头，
塘打赶尾云路头，
深田田边溪口刘，
陈塘径口共水帽，
盐灶鸿沟九溪桥，
东岱美接西岱头，
大衙下衙共北溪，
百号人物呾完，
一种叫做啄虎须，
果然百钱对百钱。
说到只班张食人，
人人挣择闹猜猜，
不若挽着伊假痴，

尔心欲共伊讨钱。有人乌裘就脱落，勇壮出现穿号衣。将伊伙记就掠去，
待尔个伊打官司。一种叫做乌红牌，名家师父传下来。咸牌打到看不出，
内面会活你岂知。一种叫做穿虎鼻，会飞会遁难营伊。看见欲穿吓吓着，
原来内中有私弊。你若欲着伊持欺，将线屈到有花字。伊个索仔匣双阖，
正屈倒屈有索头。任你神仙穿不着，伶俐子弟知观防，一起叫做花会龟，
十压无赢硬着输。虽然都是凭心事，亦是欺错真糊涂，一种新样愈更奇，
三粒骰仔骗人钱。牌上写着几个字，欲着须对准骰点，只是茗骗小孩儿，
闲话不必去唱伊。今日便是十五天，辰时圣驾欲出游。巳时起马莫延迟，
号炮一声合埠知。八街各各具安排，来到塘西聚集齐。八厂齐齐站一排，
大厂执事全摆齐。放起三门宣天炮，路道引碑行头前。子厂按序来起行，
大厂随后亦起行。各厂执事摆分明，执事之后是古亭。一百对标丝绸绫，
标头彩对绣球灯。摆有八对企脚牌，执事八宝共金狮。百对粉红雨伞仔，
八音数班闹猜猜。也有高灯共彩旗，八音一路奏曲诗。小锣鼓仔十外班，
亦有童子歌曲言。古亭彩有蓬莱阁，扛景压到面红红。天德老爷轿四抬，
前面数对虎头牌。杀首四名两畔摆，铜钦十三扣人知。八座香案世无双，
四百花鸟照见人。双龙抢宝在中央，五十马匹盖世间。八个扛神戴红缨，
身穿色袄有分明。脚下红鞋手持扇，水晶眼镜挂眼睛。大班锣鼓八九班，
每班亦有数十人。色衣绉裤尽同样，亦有大辫惊杀人。铜钦鼓乐闹喧天，
各处迎神闹凄凄。乡绅老大随圣驾，神人共欢乐尧天。一座香案头前来，
案前一枝引路牌。牌上开序是路引。尔等观看尽皆知：

窃闻人有圣诚之心，神有保护之灵。今仓盈廪足，物阜人和，是以神人共
乐。海晏河清，庆赏中原，尔等务宜洁净街衢，肃静回避。绅衿耆老，束整衣
冠，候时驾。兹择定二月十五日，圣驾齐集塘西，卯时起马，辰时出游。路从
塔西起行，由池堤往杉排脚，过嵋墩脚入新兴街。过娘宫前入内祠出栅门，从
大堤入塘西兴围，从池堤直入杉排脚弯仙桥直街，由郑厝祠埕入长发街南兴股，
至中股过永兴米市，落宫前股上长发街。从庙前直由河沟墘到西社河尾股道，
入围内出栅门上马路，从宫脚过池堤头入仙园街。上仙垄社上楼下巷，从国王
宫前落长沟头入蓟巷口，至吴家祠前弯仙园中股，入永兴街通利股，直落元通
街，弯长发中股，弯西门宫前入古新街南昌股，直到顺兴街入洽兴街。从蓝厝
祠前入南社青云厂，由登祖祠落铺前从国王宫前往跸。

午后起马由宫后过厂埕，落马厝巷头上中兴厂，由搭壁燕上狗狮巷高井
栏，下西社鰔鼠洞。从叶厝埕脚入古新街头至西门股，由城脚过南门入广盛

街直至搭壁燕，由南桥从更棚脚上狮头巷至必粒下宫仔前，过叶厝书斋前至东社宫前，直出东社栅门由官路过显妈经竹抱池墘入北社栅门，过七圣古庙巷，过宋厝祠后入巷头内，出北社大巷，过大夫第，直至城脚入东门到西门古新街完。

出了西门人上灯，各各落厂心头清。吃了晚饭明白后，八厂参量营喜灯。
厂内鼓乐闹喧天，小喉歌曲好到奇，四松在吹上宝塔，和顺倒吊弹三弦。
厂内鼓乐不必言，唱出一帮妇女人。一起金玉坐看戏，一起好嬲好看人。
三五成群叫作刨，来市看厂看灯橱。六社从街游到透，行路真像大水牛。
个鬃茹过扫帚头，面粉红红像只猴。双脚大过土竹筒，六社行透无水沟。
所有生薙又好嬲，想着真正冻唔条。只顾秃桃不知耻，人家堵着衰过伊。
只等乃是外乡人，不是本埠的妇人。本埠妇女金玉贵，不比山内无耻人。
埠头妇人貌清奇，天姿国色赛西施。十五六岁婆娘仔，打扮起来如仙姬。
一起打做蛤婆尾，一起打做后斗儿。一起打做水龟儿，鬃尾长长翘上天。
后斗梳做郁面线，掩围梳在两鬓边。省城红花插两旁，面抹胭脂桃花红。
蓝色绕裘闻金眼，雪青裤腿里桃红。月记鬃脚插二枝，独加元派恁岂知。
挂双耳钩玉桃叶，一对玉器芝兰栽。此段闲话不必言，唱出规章人知端。
规章吊在戏台旁，各处人人好来看。第一规章人知端，不论本埠外乡人。
掠着剪钮偷脱帽，奖赏大洋二十圆。第二规章人知机，不论本埠外乡人。
若在棚前来相打，拿送司爷无客伊。第三规章人知情，不准提灯棚前行。
戏辱妇女不观雅，犯我规章肉着痛。此是三条分人知，识字看了叫声好。
有了乡规免烦恼，谁人敢来假猖狂。入乡容易出乡难，再唱一班外乡人。
几人一同来游玩，手提一枝红灯笼。身穿一身乌缎裘，脚下花鞋蓝长裤。
毡帽歌歌戴在头，几人提灯相随行。游到塘西大宫埕，灯笼提浮就在挤。
凑遇一帮老阿兄，带头看见一枝灯。叱声鸟仔假弯英，胆敢提灯椅前过。
掠来理落勿容情，哮喊一声围磨边。辫仔挽落面朝天，三个朋友魂魄散。
拼出人群逃走离，走到塘西栅门来。众人笑到掩咀畔，只遭一定漉过屎。
请来坐待理应该，再说塘西众阿兄。举头捻磨如钵仔，一五一十哩哩落。
打伊哭父又哭母，乞求大家请做情。打加二下也无用，恕我青盲唔北字。
犯你规章真该死，当时几位君子人，行磨劝人手放松，大家宽容放伊去。
伊在求饶说好言，众人听劝就放伊。伊速起身手摸辫，口说花鞋共毡帽。
列位帮寻在那里，众人听着笑呵呵。鸟仔咀话真痴哥，莫说双鞋顶毡帽。
就做头无亦着无，伊人听了应一言，说是唔见无相干，一头咀话一头拐。

内心想着衰到芒，今夜若勿樟林来，也免夜昏障无采，明年停伊铁闹热。
八台大轿我唔来，因为一枝小灯笼，一身裂到冷沧沧，头壳流血脚骨折。
毡帽花鞋一旦空，到底叹想枉费工，如今欲去怨地人，块肉如今已经痛。
都是朋友心不同，听着叱打就走开，全个唔敢行磨来，如今不知哪里去。
谅必就此走回归，嘴在咀话脚在拐，不觉行到了下围，众人看见心欢喜。
老兄想着愈气死，做伊企了面变变，众人开口就问伊，兄台分人打如何。
一人一句话愈多，如若行阮扛你，不如走回更加好，老兄听了面横横。
同恁相参就着衰，个个咀食死一半，见面持筊只只飞，众人相劝归返圆。
老兄忍耐话勿提，一心想着遍身痛，痛皮痛骨又痛钱，只段闲话不必言。
再唱夜游闹沧沧，圣驾夜游看烟火，六社烟火都不同，有火麒麟吐玉书。
又有鲤鱼跳玉门，也有大龙水底戏，亦有火虾金鲤鱼，还有英哥吐火珠。
也有黄蜂采花墩，又有凉伞共火斗，火鸟火马火蜈蚣，大梨火箭架架清。
双合利市水晶宫，火狮戏球双随掷，上有梨花共明灯，串炮一球大过箩。
长度约有八婵外，毛杉企做三脚架，一球打落纸堆山，周夜烟火到天光。
千般玩景堆满堂，神厂鼓乐纸影戏，银烛辉煌遍夜光，人客成群满街游。
看灯看厂乐心头，看戏看景亦热闹，来游一次胜千秋，一年一次庆升平。
神人共乐元宵灯，吹箫奏乐感神惠，演戏凯歌畅人情，翌日起来神回宫。
人客朋友返回程。一路畅叙记往事，谈古论今心头清，不论士农工商客。
各事各业尽才能，人人俱是心欢畅，安居乐业叙前情。①

保存者：黄耀鸾老姆（樟林人）

抄印者：退休老人宋若萍，时年七七

（《莲花山》，澄海县政协文史资料员会编印，1994年9月）

---

① 汕头市政协学习和文史委员会、澄海政协文史资料委员会编：《樟林古港》，香港天马出版有限公司出版，2004年，第525页。

樟林游火帝
《答谢妈祖三炷香》

一

韩江水，白披披，穿山越岭到海边，
莲峰下，风水生，樟林古港洋船兴。
话说起，乾隆年，塘西林厝糕饼店，
店主名叫林阿樟，父亲早年去过番，
可惜病死葬义山，留下孤儿共寡妇。
林母心灵手又巧，夜做包子日糕点，
咸甜双拼绿豆糕，葱珠膡淋猪肉包，
母子两人勤劳作，家中略有小积蓄。
林樟心中也阔达，后生间里排第一，
隔乡表叔教拳脚，闲时粟堤举石担，
姿娘仔间成偶像，几个姑娘看在目，
常到糕店凑热闹，林母笑笑知来意。
隔壁木婶来说媒，女慕男来事易成，
标致姑娘任你选，切莫错过好时机，
媳妇就在您身边，林母一听笑纹纹，
静问阿樟看中谁，"龟殊鸟才守铺头，
鲲鹏展翅过大洋，我承父志过番去，
先立业后才成家。"

二

二月初、游火帝，六街四社闹猜猜，
灯橱吊了百多个，潮剧请了八大班，
隆都纸影十二棚，潮阳英歌百单八，
饶平布马舞成双，府城鲤鱼戏龙舞，
潮州锣鼓伴醒狮，喇叭吹得云锦裂，
横笛声穿过寨墙，杀鸡卤鹅食滂沛，
家家户户亲戚来。林母有侄王阿二，
携妻带儿来做客，左手提尾松头鱼，
右手挎篮大番薯，入门头声亲姑母，
身体健康无白发，二声问候阿樟弟，
近来可有练拳脚，三声拉开家常话，
犬儿阿春不读书，四声说到办洋船，
合乡举债建大船，侄儿身缺几千文，
姑母如能通借兑，洋船回乡加倍还。
林母听了回后房，叫声阿樟来商谈，
洋船之债如遇险，便可免还一场空，
如若洋船回乡转，获利便可平分摊。
阿樟听后细思吟，回头便对阿母说，
不说获利不获利，鸟多枝毛身会热，
众人拾柴火焰高，表叔有事应相助，
才是至亲贴骨人。林母听后笑颜开，
我的孩儿好胸怀，床下钱柜拖出来，
龙银拿出近百个，侄儿顺风好好去，
姑母在家候你来。六月六、门环响，
林母开门吃一惊，阿二妻子穿白鞋，
乌发插着白绒花，不敢进门泪满面，
叫声姑母我好惨，阿二洋船遇台风，
一队十三葬海塘，家中无了主心骨，
叫我下辈靠谁人。好姑母，细劝慰，
天灾人祸实难料，叫阿樟，再拿银，
安慰表嫂离家门，阿樟送嫂心也酸，

叫声阿嫂勿悲伤，春弟如若无事做，
叫伊来铺学做包，只要有心勤奋发，
便可立业再成家。表嫂听后心烧烧，
便叫阿春来过乡，自此学徒糕饼店，
成了阿樟好手脚。

三

俗话说，行洋船，有沉船，有出米，
洋船遇风实难料，洋船顺风人眼红，
金箱银盆搬进港，全乡欢笑闹猜猜。
阿樟跟母细商量，再扣家底摊股份，
不信林家不上运。好母亲，细思量，
妈祖庙内求签诗，头支签，应外出，
二支签，应出海，三支签，细细摇，
还是应该到外洋。既然妈祖指方向，
林母回家扣家底，压箱嫁妆拿出来，
阿樟摊股上洋船，鞭炮声中离港门，
母亲泪眼把手扬，愿儿顺顺到番畔，
有赚无赚无交挂，明春顺风把家还。

四

洋船升帆到海面，忽闻海盗在劫财，
船队只好回头转，泊在港嘴汕头仔，
海盗入港横霸霸，劫货纵火成连营。
阿樟等人急上岸，请到官兵已太迟，
官兵隔岸如观火，谁愿奋身与贼拼，
海盗抢烧逍遥去，欲哭无泪众船工。
林樟无奈回乡转，命运待我真不该，
一惨表叔遇台风，二惨本人遇贼帮，
妈祖妈祖您显灵，再到殿前求三签，
头支签，应出外，二支签，应出海，
三支签，应出洋。阿樟家底已扣尽，
剩下条命与时日，回家叫母蒸甜粿，
东陇竹铺买市篮，腰缠水布再上船，

任你前面海水黑，任你前面风浪粗，
冲破恶雾过洋去，不信我等不上运。

五

顺风船，到曼谷，奇真奇，三宝竹，
稳扎海港不可拔，和尚庙、养鳄鱼，
老老实实不咬人，和尚说是被贡迷，
细看铁链锁脚边。日落山，海堤边，
夜风吹椰叶披披，单人望月泪涟涟，
一时想起老父亲，身葬义山无人拜，
明早上街备香烛，义冢山上寻坟碑。
义冢山上奇真奇，坟碑塑成红船帆，
下刻死者家与乡，方向统一朝唐山，
可知前辈死番地，魂魄还思回故里。
阿樟拜倒尘埃地，老父老父你好惨，
身葬义山单伶伶，儿今过海来看您，
你若有灵助儿发，如若无运保平安。
祭罢沿路下山来，忽见路边一兄台，
浑身是血倒路面，一女俯身哭哀哀，
对面一群恶刺流，呵七道八好嚣张。
林阿樟，好架势，"你等打人无天理"，
刺流仔，围攻来，阿樟施展少林拳，
上击鼻骨下肚脐，打伊落花又流水，
抱头鼠窜叫哀哀。林樟转身扶兄台，
原是兄妹祭母来，遇到流氓来调戏，
兄长力薄被贼欺，幸得兄台出手助，
请到我铺食杯茶。阿樟和伊随车行，
耀华力街米铺行，其父闻之笑颜开，
多谢阿樟好兄台，猛猛冲上工夫茶，
开口潮音多悦耳，胜如他乡遇故知。
老伯原是潮州人，一家来暹开米行，
流年不顺妻先去，留下大男与小女，
男的山巴购粮货，女的铺头理账务。

阿樟细说己苦情，刚到埠头无着落，
先到义山祭父亲，无想遇到这桩事，
老伯听后细思量，你说上埠无着落，
不如来店当伙计，也免在外漂与流。
阿樟一听中心怀，上埠即有落脚点，
连声应承心头舒。自此米铺多出力，
老板静静看在目，平安批寄唐山去，
老母闻知心也安。

六

回头再说兄妹俩，兄叫来俊好青年，
温文尔雅有文化，心胸阔达好男儿，
山巴曼谷来回走，采购加工一把手。
妹叫来妹雅姿娘，轻声细语淑女样，
面如满月眼如星，樱唇勿抹自然红，
热带女子早成熟，年已十六情窦开。
阿樟与伊有食陪，日间同扛一包米，
夜来理数到天明，劳动培育并蒂莲，
辛勤浇出幸福花，眉来眼去情意合，
如胶似漆存层纸，妹父装愚不开嘴，
静候花开自然红。光阴似箭已一年，
阿樟年底寄批钱，妹父出银一大拨，
阿樟连说不敢受，老板却说理应该。
唐山回批母亲字，知儿贵人相扶持，
要儿勤谨多回报，家中媒人已上门，
不日回唐娶新人。臭阿樟、有心计，
将批故意来妹看，姑娘心房如鹿撞，
如果唐山娶新人，我在暹罗居二人，
思罢静告老慈父，妹父回问女意思，
"全凭父亲来做主"，妹父一听笑呵呵，
好婿就得先选择，唐山如先娶草头，
你若慢嫁是阿妹。前铺叫樟后房谈，
臭阿樟、面红红，说是婚姻父母配，

说要回批唐山去，母亲之命才应承。
姝父听后笑吟吟，你俩二人情意同，
我已早早看在目，现即去信樟林埠，
你母来批必应承。不日唐山回批来，
阿母来信喜开怀，全凭亲家来做主，
娶得佳妇回唐来。择日成婚闹猜猜，
亲朋好友来相贺，都夸来姝配阿樟，
安生嬷旦天生成，珠璧联合喜成双。

七

自此翁婿无不谈，说到洋船志难忘，
如若合家办船业，定叫暹唐都发家，
唐山那边传佳信，政府大赞运米业，
如若顺风过黑洋，金盆银山可得来。
姝父听后细思量：阿樟来俊好郎舅，
如若同心办船务，我在后面来出力，
天时地利已齐备，人和就在我家中，
此时不博待何时，生生死死赚几年。
即叫阿樟与来俊，我出银子尔钉船，
争取来春顺风行。

八

阿樟山巴寻好柴，林中忽遇老邻居，
一看原是阿木叔，为何流落在山巴。
木叔一听泪淋淋，叫声樟弟听我言，
我来番畔近十年，时运不济来山巴，
每日伐木度生计，日食难度无积蓄，
多年无批去唐山。阿樟连说您荒唐，
木婶在家眼欲穿，你速回批唐山去，
后随洋船回家门。却说木婶公婆亡，
剩下独身难熬煎，阿兄阿嫂托信来，
不如暂时回娘家。一日思后实无计，
担上竹筐往巷口，准备回家见兄嫂，
忽见一只大母猪，气势汹汹把她挡，

东巷不通行西巷，母猪再到西巷口，
西巷不通行南巷，母猪南巷把妇挡，
南巷不通行北巷，母猪守在北巷口，
看来天意托母猪，不让回家把路挡，
只好担筐回家转。天亮忽闻门环响，
批脚来到家门口，高声木叔寄批钱，
不日随船回乡转。木婶接批忆夜事，
知是妈祖托猪来，等我回家候夫君，
急塑泥猪妈祖台，亥爷得有妈祖福，
离奇好事合乡知。

九

话分两头说阿樟，来年洋船钉三双，
六只展鹏似凤凰，装满大米及香料，
鞭炮一响出港门，来俊来妹与木叔，
一同上船回唐山。天风好顺送船行，
一飞飞到妈屿外，已见莲峰故家乡，
心胸涨涨似海潮。忽听一声火炮响，
侧面杀出黑帆船，贼头外号铁乌鸦，
跳上洋船叫喳喳，"海上财物见有份，
要过留下买路钱。"阿樟已是过来人，
耐下心性与周旋，红利分成贼二成，
今后贼船米与菜，洋船过境要供给，
达成协议可合作，要过贼境做暗号，
桅杆顶上吊棕蓑，保你无事过黑洋。
阿樟已知贼厉害，汕头仔港火连营，
现今无奈食盐水，自此种下祸根头。

十

洋船到港闹猜猜，老母挂杖喜盈盈，
金包银箱全不顾，一心只想抱孙儿，
笑看媳妇个肚皮，肚路尖尖是男孙。
一群奴仔爬上船，高声朗朗唱歌谣，
"洋船到，猪母生，乌豆仔，带上棚。"

全港上下喜洋洋，紫气充满樟林埠。
自此洋船下南洋，北上苏杭走京津，
来俊苏杭晾雅妹，便学陈三与五娘。
看到苏州园林美，船载奇石建西园，
西园大门圆又圆，圆门之后有天地，
假山如狮蹲池前，水榭亭阁在后畔，
八个景点八个样，苏杭落在樟林乡。

十一

阿樟雄心大发展，要建库房与码头，
近年洋船有盈利，岳父在泰银两足。
古港堤边建长街，栈房靠在河港畔，
小艇载货到后门，前面就是货栈铺。
外地客商都来到，货物多样数不清，
泰国来的米木材，内地运出糖茶布，
福建凤凰好茶叶，江西枫溪雅陶瓷，
南洋神纸好锡箱，东陇杂成过番畔。
港内洋船数百计，九街六社樟林埠，
旅店餐馆百多间，土布丝绸装满船。
洋船出海获利多，政府税收不可无，
全省税收总额计，五份一份樟林埠，
金樟林啊银东陇，闽粤客商如云集。

十二

鲜花虽好无百日，六旺三衰轮流转，
本该平稳商贾家，却有惊变在眼前。
有人看到阿樟发，便来登门讨秘诀，
好阿樟，胸怀阔，静叫各船学他样，
船过黑洋吊棕蓑，便可无事与平安。
一日同港出三船，一船吊棕过黑洋，
二船吊棕过黑洋，三船阿春来压阵。
海盗有疑开炮轰，阿春爬上桅杆上，
高嚷阮是阿樟船。不管你是哪路船，
海盗火炮只管轰，阿春被炸落海面，

尸体浪卷入黑洋。凶耗传来樟林埠，
春母立时发了疯，手拿菜刀奔港嘴，
对着洋船胡乱砍，洋船洋船你怪兽，
食我夫来夺我儿，夫呵归来儿归来，
声之凄厉人落泪，自此徘徊樟林港，
活活成了女疯子，虽有樟母等照料，
人已失形成行尸。
正是：
行船走海三分命，红头船上血淋淋。
还有一事更夺命，朝廷派来新税司，
得知阿樟等有钱，请伊税衙食清茶，
要借大银建税衙。阿樟一听眉紧锁，
税衙自有官款拨，何用摊派众船户，
洋船过海贼抽利，现今贪官再过刀，
如若答应做下去，不日倒账无奈何。
思来想去把口开，我虽办有几条船，
财权在暹岳父中，应该去信请示伊，
本人实在无主意。狗官一听翻了面，
你与海盗早勾结，敬酒不喝喝罚酒，
大清律例套你身，看你知死不知死。
阿樟被锁大牢中，急坏来俊众亲人，
幸有俊妻苏州人，兄长为官在京城，
急将冤情写成册，急送京城达天听。
皇帝派来大钦差，一到樟林众拦轿，
状纸如雪臂如林，都告贪官太无情，
官兵无力束海盗，洋船过境被贼欺，
如若不听海盗话，人船资盗实难避，
青天老爷应辨明。钦差一审气冲天，
骂声税司坏心肠，朝廷专款建税衙，
何应盘剥众船户，身为朝廷个命官，
贪墨百姓肥己身，本为同僚应同济，
但你做事太荒唐，判你充军去海南，

永世不得回中原。二审阿樟通匪案，
你的案情有可谅，大清律例不容情，
没收家产与船队，放你小命可逃生。

十三

南海水，白披披，阿樟郎舅站海边，
合家登上红头船，咬紧牙关再出洋，
我爱潮汕难容我，海外再创新潮油。
自此暹罗开米行，生意做入巴山内，
安南金边也开店，东南各国开商行。
一日郎舅拜妈祖，忽见庙前一拐乞，
细看确是铁乌鸦，一怒抓起便要揍，
乌鸦开口多求饶，叫声樟爷听我言，
你出事后我遭殃，朝廷派官假招安，
我等海盗骗上岸，全部被杀我逃命，
一逃逃到曼谷港，跳上岸来脚折断，
身无分文难渡生，贫病交加做乞丐。
阿樟一听笑开怀，你为海盗害众生，
今遭报应理应该，可知冥冥有天理，
人有作恶天便知，看你断脚可怜相，
给你龙银一百个，做个生意度余生，
平时到庙多拜佛，吃斋补你恶生涯。

十四

光阴似箭已十年，阿樟在暹成座山，
泰中侨胞推选伊，众推侨领好领头。
忽报潮油遭风灾，厝倒人死惨哀哀，
赤子之心怀家乡，贩灾捐粮救众生。
万袋大米装上船，急奔潮汕家乡来，
樟林古港闹猜猜，众颂华侨救燃眉。
澄海县令闻此事，奏章速报皇帝知，
圣上闻之心欢欣，龙颜大悦把旨传，
赤子之心天可知，免去以前刑罚事，
容你定居桑梓地，再创船队办船行。

阿樟接旨泪涟涟，一生与船结相柱，
再谢妈祖三次签，才有我等的今天。
正是：
潮汕男儿有志气，肚困炊粿去过番，
黑海白浪水滔滔，海盗官府双压迫，
死葬义山成座山，侨胞回乡有架势，
祖辈都是辛苦人，一部歌册红头船，
让你听后细思吟。①

五、"海上丝绸之路"习俗

习俗是"习惯风俗"的简称，或称"风习"，是指相沿积久的风俗惯制，一种具有群体性、倾向性的社会行为，被包括在风俗范畴之内、其范围一般指风俗中有关生活、生产、消费活动的习惯方式。②

（一）信仰崇拜习俗

潮汕多海商，近代出洋的华侨也特别多，海上贸易，风波、世态、险象叠加。妈祖的灵显，本来就多在除灾救难，特别是解救海上的灾难。妈祖的传说经过历代的不断神化，使它成为闯海者心目中镇风平波、解危救难的海上保护神。潮汕商人对妈祖的倚赖又崇敬的心理，便这样由衷生发。妈祖无疑成为"海上丝绸之路之路"的守护神。至今，汕头现有祭祀妈祖的各类场所近200处。

妈祖崇拜习俗

汕头"海上丝绸之路"信仰崇拜习俗首先是妈祖。商贾船户渔民上船前总要到妈宫进香许愿，平安归来时再到妈宫跪拜还愿。妈宫前的海湾便成为渔舟、蕃舶、商船、管航聚集之地，闯走江海的大小船只，船头板下均供奉妈祖神位，船头贴着妈祖神符，每逢初一、十五必到庙中进香及在舟中祭拜妈祖，以保平安。

上了年纪的老人还知道，从前没有天气预报时，汕头的渔民出海前往往要站在外马路往妈屿岛天后宫方向看，如果上方有亮光，预示是晴天，便可出海。

出洋的番客，在离别故土之际，也要先到老妈宫拜别并祈求妈祖保佑远洋

---

① 陈鹏：《夜泊东龙河——樟东乡土见闻录》，艺苑出版社，2014年，第264页。
② 陈勤建主编：《中国风俗小辞典》，上海辞书出版社，2008年，第4页。

平安,很多人还虔诚地带上一小包香灰,把缕缕乡思浓缩在小小香包,带着它浪迹异邦。

樟林古港作为潮汕地区古时对外贸易、海外移民及中外文化交流的重要港口,自从福建湄洲迎进妈祖后,就彻头彻尾地浸透了"潮味"。特别是樟林港姓林的族人和"她"攀了亲,一直说"她"是"家己人",并亲昵地称她为"姑母"。当地还规定族里谁家娶新媳妇,第二天一早,新娘一定要捧一盘大桔,一盆清水到庙里,替"姑母"洗脸梳妆,孝敬"姑母",这一民俗也传遍潮汕各地。

农历三月二十三日妈祖生辰,这一日在民间被视为"圣日",人们进香祭拜、演戏、游神以祈风调雨顺,平安兴旺,家家户户要备办供品,信女们一早就都梳妆打扮,手挽花篮,携带香烛糖粿果品前去"落宫"。拜过妈祖,商家行铺往往都要宴请亲朋、伙计吃卤鹅炒面。"妈生"宰大鹅、吃炒面,如今仍是潮汕一带三月二十三的固定习惯,成为"不迷信的迷信"。

"妈生"还要吃炒面。炒面就是面条炒韭菜、豆芽。豆芽潮州话称豆生,正寓诞生与长寿之义。"妈生"民间普遍吃炒面,又另有深意。潮汕话称面条为面线,棉纱也成纱线,两者形似名近,使之联想到妈祖传说中林默娘手中的渔网线。传说林默娘升天前在家纺纱织网,每当亲人出海遇险时她便握紧纺车,挽紧纱线,闭目入神,海船上的桅索便不会被风暴撕断,得以逢凶化吉,平安通航。汕头人"妈生"吃炒面,意在消灾解危,祈求平安。另外,韭菜寓意久久发财;豆芽也寓意发财;面条潮人称为"长面",寓意长命百岁。

"妈生"敬神还以粿品。粿由糯米粉加上等蔗糖水拌匀,在竹蒸笼慢慢蒸熟,柔软清甜,且不易发霉变质。老辈人搭红头船出洋谋生,顺风顺水也要个把月路程,遂带上粿作为干粮。与海深深结缘的汕头人就把甜果用来祀拜海神妈祖。

卤鹅、炒面、粿果,尽管现在都是普通食品,但在一百多年前,鹅肉大约是一种奢侈品,炒面也是高级享受,只有"妈生"才可以一饱口福。这从潮汕俗语"好过食炒面"也可得知。妈生吃炒面卤鹅,也如美国人感恩节吃火鸡一样,成为今人对历史的一种怀念。

翁万达崇拜习俗

民间流传着很多翁万达的传奇故事。"落海遇救""翁万达不怕鬼""翁万达过独木桥""金丝缀芳骨""翁万达请客""刀枪不入箭难穿""张飞再世""怒贬土地神"等等。老百姓通过这个故事,把翁万达的英勇、忠诚,在明王朝国家中的崇高地位，表现得淋漓尽致，寄予无限追思，深情记忆。

清代始建而后扩建的翁公庙，人们除常年拜谒外，每年还隆重祭拜四次，即元宵节求平安、七月初五普渡、九月二十四诞辰（汕头民众纪念翁公诞辰是六月二十八）、十一月二十八日谢神。这四次牲礼特别丰富，而且演出潮剧。

此外，汕头民众还信仰崇拜其他海神的习俗，包括祭祀关公、龙王爷、东海神、南海神洪圣广利王、水父水母等。有潮水涨落的地方居民，常备三牲、粿品到岸边祭拜，以答谢水神保佑之恩。

汕头"海上丝绸之路"信仰崇拜还有石头神。潮阳东山有一巨石，被人们称为"石部父母"。潮阳海门莲花峰有三块巨石，顶天立地，十分雄伟壮观，远看好像是并排着的海帆，被封为"镇海将军石""静海将军石"和"宁海将军石"。

（二）华侨习俗

汕头因海上丝绸之路而成为著名侨乡，在长期的海外贸易、移民、文化交流中，形成了富有侨乡风情的"侨"字号"海上丝绸之路"习俗。

华侨礼仪习俗

包括"接落马""食番客桌""送顺风""演番客戏""请吃甜"与"番客甜""番客糖"、送顺风、平安批等。

"接落马"。有番客回乡，亲朋好友就会送来礼品（主要是猪肉鸡蛋之类），有接风洗尘之意，俗叫"接落马"，也叫"接番客"。回乡的归侨也会回赠一点从海外带来的小礼物，最普通的有毛巾、糖饼、药油等，有时也会开席宴请，俗称"食番客桌"。若有邻里孩童围观，番客会分其糖饼，称为"分番"。

演"送风顺"（或称番客戏）——农历八月由侨户凑钱请剧团或纸影戏班唱戏酬神，以祈求旅外亲人平安。

"送顺风"。侨户有人要出国或华侨回国后要返居留地，亲友邻居就要拿些礼品，如糖果饼食之类来相送，有祝离家者一路平安送风得利之意。

华侨婚娶习俗

主要有"嫁公鸡""两头妻""螟蛉子"等。所谓"嫁公鸡"，就是华侨不能按择订婚期回家举行婚礼，只好借"公鸡"为新郎，为其洞房花烛，其程序就是把公鸡，绑在床底下，然后由陪嫁姆，引新娘走进新娘房，说了几句吉利的话，算为结婚。

华侨死丧习俗

大凡"番客"总是不忘故里的,在外奔波数十年到年老了总想提前返回故乡,这叫"落叶归根"。但是有些不幸客死他乡,骨埋异域者。对于客死他乡的亲人,其在国内的家属或亲人必须将其灵魂引渡回来,了却他们落叶归根的遗愿,这就产生了汕头的习俗——"引水魂"。

侨乡亲眷为让海外亲人魂归故里,要举行殡葬归虞仪式,即设置纸船放于海上或江上,纸船里插上死者衣服一套,由道士选择时辰作法,拉上衣服,扮为"魂身",祭敬点香后置于"魂轿"(用纸篾制成),引其魂入祖厅宗祠,俗称"引水魂"。

(三)"海上丝绸之路"方言

长期的商业贸易、人员流动、文化交流,使得汕头话吸纳、融和了大量的外来词,具有明显的"海上丝绸之路"特色。

过去习惯用"番"来表示"外国的,外族的",所以出现了很多带"番"的词语。例如,"番畔"指国外、海外;"过番"指出国;"番人"指外国人;"番话"指外国话;"番客"指华侨;"番批"指海外汇款;"番车"指缝纫机;"番纱"指洋纱团;"番纱碾"指纱团的绕线轴;"番薯""番葛"指地瓜;"番瓜"指南瓜;"番茄"指西红柿;"番梨"指菠萝;"番葱"指洋葱;"番团码"指阿拉伯数字;等等。

汕头话中有不少来自东南亚的泰语、马来语、英语等的词语。例如:铁丝称"阿铅",手杖称"动角",骑楼下的人行道称"五脚砌"、皮箱称"呷哗"、钱币称"镭"等,来自泰语、马来语;投篮称"术"、公共汽车称"巴士"、汽车称"锣哩"等,则来自英语;还有沙茶、巴鳞、红毛丹,等等。

此外,还有诗歌。

> 提起笔,泪如丝;
> 字未写,先悲啼。
> 啼冤家,无仁义;
> 无批信,已十年。
> 莫不是,忆着番邦美娇女;
> 莫不是,忘却唐山结发妻;
> 莫不是,忘记堂上老公婆;
> 莫不是,无想膝下有娇儿。

这是以"手布诗"形式写给"出外翁"(在番畔的丈夫)的"唐山批"。

第六章

汕头海上丝绸之路文化构成与特质

文化因不同因素、不同条件而产生形成，文化因此而有不同内容、不同类型、不同表现形式、不同层次、不同领域，也有不同结构。文化构成体现文化的内在关系，反映文化的不同类型，更是展现文化特质。研究文化构成、文化特质是文化研究的重要课题。

作为一种民族文化，中国"海上丝绸之路"文化是中华文化的一个重要组成部分，自身有其内部构成，有其文化特质。作为一种地域文化，汕头海上丝绸之路文化是潮汕文化的一个重要组成部分，也是中国"海上丝绸之路"文化的一个重要组成部分，当也有其内部构成，有其文化特质。

一、汕头海上丝绸之路文化的主要构成

文化构成可以有不同层面，如民族文化与地域文化、家族文化；可以有不同内容，如物质文化与精神文化、制度文化；可以有不同类型，如农业文化、游牧文化、商业文化、工业文化，大陆文化、海洋文化、草原文化等。

汕头海上丝绸之路文化发育早，发展相对充分，成果累累，内容丰富。"南澳Ⅰ号"、红头船、侨批、樟林港、汕头埠等等，都是汕头海上丝绸之路文化的主要表现及其代表。综观汕头海上丝绸之路文化，其构成主要包括海洋文化、港口文化、商贸文化、华侨文化等方面。

（一）海洋文化

"海上丝绸之路"文化是因海上丝绸之路而产生的。"海上丝绸之路"文化以海洋为舞台，离开了海洋，就无所谓"海上丝绸之路"文化，因而，汕头海上丝绸之路文化的构成，首先是海洋文化。

海洋文化是缘于海洋而生成的文化，即人类对海洋本身的认识、开发利用

与因有海洋而创造出来的精神的、行为的、社会的和物质的一种文化。① 海洋文化的本质，就是人类与海洋的互动关系及其产物。海上丝绸之路以海洋为背景，以大海为舞台，以航海为途径，以船为主要工具，持久地进行商品贸易，发生"过番"移民浪潮，开展文化交流、文化合作。离开了海洋，就无所谓海上丝绸之路，正因为如此，才与"西出阳关"的陆上丝绸之路区别开来。海洋文化是中国"海上丝绸之路"文化的主要构成之一。提及汕头海上丝绸之路文化，必定首推海洋文化。

汕头南濒大海，自古以来，汕头人就"耕三渔七"，与潮起潮落的海水一样，永不停息地冲向大海，向大海索取生产生活资料，与大海结下了不解情缘，与海洋有着密不可分的关系。距今8000多年前的南澳象山文化遗址，充分展现了汕头海洋文化发育之早；澄海龟山遗址、凤岭古港遗址、樟林、达濠与潮阳隆津古港遗址，显示了汕头海上贸易的繁盛；郑和下西洋，"五经南澳"，留下不少历史遗迹；"南澳Ⅰ号"的勇士们，冲破海禁，扬航通商，体现着汕头先民战天斗海，敢冒敢闯的海洋文化精神；从樟林、达濠等古港出发的红头船，乘风破浪，走南闯北，发展海外贸易，打造了一个著名的汕头—台厦—苏州（天津）—海南—东南亚的红头船商业贸易圈；持续不断的海外移民，造就了"海内一个汕头，海外一个汕头"，汕头成为著名的侨乡，促进了海内外文化交流，造就了丰富而富有特色的华侨文化。"南澳Ⅰ号"古沉船长27米，宽7.8米，共有25个舱位，是迄今为止我国发现的明代沉船里舱位最多的。"南澳Ⅰ号"沉船反映了明代造船技术、航海技术。南澳象山文化遗址、"南澳Ⅰ号"、红头船表明，汕头人早就有强烈的海洋意识。遍布各地的妈祖庙、天后宫，尤其是遐迩闻名的汕头市区老妈宫、妈屿岛；风情万种的渔民生产生活习俗、达濠渔歌、气象谚语、讨海禁忌；敢生死，欲拼才会赢的航海人性格……无不显示汕头先天富足后天营养得调、富有鲜明地方特色、具有丰富海洋元素的海洋文化。海洋文化无疑是汕头海上丝绸之路文化重要构成之一。

（二）商贸文化

商贸文化是人们在长期商业贸易活动中创造的，反映商业贸易背景、环境、过程、心理和结果，体现商品贸易精神的一种文化。海上丝绸之路是一条始于古代，延及近代的商贸之路，它以通商为主要内容，以互利为主要目的，其形

---

① 陈友义著：《红头船精神研究》，辽宁大学出版社，2018年，第16页。

成的"海上丝绸之路"文化,必定离不开商业贸易活动。商贸文化无疑是中国"海上丝绸之路"文化的主要构成之一,当然也是汕头海上丝绸之路文化的主要构成之一。

唐、宋时期的澄海凤岭港,"自韩江发源而来,凡来往客舟多泊于此。"古港遗存的古码头、大船桅、巨缆、瓷片以及"永兴街、新兴街、顺兴街、源兴街"这些被钉在红色门牌上的街名,无不显示凤岭古港在汕头古代海上丝绸之路中的重要地位,让人想起唐宋时凤岭古港的繁华,反映着凤岭古港丰富的商贸文化。

"南澳Ⅰ号"是一艘明朝万历年间向外运送瓷器而失事,沉没于中国广东省汕头市南澳县云澳三点金附近海域的商船,最初发现于2007年5月。从2010年至2012年,广东省文物考古研究所、广东省博物馆和国家水下文化遗产保护中心联合对"南澳Ⅰ号"沉船进行了三次发掘,共出水各类文物近3万件。有盘、碗、罐、碟、瓶、盖盅等,横跨宋、元、明三个年代。结合考古勘探资料分析,当时初步判定该沉船的年代为明万历年间,船载文物主要为明代粤东或者闽南及江西一带民间瓷窑生产的青花瓷器。"南澳Ⅰ号"的水下考古发掘,揭开了汕头作为古代海上丝绸之路重要节点的神秘面纱。这些出水文物具有丰富的历史文化价值,展示了以海通商达易的丰富商贸文化,是汕头海上丝绸之路商贸文化的突出代表。

"南澳Ⅰ号"出土陶瓷

红头船文化更是一种厚重的商贸文化。历史上的樟林、辟望、南澳、达濠、隆津、后溪、海门等港口,都是红头船港口,都是繁荣的商贸港口,都是汕头海上丝绸之路的重要港口，特别是号称红头船故乡的樟林港。它们所开展的频仍的红头船贸易，上东瀛，下南洋，贩卖大米、蔗糖、陶瓷、木材、夏布……造就了一个庞大的红头船商人集团，形成了极其壮观的汕头—台厦—苏州（天津）—海南—东南亚近中国海贸易圈，亦即红头船商业贸易圈。红头船商人创造了充满商贸意义的红头船文化，红头船文化加重了汕头海上丝绸之路文化。红头船贸易是汕头海上丝绸之路的顶峰，它有力地强化了汕头的商贸文化，从而推动了汕头海上丝绸之路文化的发展壮大。对于汕头海上丝绸之路文化，红头船商贸文化最具分量，最值得高谈阔论。

因第二次鸦片战争失败而被迫开埠的汕头，"交通事业日进千里，曾不百年，凡轮船、铁路、公路、邮电、航空靡弗具举"；①"外贸之销售内地者日益繁多，内地产物之运售海外者亦较百十年前激增倍徙，由是而贸易之事日加繁盛"②；"舟车云集，商旅辐辏，内则惠梅二州、赣南七县、闽南八县资为挹注，外则握南洋贸易之枢纽"③，成为内外贸易的一大中心。港口吞吐量居全国第三位，商贸盛居全国第七。汕头因开埠而迅速崛起，有力地推动了汕头海上丝绸之路由古代向近代迈进，促进了汕头商贸的发展与商贸文化的繁盛。近代汕头繁盛的商贸文化，无疑是汕头海上丝绸之路文化的重要表现，更是大大加厚、提升了汕头海上丝绸之路文化。

（三）港口文化

港口文化是因港口而形成的反映港口建设、体现港口管理制度、凝聚港口人精神意识的一种文化④。海上丝绸之路离不开港口，一艘艘商船正是从一个个港口出发，驶向贸易目的地。汕头人以港口为平台，因港口而兴丝绸贸易、陶瓷贸易，而实现文化交流、文化合作；丝绸贸易与文化交流、造就了港口的兴起繁盛，推动了港口文化的产生发展。

汕头地处南中国海，有漫长的海岸线，有众多的岛屿，也有不少优良港口，包括凤岭港、樟林港、辟望港、南澳港、海门港、达濠港、汕头港等。这些港口是汕头海上丝绸之路的重要港口。

位于澄海韩江干流东溪江海交汇处的凤岭古港，唐宋时期十分隆盛。当时

---

① 饶宗颐总纂：《潮州志·实业志·商业》，龙门书店，1965年。
② 温廷敬著：《大埔县志·民生志·贸易》。
③ 饶宗颐总纂：《潮州志·实业志·商业》，龙门书店，1965年。
④ 陈友义著：《红头船精神研究》，辽宁大学出版社，2018年，第12页。

潮州盛产的瓷器,由小船沿韩江运到凤岭港,再装上大船,远海航行,运往海内外各地。1950年,在古港东南面管陇村打索铺发现了规模庞大的缆绳工场,遗址达五、六千平方米,出土大量巨缆。从1946年起,该村中多次发现大船桅。1958年至1960年,古港边沿陆续发现大批宋代瓷片及船板。这些历史文物,记载、见证着凤岭古港辉煌的商贸历史与文化交流历史。

清康熙二十三年(1684年)撤销海禁后,位于澄海东北部的樟林以得天独厚的地理位置日趋兴旺,成为汕头开埠之前粤东一个重要的海运港口,繁荣达两百年之久。该港航线北通福建、台湾等地,南达广州、雷州及安南、暹罗、马来西亚诸地,史称"粤东通洋总汇"。它既是南北货物的集散地,又是中西方贸易和转运枢纽。光绪元年,英国出版的世界地图已赫然标上"樟林"的名字,发来中国的英国货物,只要写上"中国樟林",就能够收到。如今,已有200岁高龄的樟林新兴街依然保存完整,安平栈、天后宫、永定楼、藏资楼等遗址和碑记石刻,都是海上丝绸之路的历史见证。

历史上的达濠港也是一个重要的"海上丝绸之路"港口。康熙《潮阳县志》乡都"踏头埔"条中记:"货船渔舟聚集之处,多于此设埠开市",成为"琼南广惠往来商船停泊之处"。商贸业的长盛不衰,使达濠成为东南沿海重要的商业集散地,被誉为"潮汕四大古镇之首"。达濠港的兴起,推动了商埠的兴起与发展,从而造就了达濠港口文化的形成发展。

达濠港

汕头港虽然到1860年开埠才出名，但早在开埠前就已经在海上丝绸之路中扮演重要角色。开埠后的汕头港，突飞猛进，一跃成为"商船总泊之要汇"。到二十世纪二三十年代，港口吞吐量居全国第三位。今遗存的厦岭妈宫、升平路头老妈宫、妈屿潮海关、海滨路汕头海关遗址等老建筑，无不见证了汕头港口在海上丝绸之路中的历史作用。

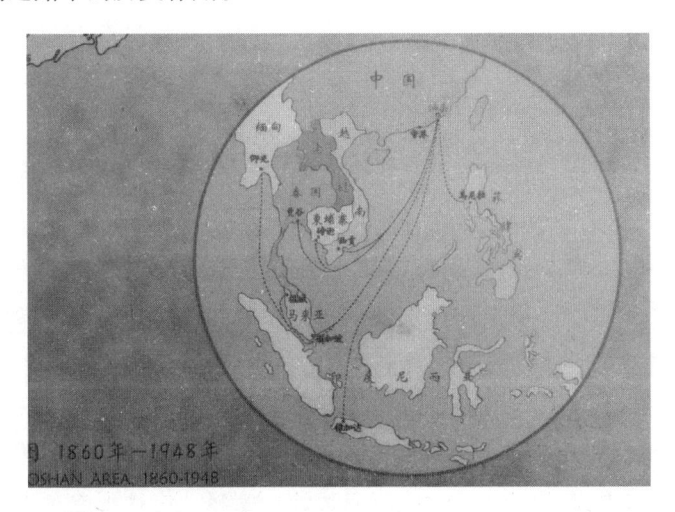

此外，南澳港、潮阳海门港等，都是历史上汕头的重要港口，都为海上丝绸之路作出过重大贡献。凤岭古港、樟林港、南澳港、海门港、汕头港等在海上丝绸之路占据重要地位的港口，在长期的海内外商业贸易与文化交流中，形成丰富的港口文化，是为"海上丝绸之路"港口文化。汕头"海上丝绸之路"港口文化既包括码头文化，也包括妈祖庙、关帝庙、风伯庙、新兴街、苏州街、巡检司旧址、海关钟楼等港口建筑文化，也包括红头船等商船文化。

港口文化与海洋文化、商贸文化、华侨文化等相辅相成，汇成汕头海上丝绸之路文化。港口文化无疑是汕头海上丝绸之路文化的又一重要构成。

（四）华侨文化

华侨文化就是华侨创造的文化。它是由于华人出国，侨居异地，将中国文化与侨居国文化交融，并返回祖国而形成的一种文化，是华侨在长期的艰苦奋斗中逐渐形成的独特文化。华侨文化包括海外与本土两大部分。

汕头是著名侨乡。历史上，因人多地少，生活所迫，从南宋开始，一批又一批的汕头人，沿着海上丝绸之路，大胆向海外移民，拓展生存空间。特别是从明朝开始，在海商的引领下，一批批汕头人"荡到无，过暹罗"，乘坐红头船，踏海而去，披荆斩棘，艰苦创业。几百过去了，汕头人遍布世界各地。目前，汕头在海外的华侨、华人和港澳台同胞300多万人，分布在40多个国家和地区，① 故有"海外一个汕头，海内一个汕头"之说。

海外汕头人在艰难的生产生活实践中，在长期与侨居国居民的交往、交流中，吸纳、融合侨居国文化，并以人员的往来流动为主要方式，有效地反哺家乡，濡染故土，创造了丰富的汕头华侨文化，包括海外与本土两大部分。它集中体现了华侨的思维方式、价值取向、理想人格、伦理观念、审美情趣以及行为方式、生活方式。

汕头侨批文化丰富且多彩。陈慈黉故居等华侨建筑、荣获"世界记忆遗产"的侨批文化、郑信王传说等华侨故事、"番畔钱银唐山福"等华侨俗语、《洋船到，猪母生》等华侨歌谣、《答谢妈祖三炷香》等华侨歌册、"接落马""送顺风"等华侨习俗、汕头话中的外来词、妈祖等信仰崇拜……都是因海上丝绸之路而产生的众所周知的华侨文化。

汕头华侨文化的形成与发展，离不开海上丝绸之路这一大平台，离不开汕头的"海上丝绸之路"港口，离不开汕头的红头船。汕头华侨文化是海内外汕头人，特别是华侨思维方式、价值取向、理想人格、伦理观念、审美情趣等精神因素以及行为方式、生活方式的集中体现。汕头华侨文化是汕头海上丝绸之路文化的一个重要组成部分，与汕头海洋文化、商贸文化、港口文化一起，共同组成了汕头海上丝绸之路文化。

---

① 陈友义著：《红头船精神研究》，辽宁大学出版社，2018年，第211页。

二、汕头海上丝绸之路文化的主要特质

文化特质就是文化的特别品质，就是组成文化的能够发挥一定功能的文化元素相对独特，比较优秀。它是一种文化在长期发展过程中形成的区别于他文化的内在规定性。汕头海上丝绸之路文化缘起、发展于商业贸易与文化交流的海上丝绸之路，记录了汕头先民战天斗海、开疆拓洋的艰辛历程，凝聚"自强不息、海纳百川"的汕头人精神，具有鲜明的文化特质。

（一）开放

开放是文化较为明显的一大特质。相比较而言，大陆文化封闭而海洋文化较为开放；农业文化封闭而工商业文化较为开放。海上丝绸之路是一条海上商业贸易之路，是一条文化交流之路，是积极走出去、引进来的开放之路。

15世纪的新航路开辟，欧洲人开启了一个开拓世界市场的大浪潮；18世纪开始的英国工业革命，推动了世界经济的快速发展，更是推动了世界商品经济转型升级为市场经济，人类从古代落后封闭的社会转变为近代的先进开放社会，古老的中国不可避免地被卷入这一浪潮。明清两朝初期，尽管统治者都实行海禁政策，但开放的世界浪潮难以逆抗，因而随后都及时调整政策，开海禁，通商贸。尽管很不情愿，无可奈何。

经商、婚姻、遣使、求学、传教等，是人类实现文化交流的主要方式。作为海上丝绸之路重要节点的汕头，在通往东亚、东南亚、南亚、西亚、东非的海洋航线上，与几十个国家和地区有着密切的经济文化交往。通商行文的汕头人，把丰富的瓷器、茶叶等物产和风情万种的文化推销出去，把异邦物产和异国文化带了进来。

从交流的主体看，走出去的汕头人，面对浩瀚大海，随风浪无涯地漂泊，本身就需要广阔的胸襟，加之他们为了海上交通活动的需要，为了适应各种环境的需要，经常要在异国他乡生活几个月，甚至数年之久，他们的文化接触面比较广。在这一过程中，汕头人锤炼了开放、包容的品质。在海上奔波的汕头人，能够亲身接触形形色色的异质文化。这种生活经历使他们产生了广采博纳的动机，使他们对海上交通活动中耳濡目染的事实直接进行辨析加工，直接接受相关的文化信息，进而融入本族群的文化，从而加厚了以商贸文化、海洋文化、港口文化、华侨文化为主体的汕头海上丝绸之路文化。

同时，不少外国商人、教会及传教士、文化使者，纷纷沿着海上丝绸之路

东来，踏上中国，走进汕头，把他们独具特色的异域文化，包括语言文字、服饰礼仪、饮食习惯、建筑风格、宗教信仰等带到汕头。在长期的接触与磨合过程，形成了汕头人积极接受异域文化的开放襟怀和风格。

程洋冈壁画上所出现也是当年商贸带入的景象

"南澳Ⅰ号"是一艘满载外运动瓷器的明朝万历商船。当年这艘商船沿着开放的海上丝绸之路，顺着世界开放之浪潮，带着冲动，冒着风险，撞击海禁之坚门，不幸遇难，触礁沉没。"南澳Ⅰ号"是悲哀的，也是壮烈的，但又是勇敢的。它破禁求放，显示着对开放的强烈追求，对交流的积极参与，是汕头海上丝绸之路文化开放特质的代表。"通洋总汇"的樟林港；汕头—台厦—苏州（天津）—海南—东南亚的红头船商业贸易圈；汕头话中大量地吸纳、融化外来语；天主教之最先在澄海盐灶登陆；汕头小公园老城区骑楼的建造……无不是海上丝绸之路产物。

汕头的商埠文化、港口文化、红头船文化、汕头器文化、侨批文化等，都与大海结缘，都非常活跃，十分奔放，无不鲜活地体现着汕头海上丝绸之路文化的开放特质。

（二）兼容

不相容或相异的文化在经过抗拒与冲突之后，逐渐进入相对稳定的时空内，通过各种文化的相互渗透、互补和共生，从而构成文化内部的结构张力，这就是文化的兼容，也称文化整合。① 兼容性是文化的又一大特质。不同文化的兼容性会因类型、构成、形式等方面的差异而存在一定的差异。传统农耕文化的兼容性就相对弱些，而封闭性、排他性相对强些。

文化的兼容实质上是异质文化重新组合的过程。当然，整合后新的文化中保留各种文化成分的多少，取决于各种文化势能的高低。原来渊源不同、性质不同以及目标取向不同的文化（最关键的是文化价值取向的不同），经过相互接近与冲撞，彼此协调接纳，它们的内容与形式、性质与功能以及价值取向等，为适应现实社会的需要不断进行修正，逐渐变化、融合，从而最终形成一个新的文化体系，这种整合兼容是一个有机的动态过程。

在海上丝绸之路产生的，以海洋文化、商贸文化、港口文化、华侨文化等为主体的汕头海上丝绸之路文化，实质上就是汕头传统的本土文化与各种外来文化相兼容、相整合、相融会贯通而形成的。自唐朝之后，尤其是郑和下西洋之后的明清时期，一直到近代汕头开埠，海上丝绸之路沿线国家，特别是东南亚国家的商人、使者、牧师、僧尼，沿着海路东来，带来了语言文字、图书文物、服饰礼仪、宗教信仰等文化载体、文化产品与文化信息，在潮汕大地安营扎寨，广为传播，更是与本土文化相互融合，开花结果，"生儿育女"。

始建于1910年的澄海陈慈黉故居，占地25400平方米，建筑面积16500平方米，主要由"郎中第""寿康第""慈居室"和"三庐"书斋4座宅第组成，共有大小厅房506间，是潮汕乃至全国新中国成立前稀有的华侨住宅建筑群，堪称"岭南第一侨宅"。

中西合璧的陈慈黉故居

---

① 陈友义：《潮汕"海上丝绸之路"文化特质探析》，载《潮州日报》，2016年4月14日。

陈慈黉故居的装饰，无论是圆体的支柱，还是附着墙上的支柱，都采用西式花柱头；圆形和拱形的西式窗与方形的中国式门窗相得益彰；饰纹有的是采用潮汕式的、以贝灰为材料的灰塑，有的是以西方石膏为材料的塑造手法；装饰花纹既有潮式的花鸟图案与寓意，又有西式的几何图形与意念，在某些通廊石柱梁上的花纹中，干脆刻上英文字母"ABC"，这是最明显的中西渗透的直接表现。陈慈黉故居是汕头海上丝绸之路文化的标志，也是汕头海上丝绸之路文化兼容性特质的代表。

　　建于20世纪二三十年代、位于永泰街的汕头侨批业公会会址，建筑面积100多平方米，为三层开间的小洋楼。建筑采用西式门廊及中西合璧的精美窗花样式，入口为三层高石框门廊，两侧为爱奥尼柱式的圆柱；入口处采用自由的平面曲线的弓形挑檐，都表现出其强烈的巴洛克式建筑特征。汕头侨批业公会会址也体现着汕头海上丝绸之路文化的兼容性特质。

汕头侨批业公会会址

　　南澳作为一个重要的贸易港口，一个繁忙的交通要道，实现的文化交流与兼容是非常可观的。南澳岛上的街头巷尾、鱼市、商店，仍通行与国际接轨的"公斤制"，并自古至今顽强地坚持着，这与南澳在古代潮州沿海对外贸易中无可比拟的重要地位，不无关系。这确实就是一种明显的文化兼容，是汕头海上丝绸之路文化兼容性特质的体现。

汕头海上丝绸之路文化的其他方面，都反映着外来文化与汕头本土文化融合的成功，彰显着汕头海上丝绸之路文化的兼容特质。

（三）冒险

中国古代文化属于大陆文化、农业文化，造就了古代中国人重土安迁，封闭保守，缺乏冒险精神。处于南中国海的汕头人，很早就与大海结缘，"耕三渔七"，勇于向大海索取生产生活资料。明清时期的汕头人，特别是许朝光等海盗海商，甘冒风险，向大海阔洋进发，发展海上交通，进行海内外贸易，开展文化交流，在海上丝绸之路这个广阔的舞台上奋力拼搏。虽然经常遭遇狂风暴雨，不少人浮尸大海，葬身鱼腹，但在奋发图强、爱搏才会赢的汕头人面前，大海不但没有成为汕头人谋生计的障碍，反而成为汕头人征服的对象。他们气矜而凌人，"出没巨浸，与风涛争顷刻之生"①，敢于"黩货而蹈险"②，倾其一切财货乃至生命而作商业冒险。频繁的海上丝绸之路商贸活动，锤炼了汕头人大无畏的冒险精神，大无畏的冒险精神则推动了海上丝绸之路从古代而近代行进，光耀了海上丝绸之路。汕头人在海上丝绸之路长成的敢于冒险、勇于拼搏精神，是海洋文化所具有的特性，体现了汕头海上丝绸之路文化的优秀品质，对沟通中外政治、经济、文化交流，推动海内外贸易的发展起了重要作用。

承载大批青花瓷器向外运送而沉没的"南澳一号"、勇立潮头的红头船等等，充分有力地表明，历史上的汕头人，冒着生命危险，勇于冲破种种海禁政策。他们的勇气、意志和冒险精神在以保守著称的古代中国农耕社会里，无疑是出类拔萃的，即便在同时期的西方也是令人惊叹和赞叹的。国学大师饶宗颐先生在阐述"潮人善经商"时精辟地指出："尤不可及者为商业冒险进行之精神。其赢而入，一遇眼光所达之点，辄悉投其资于中，万一失败，犹足自立，一旦胜利，倍蓰其赢，而商业之挥斥乃益。"③ 冒险性当之无愧是汕头海上丝绸之路文化的一大特质。

（四）互动

文化是开放的，文化又是流动的，流动是双向的。文化传出去，文化也引

---

① 吴二持：《清代开放海禁之后潮人海上贸易的兴盛》，载《"'南澳一号'与海上陶瓷之路"学术研讨会论文选》，香港出版有限公司，2013年版，第220页。
② 林济著：《潮商史略》，华文出版社，2011年，第11页、第12页。
③ 饶宗颐著：《潮州志·实业志·商业》，龙门书店，1965年。

入来，互相往来，相互补充，彼此融合，相得益彰。海上丝绸之路的中外文化，犹如大海，潮起潮落，永不停息。人的流动是文化传播最直接、最有效的形式和途径；人的流动，就意味着文化的流动。"人是观念、信息、文化的载体。当人迁移流动时，不论是迁移流动的个体，还是群体，所具有的各种文化特征，所遵循的文化模式、价值取向和行为方式、生产生活方式，毫不例外地随之而移动。以生活方式为例，生活方式以人为载体，个人有个人的生活方式，群体有群体的生活方式，因此人口迁移的同时也迁移了他们的生活方式。语言文字、宗教信仰等也同样如此。"①

借助海上丝绸之路，汕头人积极善意地将中华民族文化以及潮汕文化向海外传播。信仰崇拜方面，明嘉靖时，潮人翁万达三任兵部尚书，在北方筑长城，回家乡修水利，其偶像被潮人带到泰国奉为"翁勇大帝"，又称"英勇大帝"，仅在泰国就立庙百所以上；"护国庇民"的三山国王，从汕头传到东南亚国家与地区，为东南亚人民所敬拜；由潮阳和平人马贵德等创立、原本在潮汕民间流传的德教，传入东南亚地区，成为当地颇有影响的民间宗教。文化艺术方面，潮剧在泰国等地广受民众的欢迎。风俗习惯方面，"营老爷"习俗在马来西亚新山市十分盛行，100多万人口的新山市，每逢"营老爷"，竟有三、四十万人参加，而且该习俗成为马来西亚的根据非物质文化遗产；"出花园"习俗在马来西亚等东南亚国家十分流传；工夫茶等饮食习俗深受东南亚人民的喜爱……汕头文化沿着海上丝绸之路，有效地向外传播。与此同时，海外文化也循着海上丝绸之路东来，传入汕头各地。天主教、基督新教、泰国佛教率先在汕头登陆；泰语、马来语、英语等外来语，融入汕头话之中……中外文化因海上丝绸之路而相互传播，交相辉映，汇成庞大的"海上丝绸之路"文化，大大增强了汕头海上丝绸之路文化的互动特质。

（五）祖根意识

历史上的汕头，人多地少，民众因生活艰辛而被迫向海外移民。海上丝绸之路的兴起与发展，为汕头人"过番"出国提供了有利条件。移民之地尤以海外交通之重地东南亚诸国居多。目前，汕头在海外的华侨、华人和港澳台同胞遍布世界近百多个国家和地区。

---

① 路遇著：《山东人口迁移和城镇化研究》，山东大学出版社，1988年，第180页。

华侨回乡祭拜祖先

"过番"的汕头人,在汕头原族居住的时候,深受中华文化的熏陶,已从心理上、文化上、精神上高度认同故土文化之根。他们对于中华文化的种种形态、结构非常熟悉,可以说,本土的文化已在他们的意识及其对后代的培养教育上打下了深深的烙印。尤其是对其中的家族文化,如家族组织、祠堂、祭祖、族谱、亲属以及儒家的伦理道德观念、辈分观念、家族观念、祖宗崇拜等都已融入他们的血液里。因而无论环境如何变化,其家族制度、聚落方式、方言文字、宗教信仰、民间习俗、文学艺术,乃至社会心态和文化性格,都和祖地保持基本的同一性。这种文化渊源犹如一根无形的纤绳,系住了移民的游子之心,形成强烈的祖根意识,使移民和祖地千百年来一直保持着极为密切的血缘与文化联系。

祖根意识是汕头移民的一个文化情结,它主要表现在几个方面:一是落叶归根,念念不忘回归祖地或殁后"灵魂"返乡,一有机会千方百计回来拜谒祖先或遣子孙成其愿;二是关心家庭、家族和同乡,在外互相帮扶、同舟共济;三是热心祖地的公益事业,不断把积累捐赠给家乡兴学办福利。四是回乡办实业,支持家乡建设。这种良好的传统习惯至今仍是汕头经济、社会兴盛的因素之一。祖根意识无疑是汕头海上丝绸之路文化又一显著特质。

第七章

汕头海上丝绸之路文化精神

精神一词始见于《庄子》。《庄子·天道》云:"水静犹明,而况精神? 圣人之心精乎! 天地之鉴也,万物之镜也。"《庄子·刻意》云:"精神四达并流,无所不极,上际于天,下蟠于地。"两处所讲的精神,都是指人的精神作用。一般地认为,精神有两层意义。一是指人类的意识、思维活动和一般心意历程、心理状态,是人类的认识、情感和意志的总体。二是指一切意识文化现象的内在的深层的东西,是人的知、情、意的内核。这层意义侧重于精神作为内在的精微的智慧、功能作用,为精神最重要的部分。

精神是人固有的根本属性。人的精神往往通过人的行为表现出来。不同的人有不同的精神,不同的民族有不同的精神。人的精神,无论类的还是个体的,都是在生产生活实践中逐步养成、不断锤炼起来的。人总要有一点精神,人总是有一点精神。

精神是文化的重要构成之一,是文化的内核,是文化的深层次内容。精神既是文化的重要构成之一,又是文化哺育、滋养出来的。我们所说的精神,就是文化精神。文化精神是该文化成员在态度、情绪以及价值观上所表现出来的精神品质。它是一个民族或地区的人民在长期的生产生活实践中逐渐形成的,随着实践的发展而不断提升,不断进步。区域文化精神就是该区域的文化成员在长期的社会实践中形成的态度、情绪及价值观表现出来的精神品质。①

文化是人创造的,离开了人,就无所谓文化,无文化就无所谓精神,而精神是人的精神,离开人谈精神是不可理喻的。我们谈汕头"海上丝绸之路"精神,必谈汕头海上丝绸之路文化,必谈汕头海上丝绸之路。精神是文化哺育、滋养出来的。汕头"海上丝绸之路"精神是汕头海上丝绸之路文化哺育、滋养出来的一种汕头人精神。汕头海上丝绸之路文化是历史上汕头人在长期的海上

---

① 王建华著:《越文化精神论》,人民出版社,2010年,第9页。

丝绸之路中创造的，它融合了海洋文化、商贸文化、港口文化、华侨文化等多种文化于一体。因而，汕头海上丝绸之路文化十分自然地融合、体现了汕头人的海洋文化精神、商贸文化精神、港口文化精神、华侨文化精神，是这些文化精神的复合物，是这些文化精神的共同体。

一、冒险拼搏

冒险拼搏是人类一种重要而突出的文化精神。不同的民族、不同的族群、不同的人，冒险拼搏精神存有一定的差异。相比较而言，海洋民族、海洋族群的冒险拼搏精神要比大陆民族、大陆族群强；商业民族、商业族群的冒险拼搏精神要比农业民族、农业族群强。冒险拼搏精神就是对工作、对事业、对科学研究，敢于尝试，勇于创新；就是人们所经常说的"第一个吃螃蟹"、久久为功的精神。

大海浩瀚辽阔，宽容、豁达、大度、开放，是谓海纳百川；大海潮起潮落，波涛翻涌，风浪巨猛，充满险恶，布满恐惧，令人胆惊……但人类离不开大海，人类总是从高山走向大海，从大陆走向海洋；人类总是在不断地尝试利用大海，勇敢地征服大海。

自古以来，居住于南海之滨的汕头人，早就勇敢地冲向大海，向大海索取生产生活资料，成为"耕三渔七"的"海洋族群"。对于人多地少，生活困逼的汕头先人来说，海洋是唯一的出路，汕头先人老早就与海结下了不解之缘。海的博大，海的雄壮，海的凶猛，使得汕头先人不得不敬畏它，也启发着他们去探索它，刺激着他们去征服它。

古代社会，造船技术、科学文化知识严重落后，更无所谓通信技术与设备。在浩瀚无际的大海中航行，时常遇到恶劣的天气，碰到狂风巨浪，撞上暗礁……是为众所周知的"行船三分命"。历史上的汕头人，明知大海风浪的险恶，但是，为了生计，他们不得不以大海为生，冒险与拼搏。

汕头人的冒险拼搏精神形成于海寇商人时代，海寇商人于刀光喋血中冲破明王朝的海禁，他们攻城陷邑，敢于反抗王权官府的权威；他们纵横海上，不断火并冲突，于万里波涛中从事商业冒险，于血与火中夺取巨额商业利润。凶波恶浪与刀光剑影铸就了他们英勇冒险精神；平民的反抗意识与海上武装走私的冒险生活，使海寇商人养成了视死如归、蹈死求生的勇气与魄力。而海寇商人的勇敢冒险精神浸淫后世，蔓延于潮汕社会，深刻影响一代又一代潮商，孕育一代又一代潮商精神，他们气矜而凌人，敢于"黩货而蹈险"，倾其一切财货乃至生命而作商业冒险，冒险拼搏构成汕头人的精神本色。

汕头人的冒险拼搏精神，最有代表性、最值得敬畏、值得大书特书的，就是清代红头船商人。

勇闯大海的红头船商人

红头船商人是因清朝开海禁而崛起的商帮，是著名的"海上丝绸之路"商人。樟林是红头船的故乡，是著名的红头船港口。此外，南澳、达濠、海门、隆津、鮀浦等，也是重要的红头船港口。当年，一批批汕头红头船商人，驾驶一只只红头船，从这些港口出发，载满陶瓷、蔗糖等等商品，驶向东南亚，驶向苏州、上海、天津与日本，形成一个著名的红头船贸易圈。

当年红头船航行面临巨大风险与艰辛。红头船依靠季候风航行，风势稍一不顺，即会有延续敷月之久的艰苦航行；万一遇上狂风巨浪，又有船沉海底、人葬鱼腹的危险。为了应付艰苦的海上生活，汕头红头船商人除以甜粿作为长期充饥果腹的干粮外，又携带冬瓜作为压载之物，而在遭遇海难时，冬瓜既可作救生浮物，又可作淡水代用品，但它们仍然不足以对付一场真正的海难！

汕头红头船商人的海贩贸易充满冒险性。对于乘坐木帆船航行于大海之中的红头船商人来说，大海的狂风巨飙与凶波诡浪本身就是一种巨大的威胁，"出没巨浸，与风涛争顷刻之生"。① 且不说远航日本及东南亚，即使近海航行，红

---

① 吴二持：《清代开放海禁之后潮人海上贸易的兴盛》，载《"'南澳一号'与海上陶瓷之路"学术研讨会论文选》，香港出版有限公司，2013年版，第220页。

头船商人也历经艰险，随时有葬身鱼腹的危险。不少红头船商人在海难中船破人亡，清代澄海红头船巨商黄俊德就是在由苏州返潮汕的航行中，遇海难身亡。

汕头红头船商人以海船为商业贸易工具，其海船本身即投资巨大，一艘航海商船，"大者，广可三丈五六尺，长十余尺；小者，广二丈，长七八尺"，可容纳数百上千人，载重3至4千担，其建造投资，少则数百成千两白银，多则上万两白银。① 但商船一旦遇上海难，其巨额商船投资即刻化为乌有。巨大海贩贸易风险投资还表现在巨大的海贩商品规模上，一艘商船所载的货物价值往往高达数万两白银之多，商船不具备任何保护手段，航行于波涛险恶与海盗出没的海洋之中，其风险足以使人惊魂动魄，但是，长期冒险于海上的汕头红头船商人，"冒险射利，视海如陆"。② 同时，汕头红头船商人随季候风迁徙航行，必须在季候风来临之前完成商品交易，在市场不利的条件下也往往不惜血本抛售，具有相当大的贸易风险。

除了大海的艰难险阻，汕头红头船商人还受到海寇海盗掠夺与劫杀的威胁。南澳为海上丝绸之路的重要中转站，特别是水、燃料、食物的供应地。在南澳岛海面有三个小岛，为盗寇出没之地，"称为三澎，南风贼艘经由暂寄之所；内自黄冈、大澳而至澄海、放鸡、广澳、钱澳、靖海、赤澳，此虽潮郡支山入海，实潮郡贼艘出没之区，晨远飚于外洋以伺掠，夜西向于岛澳以偷泊，故海贼之尤甚者多潮产也"③。海寇海盗以破产农民为主，他们三五成群，潜至港口，窥伺小艇，潜伏于万里汪洋之中，出没行劫。

康熙年间，潮汕海寇活动猖獗，每年"三四月东南风盛，粤中奸民哨聚驾驶，从南澳入闽，纵横洋面，截劫商船，由外浯屿、料罗、乌纱而上，山烽火，流江而入浙。八九月西北风起，则卷帆顺溜剽掠而下，由南澳入粤，劫获金钱货物多者，各回家营运卒岁，谓之散斗；劫少无所利者，则泛舟顺流避风于高州、海南等处。来岁二三月土婆涌起，南方不能容，则仍驾驶北上，由南澳入闽"。④ 商船一旦遭遇海盗，海盗则"截流以劫之，稍近则大呼落帆"，而商人"不能御敌，又船载重货，难以自脱，闻声落帆，惟恐稍迟，相顾屏息，俟贼登舟绷扎或收其财物"。⑤ 尽管商人或可能苟全性命，但巨额财货即被洗劫一空，

---

① 林济著：《潮商史略》，华文出版社，2008年，第54页。
② 谢肇淛：《五杂俎·地部》卷四。
③ 陈伦炯：《沿海形势录》，载《小方壶斋舆地丛钞》，第九帙。
④ 蓝鼎元：《鹿洲初集》（与荆璞家兄论镇守南澳事宜），第54页。
⑤ 林济著：《潮商史略》，华文出版社，2008年，第54页。

孑然一身，漂流于汪洋大海之中。延至整个清代，海寇威胁仍然不绝，以致汕头红头船商人远航时往往携带刀矛等兵器前行，如抵达天津的红头船多携带兵器；而有的红头船商人还与海寇海盗相联络，以求得海寇海盗的保护，樟林著名红头船商人林五就是其中一例。

汕头红头船商人敢于冒险，奋力拼搏。海贩业的巨额冒险利润，促使红头船商人奋不顾身，养成在商业经营中的冒险精神。红头船商人铤而走险，或倾其家产独资造船，或集资造船，甚至远赴暹罗造船，特别是一些大商人，往往独自拥有一艘或数艘航海商船，以船主身份分享巨额海贩冒险商业利润。他们的巨大财富依靠冒险而来，以生命为代价来博得财富，敢于挥斥巨金做更大的商业冒险。"大小列廛，其挟资以游者，虽远濒重洋而不为惮"①。

由于商业活动的冒险性，汕头红头船商人外出服贾并不携家带口，往往独身行走于茫茫大海之中。他们不安于铢两必较的坐商生活，而甘愿冒险以博百倍十倍之利。汕头红头船商人又"逐海洋之利，往来乍浦苏松如履平地"②，重新拓展与东南亚贸易，活跃于汕—苏、沪；津—新；泰—汕这个循环贸易圈。

为了规避随季候风迁徙航行所带来的贸易风险，汕头红头船商人开始散布于中国沿海口岸及暹罗、安南等东南亚各地。他们闯北海、下南洋，设立货栈和商铺经营土特产的进出口贸易，兴起了"南北行"贸易，销售海贩而来的土特产，收购当地的土特产，起着沟通南北商品交流的作用。他们也往往不避险境，走贩于商情不通的偏远内地，足迹几乎遍及吴越闽中、大江南北、海外各埠。

汕头红头船商人坚信"小小生意能发家"，敢于冒险，奋力拼搏，信奉"铜钱出苦坑"。正是这种发财致富的强烈愿望以及坚忍不拔的意志，他们才能以"巨舰高桅，扬帆挂席"的姿态，劈波斩浪，穿越重洋，赚取利润。正如《澄海县志》所记载的："农工商贾皆藉船为业……其舳舻远驰会省、高、惠，逐鱼、谷、盐、铁之利，虽盗贼风波不顾。"

"爱拼才会赢"。历史上的汕头人，充满拼搏血性。进入近代，从事海贸及移居海外谋生的汕头人，他们到了海外之后，碰到的困难之多，遇到的困苦之大，是常人难以想象的：一是异国他乡，"人地生疏，番仔挈刀"，人生地不熟，语言不通，生活习俗不同；二是海上漂泊之苦，而身无分文，只有几件旧衣服、

---

① 林济著：《潮商史略》，华文出版社，2008年，第68页。
② 林济著：《潮商史略》，华文出版社，2008年，第55页。

几个甜粿、几个冬瓜,缺资本,无"启动资金",只能做苦力工;三是受尽欺凌。不仅要受所在地居民欺侮排挤,而且面临殖民当局的歧视,甚至屠杀。在印尼、马来亚等地,殖民当局均视华人移民为二、三等"贱民",大肆欺压,滥开杀戒。仅在1740年的红河事件中,被当局屠杀的华人移民就多达1万余人,其中潮人居多。①

红头船

面对种种艰难困苦,汕头人秉承潮人"铜钱出苦坑"的艰苦创业精神,不畏艰辛,不辞劳苦。"他们每当穷困的时候,独能运用其过人的气力,负担普通人所不能胜任的劳役。种田也好,做工也好,做生意也好,只要是可以维生,便都能甘之如饴。而且,各有大志,即困顿至于不可名状,亦不肯自暴自弃,故鲜有毕生穷促而未尝有一日发迹者。他们赋性至悍,不肯居于人下。工人初下厂,或学徒初抵店面,便蓄意节省银钱,冀能独立经营……初年为学徒,次年为小贩,三数年后,独立经营小铺,七八年后,便峨然巍然,腰缠数万金而为小当店或小公司的老板矣。此固由于他们善于经营,要亦非坚苦耐劳,不能臻此。"②

1823年,从澄海月浦乡(今汕头月浦)到新加坡谋生的余有进,初在华侨商船公司任司书兼理账务,后受聘于一家商行当文书,有一点积蓄之后始自创公司,代理船务。1835年,他瞄准时机,投资种植,初试种茶叶、豆蔻和其他

---

① 郭剑鸣著:《文化与社会现代化》,汕头大学出版社,2002年,第88页。
② 罗香林著:《广东民族概论》,广东人民出版社,1999年,第120页。

热带作物，因没经验而失利，但他没有气馁，大胆改种甘蜜、胡椒，终获厚利，并扩大种植面积，成为新加坡"种植业大王"。

佘有进

1906年，从潮阳漂洋过海到新加坡的连瀛洲，从当杂工做起，后来稍有积蓄，伙同友人经营杂货，代理船务，进而投资银行、酒店、地产、旅游，大小企业遍布新加坡和马来西亚各地。由他发起创办的新加坡华联银行，是当地四大银行之一，在世界500就大银行榜中有名。

1922年，出生于澄海外砂（今龙湖区外砂街道）的谢易初，"携带招牌、广告、账簿，连同各种种籽"赴泰国，在曼谷的嵩越路南利炭廊巷口租了一间小店，取名"正大庄"，专买家乡种籽。"初到各名产种籽均被扫办，若干普通品种则被舍弃，乃赶速办名产种籽按市，惟却遭受种籽商之杯葛"①。当时曼谷

---

① 政协汕头市文史资料委员会编：《海外潮人史料专辑·第八辑》，1990年，第97页。

种籽行情十分严峻,少数商人垄断名优种籽,初创者每每遭受排斥和打击。为了对付面临的各种挑战,谢易初采取积极措施应对。一是亲自动手,迅速采办特优品种,摆脱垄断;二是重组正大班子,适应竞争需要;三是实地考察,及时交流信息;四是设立示范种植区。由于采取上述有力措施,经过一段时间的锐意经营,"正大庄"商务拓展迅速,种籽的销售额大大增加,成为泰国种籽业的新科状元。

正大集团创始人谢易初

我国著名政治家、思想家梁启超认为,"海也者,能发人进取之雄心者也……试一观海,忽觉超然万累之表,而行为思想,皆得无限自由。彼航海者,其所求固在利也。然求之之始,却不可不先置利害于度外,以性命财产为孤注,冒万险而一之。故久于海上者,能使其精神日以勇猛,日以高尚。此古来濒海之民,所以比于陆居者活气较胜,进取较锐。"[①]

李长傅在《中国殖民史》中说,西欧殖民者在开发东南亚时,"不敢冒险投资,华侨则冒险为之,又经营商业,开半岛之航路,招致华工开半岛未启之富源"。[②]

历史上,汕头人在长期的海上贸易中,敢于冒险,勇于开拓,谱写了一篇篇壮丽的奋斗史诗。汕头海上丝绸之路文化精神,首先表现的就是冒险开拓。北京潮人商会会长张善德先生认为:海洋环境的磨炼,造就了他们以变求生,

---

① 梁启超:《地理与文明之关系》,《饮冰室合集·文集之十》。
② 政协汕头市文史资料委员会编:《海外潮人史料专辑·第八辑》,1990年,第97页。

冒险搏命，艰难创业，不怕竞争的文化性格。① 研究东南亚潮人历史的学者潘醒农曾经感慨说："我先侨富有冒险精神及刻苦毅力，不惜生命，以与瘴气野兽搏斗，前仆后继，以启山林，俾今日全柔各地，造成现代商埠，市廛热闹，人烟稠密，不知填若干先侨之骨头于斯地，而后始辟成！"

二、开拓进取

冒险拼搏者必然开拓进取，开拓进取是一种重要的文化精神。这种精神主要表现为敢为人先，勇于创新，永无止境，不断进步。开拓进取精神在海洋民族、商业民族身上表现得较为明显。开拓进取是汕头海上丝绸之路文化精神的一个重要内容，一种主要表现。

历史上的汕头人，勇于冒险，在冒险中勇于开拓，不断进取。他们勇敢地开拓海外生存空间。早在宋末元初，汕头人已开始移居东南亚。明代的汕头人，冒着生命危险，冲破明廷的海禁政策，发展海上贸易，当中有些人因受迫害而远走泰国、印度尼西亚、马来西亚、菲律宾、安南等南洋国家。

籍贯澄海的林道乾，拥有庞大的远洋船队。万历初年，林道乾受打压而逃至外洋，他曾拥有60艘以上的海船，后来遍历琉球、吕宋、暹罗、东京、交趾诸国，从事海上冒险活动。

林道乾集团最初转移至柬埔寨。万历八年（1580年），林道乾集团来到大泥，聚居其地，聚众2千余人，继续从事海上商业冒险活动。万历八年有海外活动的记载："林道乾者，窃据海岛中，出没为患，将士不能穷追，而大泥、暹罗为之窟穴，既而逼胁大泥侵暴暹罗"②。传说林道乾在大泥曾被大泥女王委任为港口都税使，管理货物进出口税。为了纪念林道乾对大泥港的贡献，后来当地人就称其港为"道乾港"。许云樵曾考证林道乾在大泥的活动，据说那里的华侨流行林姑娘崇拜，此林姑娘并非妈祖，而是林道乾的妹妹！

明朝末年，更有不少汕头商人步林道乾后尘，涌向东南亚地区从事海外贸易活动。而在17世纪前后，越来越多的汕头人移民东南亚。汕头海寇商人不仅倡导了移民东南亚的风气，而且他们与当地社会的融合也为后续的移民活动奠定了基础。

---

① 陈培娜：《"红头船商帮"：唯一没有断代的华商商帮》，载《潮州日报》，2016年2月16日。

② 林济著：《潮商史略》，华文出版社，2008年，第30页。

清代红头船贸易造成了可观的潮汕海外移民浪潮,在这一移民浪潮中,汕头人以更大的规模拓展生存空间和海外贸易场所。尤其是乾隆十二年(1746年),清廷颁布政策,特准商人领采运暹罗大米,汕头商民纷纷造制红头船从樟林港出发,前往暹罗贩米。许多汕头弄潮儿,搭乘红头船下南洋,前往暹罗、印尼等地讨生活。1767年,澄海后裔郑信加冕泰王后,大量汕头人,特别是澄海人移居暹罗。

进入近代,特别是开埠后,汕头海外移民速度加快。据统计,1869—1872年由汕头前往曼谷、西贡、新加坡的移民共计101,261人;1879—1897年汕头移民南洋各该国出入对比出超956,535人;自1869—1948年经汕头港往东南亚各国就有5,855,000人。① 长期而频仍的海上贸易与文化往来,使汕头成为沿海上丝绸之路向海外移民的著名侨乡。

汕头人以开阔的视野,积极进取,不断拓宽贸易地区。红头船贸易兴起于清廷着令向暹罗购买大米,红头船商人也主要与暹罗发展大米等贸易。但是,随着中暹贸易的发展,红头船商人将贸易发展到东南亚与东亚其他国家与地区,包括安南、新加坡、印尼以及日本、朝鲜等。

汕头人以远大的目光,积极进取,不断开拓贸易商品,特别是清代的红头船贸易。红头船商人与暹罗发展大米等贸易,但后来随着贸易的发展,他们还做木材、香料、苏木、铅、锡、棉花、砖瓦建材、蔗糖、茶叶、瓷器贸易等。

进入近代后,汕头红头船贸易开始衰落。但是,因开埠而崛起的汕头,商贸繁盛,快速发展,造就了新一代汕头人。他们以新的视野、新的理念,以更大的气势、更新的领域,沿着先人开辟的海上丝绸之路,奋勇前进,艰苦创业,诠释并发扬光大冒险拼搏精神。

蚁光炎(1879—1939年)原是澄海农家子弟,因生活贫困不堪,17岁时被迫离开家园,到国外谋生。他起初在越南做过6年苦力,23岁时转赴暹罗做苦力,饱受人间磨难。几年后,他依靠自己充当苦力的一点积蓄,开始独立在曼谷湄南河上驾小驳船为人运货,赚取运费,并兼做一些贩运生意。他看准暹罗航运业发展势头,认为随着暹罗工商业的发展,商品流通扩大必然会不断增强对航运业的需求,选择在航运业发展。在拥有一定的经济实力后,他将驳运业扩充为光兴利航业行,拥有货船及汽船50余艘,成为暹罗湄南河上的大航运业主。当拥有相当资本规模后,他又选择在当时暹罗最大的行业——粮油加工业

---

① 广东省社会科学院:《汕头建设"21世纪海上丝绸之路"战略门户调研报告》。

领域发展，先后投资创办光兴泰、光顺利、光顺泰三间火砻和利民兴记油行，利用暹罗丰富的农产品从事粮油加工，获利甚丰，一跃而成为暹罗潮商巨富。随后，又将其事业扩展到商业、垦殖业，并且在越南投资办厂。在短短的数十年中，蚁光炎由一个身无分文的苦力，赤手空拳地奋斗，最终成为一位名震东南亚的工商巨子，名下企业所拥有的员工多达10余万人。蚁光炎曾担任暹罗中华总商会主席和暹罗华侨报德善堂董事长，创立暹罗潮州会馆，为30年代暹罗华侨领袖。

爱国华侨蚁光炎先生

陈黉利家族的兴起是近代汕头人开拓进取、善于应变的典型。陈黉利家族事业的开创者是陈焕荣（1825—1890年），澄海隆都人，也是打工苦力出身，曾在一条行驶于中国与东南亚之间的红头船上当舵工，有丰富的航海经验。19世纪50年代，汕头兴起大规模移民高潮，中国与东南亚的贸易空前活跃。陈焕荣抓住机会，倾自己平时的点滴积蓄购买一艘红头船，自任船主，所以有"船主佛"的称号。

> 陈慈黉
> 年份：1843—1921
> 推荐理由：潮商公益事业的先驱。
> 人物简介：
> 陈慈黉（1843—1921），又名陈步銮，澄海县（今汕头市澄海区）隆都镇前美村人。少即被省其父业务，1871年於泰國曼谷創設陳黌利行專營出入口貿易，陸續創設各火礱於曼谷。與族人集資創設陳生利行（後改為陳元利行）於新加坡，聯泰國、新加坡、香港、汕頭經營於一體；61歲時回鄉，捐資修橋築路；倡建新村，創辦成德學校。陳慈黌故居是廣東著名民居之一。

陈焕荣可以说是一个近代的红头船商人，他的红头船日夜行驶于汕头、香港、曼谷、新加坡、上海、青岛、天津之间，将泰国的大米运至新加坡、中国香港、汕头出售，又将汕头、上海、青岛、天津的土特产及日用品运往香港、曼谷、新加坡贩卖，赚取了大笔资金，由此形成一定的商业资本。当大多数汕头红头船商人随着红头船被淘汰而消亡，但陈焕荣却具有独到的商业眼光，能够随时代发展而变化，不断追求发展。当时，随着中国与东南亚贸易日益扩大，香港逐渐成为中国与东南亚贸易的转运站，南北洋的转口贸易正在香港悄然兴起，陈焕荣抓住时机，于1851年在香港创立第一家专营南北洋转口贸易的商行——乾泰隆行，凭借红头船作南北洋转口贸易。但是，随着汽轮船的大量出现，陈旧落后的红头船必将淘汰，陈焕荣长子陈慈黉（1844—1921年）于是携资前往泰国再次创业。他于1871年在曼谷创立陈黉利行，涉足于泰国最大的行业——米业，经营大米出口，在湄南河畔建立新式碾米厂，形成以泰国大米加工出口为主的家族企业网络，并且建立遍及东南亚、南中国的国际商业贸易网络，成为泰国乃至东南亚与南中国最大的大米商人，也是近代历时最久、最富有的潮商家族。

高楚香（1820—1882年）也是澄海人，因为家境贫困，又是弱房，常受族霸歧视与欺侮，被迫于1839年出洋到暹罗谋生。他起初依靠同宗关系，在福建人高元发店中当一名跑街的小店员。有了一些积蓄后，开始独立经营米业。暹罗以产米著称，暹罗的米业又历来是一个竞争激烈的行业。当时英国商人与德国商人也相继来曼谷开发以机器作动力的新型碾米厂，其功效超过传统土砻或石臼十倍，乃至数十倍。而华商仍然沿用传统土砻与石臼，即使高楚香所办的大型米厂也不过"日夜碾米十余车"，远远抵不上英商与德商新型碾米厂的生产能力，华商碾米业每况愈下。高楚香敢于迎接挑战，有魄力接受新事物，他率先斥巨资购进洋机器对传统设备进行改造，于1870年前后终于在曼谷创办第一家华人新型碾米厂——元发盛火砻，碾米效率提高十倍以上。高楚香因此而成为执暹罗碾米业牛耳的巨商，同时也维护了华人商人在暹罗米业的垄断地位。

著名华人银行家陈弼臣（1910—1988年）原籍潮阳，出生于暹罗吞武里府一个清寒的移民家庭，少年时代曾回桑梓之地接受教育，后辍学返泰谋生。他先在益成木行打杂，每月仅有"区区八铢的薪水"，但他乐于任事，既做杂役、又兼厨手，还留意商情，很快就熟悉了木行生意，深得老板信任，由杂役提升为文员、会计，最后升至经理。1932年，陈弼臣应聘为森兴隆有限公司全权经理，全面负责公司经营，他牛刀小试，初露锋芒，使公司生意兴隆，他因此而在暹罗商界声誉鹊起。他并不自满，仍然刻苦自励，他利用工余时间学习泰文，为以后的事业发展创造条件。1935年，他终于独立创办曼谷木业公司，开始了梦寐以求的独立事业。以后，他又将其事业向五金、纸张、保险等行业拓展，创办星原栈商行经营五金、文具、药品之后，又开设亚洲联合、亚洲保险等公司。他特别看好泰国金融保险业的发展前景，选择金融保险业作为主要发展方向，着意经营他的亚洲保险有限公司，专营水火、汽车及人身意外保险，成绩斐然，在泰国居同行领先地位；又于40年代初期创办亚洲信托公司，也取得令人瞩目的成绩，为他在战后与人合作创立盘谷银行打下基础。

泰国盘谷银行创始人陈弼臣

历史上的汕头人,在长期的海外商业贸易与海外谋生打拼过程中,敢为人先,艰苦创业,创造了丰富的"海上丝绸之路"文化,丰富的"海上丝绸之路"文化培育了明显的开拓进取精神。

三、同舟共济

同舟共济的精神,也就是团结协作、互相帮助的精神。海上丝绸之路充满艰难险阻,无团结不能应付,失团结就往往失生命。历史上的汕头人,驾舟扬航,在茫茫大海中,走南闯北,披风斩浪,急切需要相互帮助,同舟共济。

一方面,同船的人需要合理分工,各司其职,各尽其力,更需要齐心协力,共同前进。"海上丝绸之路"之船,终年累月在海上航行,行到"流路",遇到急流,就需要大家齐心协力,冲过巨浪。特别是遇到狂风暴雨,那是一场人与风浪的恶斗,是人与大海的生死搏斗,不齐心协力,不奋力冲拼,战胜狂风恶浪,后果不堪设想,往往船翻人沉。因而,在长期与大风大浪作斗争、作较量中,锤炼了汕头人团结协作、齐心协力、同舟共济、视死如归的精神品质。

历史上的汕头人,出海通商行贸,不是单船独桨,而是一支由多艘船组成的船队,特别是清代的红头船商人。每支船队都是有组织的,都需要形成一个团队,团结一致,齐心协力,共同配合,风险共当,利益共享。遇到恶劣天气,都要互相照顾,共渡难关;碰到竞争对手,必须互相通气,彼此协商,一起应对。

在浩瀚的大海中,再大的帆船躺在波涛中,也不过是一片树叶而已,灾难时刻威胁着航船人。在危难中最亲的,能相帮相救的,不是远在大陆上的亲人,而是同行船队，有缘相遇的最近的船只。在海上遇到困难，出现问题，看到红头船，他们就知道是乡亲，是"家己人"，"就有救了"；就可以靠前去求助，他们绝无置之不理之事，否则该船会为所有人唾骂而遗弃，他也就失去了在海上生活的资格。

前些年发现的清嘉庆年间红头船船主家庭的"分家书"，不仅以股份制的运营模式维持并发展红头船的运销业务，也在利益均沾的前提下，维系了家族制度。红头船利益均沾，风险共担的经营方式，正是同舟共济这一汕头海上丝绸之路文化精神的历史见证。

早期的汕头海外移民大多是亲友、宗族、乡党结伴而去，在海外站稳脚跟的潮商往往资助亲友、宗族、乡党集体出洋谋生，甚至乡土宗族将"里中有游惰不卒教者，尽移置海外，使食苦力"，因而有较强的以家族、乡土为纽带的团体精神。他们往往依靠亲友、宗族、乡党关系移殖海外，在移民海外活动中互相扶助；也依靠宗族乡党关系在当地社会落地生根，他们往往集中在某一地区从事经济活动。如移居暹罗，发展中暹贸易的，大多是澄海人。海外汕头人往往依靠亲友、宗族、乡党所组成的团体去战胜种种困难。

有潮水的地方就有潮人，就有潮人会馆。历史上的汕头人，都普遍确立"非团结无以求生存，非互助无以谋发展"的观念，他们所到之处，都重视以地缘、亲缘为纽带。为了战胜种种困难，他们组织各种社团，包括宗亲会、同乡会、行业会，创立会馆，以及各种庙宇和慈善团体，团结互助，互相支持，扶困解难。新加坡的大米，多半进口于暹罗，暹米几乎为在暹罗的潮商所垄断。他们乐于与新加坡的潮商接洽、商谈，并给予优惠，使新加坡的潮籍米入口商在经营上处于有利地位。各地的汕头人宗亲会、会馆，为维护群体内部纠纷，都起了重要的作用。

从明代的海盗海商，到清代的红头船商人，再到近代的移民和潮商，汕头人在长期的海上商贸活动，艰辛的海洋生活，辛勤的海外开垦种植，特别是在与大风大浪作斗争中，形成了汕头海上丝绸之路文化，从而锤炼了汕头人同舟共济的文化精神。

汕头人的合群团体精神和高强度的凝聚力人所共知。1891年，潮海关税务司英国人辛盛在向其国内政府提交的《1882—1891年潮海关十年报告》中称："全帝国公认，汕头人的非凡结合本领和维护其地位所表现的顽强固执精神，使

红头船

他们的国内同胞们望尘莫及。"① 对汕头人有所接触、有所了解的人大都会称赞他们"特别团结，有凝聚力"②。

新加坡前总统李光耀1991年在"世界华商"大会上谈到华人的成功时说，"主要的因素是勤俭、刻苦耐劳，重视教育，社群的信任和互相扶持。简单来说，就是中华文化的核心价值观，使大家成功。"③

四、诚实守信

"人而无信，不知其可也。"诚实守信是中华民族的一种优良传统。诚信是衡量一个人人品高低的重要标准，是商业社会的一种重要要求，也是一种鲜明的商业文化精神。历史上的汕头人，追逐利益，拼搏奋斗，也讲求诚实守信，尤其是作为汕头海上丝绸之路文化代表的红头船商人以及近现代汕头商人。

汕头红头船商人终年走南闯北，行走于反复无常、惊涛骇浪的大海中，搏斗于生死之间。他们祈求神明的保佑。除了对妈祖、观音菩萨、东海龙王、水

---

① 中国海关学会汕头海关小组、汕头地方志办公室合编：《潮海关史料汇编》，1988年，第23页。
② 杜松年著：《潮汕大文化》，中国科学技术出版社，1994年，第102页。
③ 杜松年著：《潮汕大文化》，中国科学技术出版社，1994年，第102页。

仙爷、三山国王、土地公等神明十分信仰、非常崇拜外，还特别祭祀关公。近现代汕头商人对关公也格外崇拜。几乎所有的汕头商家都将关公作为财神予以祭拜，祭拜关公习俗十分盛行。

汕头商家把祭拜财神关公作为庄严的事情，要以诚心诚意按规范礼仪进行。祭拜以每月初二、十六为宜，日常敬拜以本心随缘；祭拜时，必须备足关公像、香炉一尊、青灯一盏、香烛一对、白酒三杯、素果五碟、清香若干、拜垫等物件；祭拜的程序是：斟满白酒三杯，先中后左右，双手持香举过头顶向四方天地神灵各三揖，再面对关公像，在司仪引导下三拜九叩，最后是说祝词。

清代汕头红头船商人以及近现代汕头商人之所以如此崇拜关公，盖因他们都十分崇尚关公的忠义精神。在汕头红头船商人和近现代汕头商人的道德伦理价值观中，"信义"始终占据着核心地位。在他们眼里，关公是"礼义忠信"的典型代表，是诚信的化身，是学习的榜样。他们对关帝重义守信人格非常认同，形成一定的重义守信心理文化，并且转化为行为准则。

诚信是准则，是行动，也是制度规范。前些年发现的清嘉庆年间红头船船主家庭的"分家书"，不仅以股份制的运营模式维持并发展红头船的运销业务，也在利益均沾的前提下，维系了家族制度。红头船利益均沾，风险共担的经营方式，既是同舟共济、团结协作红头船精神的最好诠释，也是诚实守信精神的最好体现。

讲究"诚招天下客"的近现代汕头商人在从事工商业活动中，始终把诚信作为最高准则。他们在从事工商业活动中，始终把诚信作为最高准则。他们在诚信中创业，靠诚信发迹，因诚信而受到世人的尊敬。近现代汕头商人"素重然诺，且具有无上责任感，是以各国人士，乐与交易，信用昭著"①。从白手起家、发展到今的"金融王国"陈弼臣家族就是一个有力的说明。

陈弼臣创设的泰国盘谷银行起初做生意的方式就是"签个字、握握手"，靠的全是"诚信"二字，结果生意越做越大，泰国盘谷银行成为泰国乃至东南亚最大的银行，陈氏家族被公认为东南亚的金融巨头和华人富豪之一，陈弼臣被公认为盘谷银行的缔造者、奠基人、当之无愧的华人银行界泰斗。国学大师饶宗颐先生认为，潮商承祖训"民无信不立"运用于经商，而形成的商业道德。这是他们成功的最大关键，尤其值得继承、传扬。

讲到汕头海上丝绸之路文化的诚实守信精神，必定要谈及侨批。侨批是海

---

① 周昭京著：《潮汕名人采访录序》，知识出版社，1991年，第2页。

外侨胞通过民间渠道及后来的金融邮政机构寄回国内、连带家书或简单附言的汇款凭证。① 侨批业"是一种集商业贸易、金融货币、政治经济、交通运输、人文信息、伦理道德、风土民情等知识、智慧于一身的,个体或个体组合的民间多重性综合服务行业"②。诚信是侨批的一大文化特色。侨批文化是汕头华侨文化的一个重要组成部分,而华侨文化则是汕头海上丝绸之路文化的一个重要组成部分。

在侨批历史上,无论是"水客"还是"批脚",他们都恪守着诚实守信的准则。澄海隆都的许坤彬曾是知名的"批脚",他的职务是当侨汇安全抵达批局后,马上进行分拣,然后分区域送批。当时,许坤彬一个人负责隆都的后沟、前溪和潮安的堤头、山尾、寨内、溪口、岗湖等十几个乡村。由于地域比较大,每天太阳刚刚露出鱼肚白,许坤彬便要背着一把雨伞、提着一个花篮,盛着侨批,开始走村串寨投批,风雨无阻。像许坤彬这样的"批脚"对他所负责派送地域内的侨属,了如指掌,谁家有亲属侨居海外,姓甚名谁,他都心知肚明,故有些批封仅写寄批人姓名,收批人姓名;收批人则写"双亲大人"或"父亲大人"等,均可准确送达,从未发生过批脚吞没批款的事情。泰国创办侨批局的潮商张明汕曾经感叹地说,"这帮新语(即海外侨胞)是非分明,最讲信用,我从来不曾遇到食言拒还批款的人。"③

---

① 杜桂芳著:《侨批文化》,花城出版社,1999 年,第 7 页。
② 陈训先著:《潮汕先侨与侨批文化》,广东人民出版社,2014 年,第 32 页。
③ 王炜中著:《潮汕侨批论稿》,天马出版有限公司,2013 年,第 135 页。

澄海樟林有一位侨批代写人——洪铭通,人称写批洪。据其后裔回忆,他写回批有"四不写":钱银数条不清者不写;夸大儿孙不肖引以为同情以求多寄钱者不写;伤天害理唆间人家孬话者不写;有辱国格装穷救苦者不写。番畔钱银唐山福。在家的侨眷等着下南洋的家人寄生活费回家,但所寄之钱都是血汗钱,若夸大穷苦程度,一来在外游子会更为担心家中情况,更加疲于打拼,二来在外游子知道真相便不再寄钱,三来若回批人帮忙写这些谎话,岂不失了诚信。而从写批洪的"四不写"中,我们看到的是他的诚信精神,他的实事求是精神。

除了不辞劳苦,恪守诚信的"水客""批脚"外,还有以诚立足的侨批局、严格的收发制度等。而海外潮人向家乡亲人发送侨批,也就潜移默化地向家乡亲人传递着诚实守信精神。

一封封侨批浸透着浓郁的诚信精神。在充满诚信精神的侨批文化推动下,近现代汕头商人"买卖一经口头应诺,虽转瞬市情丕变,至于倾家荡产,亦皆履行诺约,不甘食言"①,他们"公平处事……忠信相孚"②。诚信经营使近现代汕头商人饮誉海内外,从而缔造了一个辉煌的近代汕头。侨批凝结的诚信精神,有力地推动了汕头华侨文化的形成发展,为汕头海上丝绸之路文化增彩生辉。

---

① 饶宗颐:《潮州志》(实业志),香港龙门出版社,1965年。
② 陈泽泓著:《潮汕文化概说》,广东人民出版社,2001年,第416页。

国务院侨务办公室原主任郭东坡在参加第九届国际潮团联谊年会致辞中充分肯定地说,"潮汕人素以勤劳俭朴、坚毅奋斗著称;重诚信、善经营,团结互助,落地生根的特点令世人赞叹"。①

五、爱国爱乡

爱国爱乡是一种重要的文化精神,汕头海上丝绸之路文化也充满爱国爱乡精神。爱国爱乡就是对自己祖国家乡的深厚感情、无限热爱,倾尽全力,为其建设、发展,积极贡献,无私奉献,乃至必要时,挺身而出,流血牺牲。爱国必先爱乡,爱乡是爱国的前提,爱国是爱国的升华。

历史上的汕头人,走南闯北,在海外艰辛谋生,他们秉承中华民族优良文化传统,在长年累月、跋涉拼搏的海上丝绸之路中,创造了丰富的"海上丝绸之路"文化,造就了明显的爱国爱乡精神。

首先,汕头海上丝绸之路文化的爱国爱乡精神表现在汕头人积极投入近代中国伟大的反帝反封建革命运动。

1840年鸦片战争后,落后挨打的清王朝接连失败,被迫割地赔款,开埠通商,开始沦为半殖民地半封建社会。灾难深重的中国人,特别是海外侨胞,以满腔的爱国热情,积极投入救国救民的革命运动。他们或大力宣传革命思想;或组织革命团体;或筹集革命资金;或奔赴战场,英勇杀敌,壮烈牺牲,谱写了一曲曲爱国主义赞歌。

辛亥革命是伟大的民主革命先行者孙中山领导的推翻封建清王朝专制统治,建立资产阶级共和国的资产阶级民主革命。在伟大的辛亥革命运动中,汕头人,尤其是以林义顺为代表的近代海外汕头人,以满腔热情,坐而言,起而行,积极投身革命运动。

海外汕头人积极开展民主革命宣传活动。1903年,祖籍澄海县岐山马西乡(今属汕头金平区)的新加坡华侨林义顺(1879—1936年),组织一帮爱国华侨,集资翻印了邹容的《革命军》两万多册,以《图存篇》为名,宣传民主革命思想。

1904年,林义顺积极参与张永福、陈楚楠等人,在新加坡福建街21号办起南洋开天辟地第一张公开宣传以革命推翻清朝的报纸——《图南日报》,启发了人民的思想,使不少人走上了民主革命的道路。

---

① 汕头华侨历史学会编:《汕头侨史论丛》(第三辑),1988年,第324页。

爱国华侨林义顺先生

1907年8月20日，林义顺与陈楚楠、张永福等人，筹集1937元，在新加坡吉宁街18号办起了南洋同盟会的机关报《中兴日报》，就任第一任总经理。《中兴日报》每日出四张，共八版，在伦敦、巴黎、香港、上海、东京、檀香山和东南亚各埠都设立代销处。1909年，《中兴日报》因资金周转困难发生了危机。林义顺向孙中山提议以有限公司名义重新组织《中兴日报》，定股二万元。孙中山认为这个办法很好，便命他主理重组事宜，并派出胡汉民、汪精卫等在各地同志中招收股份。林义顺也曾受派偕许子麟同往缅甸仰光。他边招股边沿途演说革命、散发革命书刊，缅甸华侨受其感动而走上革命道路的为数甚多。经过林义顺的重新整顿，《中兴日报》终于渡过难关，继续发挥着它的革命号角作用。

海外汕头人积极协助孙中山创建革命团体，联合华侨爱国力量。1905年，孙中山创立中国同盟会。1906年2月，林义顺与张永福等人迎接孙中山到新加坡筹建同盟分会，任交际干事（后称交际主任）。新加坡同盟分会是孙中山在南洋播下的第一颗革命种子，林义顺还于1909年介绍著名爱国侨领陈嘉庚与孙中山认识，陈嘉庚随后加入了同盟会。

1906年8月，林义顺与陈楚楠陪同孙中山来到马来亚吉隆坡创建吉隆坡分会；1908年，林义顺与张永福在中华会所的基础上，成立了同盟会曼谷分会。林义顺与许子麟到仰光，协助当地爱国华侨于1908年4月建立同盟会仰光分会。1910年夏，同盟会南洋各支部根据孙中山的提议，总部由新加坡迁到槟榔屿，从此，槟城便成为革命党人在南洋活动的中心。在林义顺等爱国侨领的积极活动下，南洋各埠都成立了同盟分会，成为海外会员最多的一个地区。中国同盟会之所以能在南洋扎下根并得到发展壮大，南洋之所以能成为孙中山领导辛亥革命的一个重要基地，无疑是与汕头人积极活动分不开的。

近代海外汕头人为孙中山先生民主革命运动积极筹集资金。从1905年同盟会成立到1911年辛亥革命爆发，以林义顺等为核心的汕头人，竭尽全力为革命筹款。孙中山先生发动的国内多次武装起义的经费，特别是潮州黄冈起义的经费，几乎都是靠以张永福、林义顺为核心的南洋同盟会组织的鼎力支持。

1907年5月22日爆发的丁未潮州黄冈起义是同盟会建立后孙中山所亲自领导的第一次武装起义，林义顺等人几乎承担了黄冈起义的全部经费。有人统计，他们前后共为这次起义筹集了7万元左右。

1911年10月，武昌举义成功。消息传到新加坡，林义顺雀跃而起说："我们汉族革命，终于有了今日"。于是，他踊跃赞助孙中山的共和事业。11月，孙中山回国担负革命领导工作时路过新加坡，林义顺遵照他的嘱咐，与陈嘉庚等人募筹巨款汇寄南京革命政府。广东光复，他在新加坡参与组织广东保安会，在同乡中募集救济捐给予支持。海外华侨的捐献在精神和物质上极大地支持中华民国的创立。1912年3月，孙中山以临时大总统名义颁给林义顺等人以旌义状，表彰他们为开国所做出的贡献。

泰国著名的实业家和社会活动家高绳芝先生（1878—1913年）是澄海澄华街道上窖乡人，他对孙中山领导的民主革命积极支持，捐款赞助军饷，单惠州起义一役，他捐款2万银圆；丁未黄冈起义时，他又出10余万银圆。

汕头人为辛亥革命筹集、捐助的革命经费，有力地支持了革命武装斗争。孙中山先生对此曾给予高度的评价，指出"慷慨助饷，多为华侨"[1]，"华侨有功革命"，"华侨是革命之母"[2]。

海外汕头人积极投身孙中山先生领导的民主革命运动。在1907年的丁未潮

---

① 张瑛：《孙中山和美国华侨》，载暨南大学华侨研究所编《华侨史论文集》（第二集），1981年，第204页。
② 黄庆云：《华侨与广东地区辛亥革命运动》，载广东华侨历史学会编《华侨论文集》（第二辑），1982年，第296页。

州黄冈起义中，林义顺除了筹款捐资外，一直与在国内活动的许雪秋、黄乃裳他们保持着密切的联系，共同致力于起义的准备工作。以后他又和新加坡同盟会的同志一起牵线，把国内的这股革命力量并入同盟会的大队伍中。黄冈起义失败后，林义顺积极营救起义军首领余丑（余既成），并妥善安置失败后流亡海外的100余名义军将士到他所经营的农场中。

辛亥革命失败后，林义顺为代表的海外汕头人，一如既往地支持孙中山反对袁世凯的革命斗争。1913年"二次革命"失败后，林义顺依然支持孙中山为重建民主共和所做的努力。当时不少民党要人逃到新加坡，他都一概竭诚接待。胡汉民、汪精卫、李烈钧、陈炯明、谭人凤、岑春煊、熊克武、周振鳞、柏文蔚、方声涛、黄复生、占应芬、邹鲁、张继等都曾住于他的湛华别墅，共谋推翻袁世凯的行动。由于他慷慨大方地接待祖国来往的同志，大有孟尝君之遗风，所以林义顺被称为"往来大王"（潮州人称菠萝为"番梨"，潮语"番梨"与"往来"谐音。林义顺当时因种植事业成功，有"菠萝大王"之称，"往来大王"即是取"菠萝大王"谐音）。

1915年12月，云南反袁独立，林义顺被任为南洋筹饷员，前后共募集了60余万元军饷。袁世凯倒台后，他被授予拥护共和一等奖章。以后的护法、北伐诸役，林义顺都旗帜鲜明地站在孙中山的一边，给予财政上的支持。1917年，他被孙中山任命为大元帅府参议；1919年，他被聘为援闽粤军总司令部顾问。隔年，援闽粤军受孙中山之命，回师驱逐桂系军阀，他为其募集了饷糈30万元，因此获一等奖章。据新加坡潘醒农先生统计，林义顺一生为民主革命所耗的资金达数十万元。

近代海外汕头人积极投身大革命运动。1927年8月1日，中国共产党领导南昌起义，打响了武装反抗国民党反动派的第一枪。起义军经过长途跋涉，于9月24日进驻汕头市。南昌起义军中共前委书记周恩来，戎装未卸，就亲自到徐家祠造访早在两次东征入汕时相识的汕头商会会长徐子青。徐子青得知南昌起义军急需补充军费时，当即表示，"匡扶正义，匹夫有责。"主动捐出一大笔革命经费。1934年冬，中共潮汕地方党组织领导人李平路经澄海区东里镇，被国民党反动派追捕，后经徐子青出面掩护并转移到汕头徐氏公祠东海学校内暂住，才安全脱险。

在伟大的中国人民抗日战争中，汕头人在祖国和家乡危亡之际，纷纷加入抗日救国救乡斗争的行列，与祖国家乡人民并肩作战，为夺取抗日战争的胜利做出了巨大贡献。

海外汕头人强烈谴责日寇的侵略罪行，表达众志成城，抗击日寇的决心。1938年的一件侨批这样写道："内助爱鉴：启者：自接回函，开眼观看，僚然明达。在此国家千钧一发，最贵要的自然是经济问题。战争军备，不外于此矣。人力心力，在于人民决持。然而我们既是国家的一分子，也须当努力，使解燃眉（之急）而得到胜利。铁蹄之下，中国更一跃而上天矣。"① 很多海外侨胞写批信时，则用印有"枚国英雄蔡廷锴"头像和印有红心和拳头的"爱国笺"，表达众志成城，抗击日寇的决心。

许多侨胞在寄回家乡的批信中，愤怒地控诉日寇犯下的滔天罪行。泰国侨胞在1937年10月31日写给澄邑南砂乡侄儿的批信中，就描述了当时日寇以18万兵力，在飞机、坦克、大炮掩护下，杀向上海的状况："眼下闸北一带，悉遭敌人焚烧，仅存一片焦土而已。言之痛心，现沪上难民闻达百万之众，诚属可怜。"②

汕头职院师生参观侨批文化馆

海外汕头人开展形式多样的抗日救亡宣传活动，积极声援祖国人民抗战。1937年7月7日，蓄谋已久的日本帝国主义发动"七·七事变"，全面侵略中国。1939年6月21日，日寇侵略的铁蹄蹂躏潮汕大地。祖国危难，潮汕危难。身处异国他乡的汕头人，对日寇的侵略行径义愤填膺，对祖国家乡的危难心急

---

① 陈历明：《侨批是一部生动的民间历史》，载潮汕历史文化研究中心、潮州市政协文教体卫史委员会编《第二届侨批文化研讨会论文集》，2004年，第271页。
② 王炜中：《初析潮汕侨批的传统文化基因》，载《侨批文化》，2008年，第9期。

如焚，高度关注。1879年出生于澄海东里镇南畔洲村的蚁光炎动员泰国华侨积极投入抗日爱国斗争，高喊"我们都是中国人，救国人人有责"。为使人们清楚地认识日本帝国主义的侵略本性，发动海外华侨，积极关心祖国与家乡，声援祖国家乡人民抗战，海外汕头人开展形式多样的抗日救亡宣传活动。

海外汕头人积极开展抵制日货运动。全面抗战爆发后，蚁光炎率先发动属下拒绝为日商驳运货物，带头拒卖暹米给日本，领导侨众开展抵制日货运动，沉重地打击了日本的战时经济。抗战期间，不少侨批印有抗日歌的戳印："奉劝诸君要记得，东洋货色习不得。如果买了东洋货，便是洋奴卖国贼""抵制日货，坚持到底；卧薪尝胆，誓雪国贼"等，积极声援祖国抗战。

海外汕头人组织抗日救亡团体，积极开展支持祖国家乡抗战活动。在由著名潮人侨领蚁光炎担任主席的泰国中华总商会与刚刚成立不久的泰国潮州会馆的发动组织下，泰国华侨坚决响应蚁光炎先生的"反抗侵略，全力救亡"号召，以首都曼谷为中心，迅速掀起抗日救亡爱国热潮。蚁光炎先生还派代表到东南亚各国，"与那里的华人社团进行联络，互通抗日救亡运动开展情况，以步调一致，互相配合，共同为祖国的抗日救亡运动出力。"①

海外汕头人不遗余力地为祖国、为潮汕抗战募集资金物资。抗日战争爆发后，广大侨胞踊跃参加各种抗日救亡活动，募集大批钱款，通过银行寄汇或侨批寄回祖国、家乡，支援抗日前线。1931年"九一八"事变爆发后，越南潮籍侨胞黄伟卿、陈星阁等，就先后汇款2600大洋，慰问东北马占山抗日部队和在上海浴血奋战的十九路军将士。蚁光炎在抗战爆发后，领导了泰国中华总商会，积极脱销抗日救国公债，开展抗日募捐活动。

蚁光炎通过组织义演、舞"救国醒狮"、号召素餐过年等形式在侨胞中筹募爱国捐款，并带头认购救国公债，为祖国抗战筹措了大量的外汇资金。为解决祖国抗日将士御寒之需，蚁光炎曾以华侨慈善机构"报德善堂"的名义组织侨胞捐献衣物，三天之内就把泰国的布匹买光了。蚁先生还不畏艰险，回国参加抗日会议和慰问前方将士，捐献汽车，并动员华人司机协助运送抗日财物和药品，竭尽所能为抗日救亡而努力。此外，香港八路宣传抗日军办事处成立后，他曾通过宋庆龄、廖承志及香港华比银行的渠道，向八路军、新四军捐赠卡车、药品并多次给予汇款支持。

据不完全统计，抗战开始后，蚁光炎先生"领导暹罗侨胞献纳捐款，总计

---

① 华侨革命史编纂委员会编：《华侨革命史》（下），台湾正中书局，1991年，第146页。

在600万元以上"①，陈慈黉家族也捐款85万元。②

汕头人积极投身潮汕抗战第一线，英勇杀敌。抗战期间，泰国华侨青年赴祖国参战的很多，仅奔赴延安的就有300人，约占延安华侨青年的一半，其中许多人都是经由蚁光炎的介绍和资助才得以成行的。他最常说的一句话就是"我们都是中国人，救国人人有责"。

旅泰澄海籍青年许英，1938年回国参加了汕头青抗会，任青抗会游击分队长。1939年6月20日夜，许英到汕头市郊金砂乡协助编练武装队工作。汕头失守后，他率领游击队，转战潮汕各地。在潮安洋头村战斗中，许英带领十多个游击队队员，阻敌归路，卒将十倍于我之敌寇，予以莫大的打击，被敌人视为眼中钉。在坚守乌洋山的激烈战斗中，他不幸被敌人的机枪弹射中脑部，壮烈牺牲，年仅23岁。

旅泰澄海籍潮侨郑松涛，"七·七事变"后，回到潮汕参加抗日救亡活动。1940年4月27日凌晨，郑松涛被日本兵包围，为掩护其他同志脱险而不幸被捕，最后竟被敌军惨绝人寰的砍首碎尸！他在临行前已面目全非，极度虚弱，但仍鼓足余力高呼："打倒日本侵略者！""中国抗战必定胜利！"牺牲时，年仅22岁。

总之，在抗日战争中，汕头人从精神道义上，在物力、财力、人力的支援上，竭尽全力，为打败日本侵略者，取得抗日战争胜利，做出了巨大的贡献。汕头人所表现出来的爱国爱乡、众志成城、英勇杀敌、不怕牺牲的抗战精神，是一笔珍贵的另外文化遗产，当值得弘扬与继承。

其次，汕头海上丝绸之路文化的爱国爱乡精神表现在不遗余力地支持家乡建设。

汕头人在南洋各国创业经商，普遍遇到的是艰难重重。特别是寄人篱下的悲惨遭遇，弱国小民的切肤之痛，使他们倍加思念祖国，想念家乡。他们以落叶归根的浓重情结，时刻关注着祖国的命运和家乡的境况，把祖国和故乡作为自己效忠的对象。热爱家乡，报效祖国，一直成为他们的道义追求和实践取向。许多汕头人积极到家乡汕头投资兴办实业，他们兴建市政设施、楼房，创立电话、自来水公司，办起了钟厂、榨油厂，还踊跃投资支持家乡发展交通运输业。

1927—1933年是新中国成立前华侨投资侨乡的全盛时期。当时汕头市的市

---

① 尹崇德等主编：《蚁光炎传》，香港半岛出版公司，1994年，第106页。
② 杨锡铭著：《海外潮人史话》，中国文史出版社，2009年，第198页。

政建设大部分是华侨独资或集资兴建的，仅泰国华侨陈慈黉创办的黉利公司就独资在汕头市新建楼房400余座。①

泰国潮侨高绳芝自1906年起，带头投资并在海内外招股，共筹集20万银圆，其中侨资占一半以上，在汕头金山外街创办汕头开明电灯股份有限公司，翌年11月正式营业供电。与此同时，高绳芝又投资并招股筹集68万银圆，其中侨资占一半，创办汕头自来水股份有限公司，公司办事处设在汕头乌桥直街，于1910年在汕头邻近的潮安县庵埠镇大鉴村兴建水厂，1914年3月开始向居民、工商用户供水。

从20世纪初至40年代，海外汕头人在汕头市投资创办的民用工厂近20家，其中有高绳芝投资创办的锦发、昌发两间榨油厂，香港潮籍实业家郑植之创办的南华钟厂，新加坡潮商陈木合创办的文美机器厂等。除上述之外，高绳芝在澄海城创办的振发布局，在20世纪二三十年代生产皆蒸蒸日上。1933年，汕头共有抽纱行25家，资本总额150万元，平均每家6万元。②

为了纪念高绳芝，筹建汕头中山公园负责人之一的林修雍提议，汕头市政府通过决议，于1930年在中山公园儿童游乐场一侧建一座"高绳芝纪念亭"。亭名由胡汉民手书，还勒有一块碑记。碑文如下：

古称不朽者三，立功其一也。辛亥鼎革，十三司令同时莅汕。需饷巨，人心发发焉。绳芝先生出私财十余万济师，秩序以定。林司令激真，别以惠阳军至，主客意左，战衅开。君力调停，幸得弭。寻当道命吴祥达绥靖潮汕，林将拒之。君陈大义，厚资给，乃逊去。汕地华洋杂处，衅不戢，易起外侮，赖君得救宁，厥功可谓伟矣。前后斥财数十万，转移危局。共和肇造，奖给三等嘉禾章。权汕政，兼全潮财政长，旋谢去，唯拳拳桑梓治安。逾年，积劳勋卒，远近惜之。君籍澄海，登贤身后，见清政不纲，绝意仕进，先总理首义惠州，君倾家相助，事秘题者，邦人追念君功，建亭中山公园纪念，并撮大略以示后人。

---

① 广东省汕头市地方志编纂委员会编：《汕头市志》，新华出版社，1999年，第589页。
② 杨群熙辑点校：《潮汕历史资料丛编·潮汕地区商业活动资料》，2003年，第6—8页。

汕头中山公园高绳芝纪念亭碑记

  海外汕头人还踊跃投资，支持家乡发展交通运输业。在汕头开埠前后数十年间，泰国陈黉利行创始人陈焕荣、原籍澄海隆都前埔村的泰国潮人许必济等，都经营"红头船"海上航运业。20世纪初期至抗日战争前，海外潮人先后创办10多家与潮汕海运有密切关系的轮船船务公司，其中，泰国陈黉利行在一战后创办的中暹船务公司；泰国潮籍侨领陈振敬于20年代创办的五福轮船公司等。轮船航行于汕头至东南亚等地之间，客运和货运兼营，使当时潮汕的海上运输相当发达。海外潮人还积极参股创办航行于韩江等内河的轮船公司，为近代潮汕的经济交流和发展提供服务。如潮阳人萧鸣琴集资5万元，开设了汕头小火轮公司，穿行潮汕内河。①

  海外汕头人对近代汕头商业发展的贡献良多。1949年以前，海外汕头人在汕头投资兴办的商业公司或商店有200多间，包括出口商、百货商、粮食商、绸布商、木材商、药材商、食什商、上杂商、陶瓷商、菜籽商等。20世纪二三十年代，在汕头投资从事对外贸易的海外潮人出口商有80多家。当其时，汕头港每年的对外贸易输出额为白银1000万两以上，而上述海外潮人出口商所组织的出口额占90%左右。② 海外潮人的积极投资和经营，使抗战前汕头的商业和对外贸易甚为发达。当时以小公园为中心的汕头商业中心，商铺林立，其中大部分是潮籍侨胞投资创办的。

  海外汕头人投资创办的民用企业，对促进近代汕头工业生产技术的进步、

---

① 赵春晨，陈历明著：《潮汕百年履痕》，花城出版社，2001年版，第113页。
② 杨群熙辑点校：《潮汕历史资料丛编·潮汕地区商业活动资料》，2003年，第6—8页。

推动当时潮汕民族工业的发展，具有重要的意义和作用。进入20世纪，汕头市逐步成为潮汕地区的政治、经济、文化中心，汕头成为遐迩闻名的"百载商埠"。而在开埠、崛起的汕头推动下，整个潮汕地区的经济运行也十分快速。

　　文化培育、滋养精神；精神彰显文化。汕头海上丝绸之路文化培育了冒险拼搏、开拓进取、同舟共济、诚实守信、爱国爱乡的"海上丝绸之路"文化精神，是一笔珍贵的历史文化遗产，当值得继承弘扬，当值得发扬光大。

第八章

汕头海上丝绸之路文化价值

文化是人创造的,创造必定有价值。文化以价值为轴心,价值是文化的灵魂所在。文化价值就是指人类创造的文化产品所具有的能够满足人类文化需要的特殊性质,或者能够反映人类文化形态的属性。① 丰富的汕头海上丝绸之路文化是汕头"海上丝绸之路人"在长期海上丝绸之路中形成的,是汕头"海上丝绸之路人"在频仍的商业贸易与文化交流中创造的,自当有其价值,必定有其价值。

一、历史价值

自从有了人,就有了人类历史。文化是人创造的,文化史是人类创造文化的历史。文化史是人类历史的一个重要组成部分,是研究人类历史的一个重要领域。文化具有丰富的历史价值。"海上丝绸之路"文化是"海上丝绸之路人"在长期海上丝绸之路中形成的,涉及贸易、交通、民族、文化交流等多方面、多领域,无疑具有重要的历史价值,主要是历史研究价值。

汕头海上丝绸之路文化对研究汕头海上丝绸之路历史具有重要的价值。历史上,汕头是海上丝绸之路的一个重要节点。汕头海上丝绸之路文化因汕头海上丝绸之路而产生,而发展,离开了汕头海上丝绸之路,就无所谓汕头海上丝绸之路文化。汕头海上丝绸之路文化见证了汕头海上丝绸之路形成和发展的历史进程,积聚着汕头海上丝绸之路大量的历史信息,为研究汕头海上丝绸之路提供了丰富的历史资料,具有重要的历史研究价值。

我国的海上丝绸之路出现于两汉时期。澄海龟山文化是汕头海上丝绸之路文化的重要内容。澄海龟山文化遗址见证了两汉时期澄海经济社会的发展水平,为研究汕头社会变迁、人口迁移、陶瓷生产与贸易等提供了丰富的历史材料,

---

① 陈友义:《潮汕民间英雄崇拜文化研究》,辽宁大学出版社,2018年,第173页。

表明汕头在古代海上丝绸之路中的重要角色，是汕头海上丝绸之路出现的有力见证。

唐宋是我国海上丝绸之路达到高度繁荣的时期。澄海大衙古码头发掘的大船桅以及凤岭古港考古发现的大量巨缆、大船桅、大批宋瓷片及船板，见证了唐宋时期澄海商业贸易的繁荣，为研究唐宋时期澄海海上贸易历史提供了丰富的历史材料，有力证明了汕头是古代海上丝绸之路的重要一站。

明清时期，汕头海上丝绸之路并不因朝廷实行海禁政策而走向衰落，反而以更大的步伐向前发展。有明一朝，海盗海商拓展了汕头至南洋的商路，引发了一波又一波的移民浪潮。"南澳Ⅰ号"是明代汕头海上丝绸之路文化的重量级代表。"南澳Ⅰ号"出水的大量文物，包括大批青花瓷器，主要类型包括青花瓷大盘、碗、钵、杯、罐、瓶以及釉陶罐、铁锅、铜钱及铜板等，反映了明朝陶瓷生产的发达程度。特别是古船上的青花瓷器，被考证是"汕头器"，这是国内首次发现成批"汕头器"成品。① "南澳Ⅰ号"展示了明朝时期发达繁荣的海上贸易，以其丰富多彩的文物，证明南澳是古代海上丝绸之路的重要一站，为研究明代汕头海上丝绸之路提供了丰富的历史资料，具有十分重要的历史研究价值。

清朝时期，汕头海上丝绸之路文化发展到高峰，其主要表现是红头船文化。因清廷开海禁，鼓励发展中暹大米贸易，带动了澄海樟林、南澳、潮阳海门与隆津及达濠等港口的兴起与繁盛，出现了一个驰骋大海的红头船商人集团，形成了著名的红头船商业贸易圈。红头船文化记载了清代初期汕头海上丝绸之路的历史，它充分表明，在其他地方海上丝绸之路衰落之时，汕头海上丝绸之路以新的形式大踏步前进。"通洋总汇"的樟林古港及其由此产生的新兴街、安平栈、天后宫、永定楼、藏资楼等遗址和碑记石刻；红头船"分家书"；潮阳隆津《廉明县主毛爷牌示》碑文、海内外商会会馆等等红头船文化，无疑为我们研究清代初期汕头海上丝绸之路历史提供了丰富的历史资料，对研究清代汕头海上丝绸之路历史具有十分重要的价值。

汕头的港口文化、小公园文化，记载着汕头的开埠，展现了近代汕头的崛起。汕头港的繁荣，缔造了遐迩闻名的百载商埠，从而造就了丰富而颇具海洋文化、华侨文化特色的开埠文化。汕头小公园商埠文化见证了晚清至民国时期汕头经济社会的发展状况，证明汕头海上丝绸之路不仅源远流长，而且经久不

---

① 吴绪山：《"南澳Ⅰ号"：出水瓷器三万件》，载《深圳特区报》，2012年9月21日。

衰，为研究汕头海上丝绸之路历史，乃至近代汕头历史提供了丰富的历史材料，具有丰富的历史研究价值。

汕头海上丝绸之路文化对研究汕头造船、港口以及海上交通历史具有一定的价值。海上丝绸之路离不开大海，离不开船。船的大小、体型、造船技术、驾驶技术等，对远涉重洋的"海上丝绸之路"人来说，十分重要。船文化在"海上丝绸之路"文化中占有较大的分量，是"海上丝绸之路"文化的一个重要内容。古代"海上丝绸之路"人怎样造船、造怎样的船、所造的船有怎样的发展变化等等，都是海上丝绸之路研究的重要课题。

汕头海上丝绸之路文化中拥有的船文化，包括大衙古码头的唐宋大船桅；凤岭古港考古发现的大量宋代巨缆、大船桅、船板；"南澳Ⅰ号"出土的明代古沉船；和洲、南畔洲等地出土的红头船等等，这些古船见证了历史，显现了汕头海上丝绸之路商船的历史发展轨迹，无疑为我们研究汕头造船历史提供了珍贵的资料。

海上丝绸之路是贸易之路。无论是两汉肇始，还是明清繁荣，乃至近代昌盛，一艘艘商船，都是从一个个码头、一个个港口驶出，又回归一个个码头、一个个港口。通过丰富的汕头"海上丝绸之路"港口文化，我们可以研究大衙、凤岭、辟望、海门、达濠、南澳、鮀浦等港口的历史发展，特别是研究红头船港口的历史发展，理顺古代汕头港口到近代汕头港口的历史发展脉络。

历史上的汕头人，走南闯北，交内通外，正是这些"海上丝绸之路"人奋勇拼搏，开辟了属于不同时期的海上航线，属于不同人群的商路，属于不同货物的贸易市场，造就了丰富的汕头海上丝绸之路文化。通过这些丰富的"海上丝绸之路"文化，我们得以研究隋朝通琉球的航线、明朝郑和下西洋"五经南澳"的航线、"南澳Ⅰ号"通商航线、海寇商人集团海上活动路线、红头船商人贸易航线、近代汕头海上贸易航线等等，从而更深入地研究汕头海上交通历史。

汕头海上丝绸之路文化对研究汕头海关及关税历史具有重要的价值。海关是依据本国（或地区）的法律、行政法规行使进出口监督管理职权的国家行政机关。英语 Customs 一词，最早是指商人贩运商品途中缴纳的一种地方税捐，带有"买路钱"或港口、市场"通过费""使用费"的性质。这种地方税捐取消后，Customs 一词则专指政府征收的进出口税，the Customs 是征收进出口税的政府机构，即海关，是对出入国境的一切商品和物品进行监督、检查并照章征收关税的国家机关。

我国海关历史悠久。早在西周和春秋战国时期，古籍中已有关于"关和关市之征"的记载。秦汉时期进入统一的封建社会,对外贸易发展,西汉元鼎六年(公元前111)在合浦等地设关。宋、元、明时期,先后在广州、泉州等地设立市舶司。清政府宣布开放海禁后,于康熙二十三至二十四年(1684—1685年)首次以"海关"命名,先后设置粤(广州)、闽(福州)、浙(宁波)、江(上海)四海关,负责管理海贸事宜。

潮汕海关始清朝。粤海关在庵埠设立总口收税,总管潮州府各口,为通省海关六大总口之一。据《粤海关志》提供的资料,庵埠总口下属有16个子口之多,为粤海关所属总口之最。其时,樟林、东陇、南洋、卡路、南关、达濠、汕头等都成为庵埠总口的子口,汕头口是庵埠总口下辖的一个海关挂号小口,以征收过往民船挂销号费为主。

咸丰三年(1853年),粤海关在汕头港的妈屿岛上设立常关,即是潮州府海关总口,也称为新关,取代了原庵埠总口的地位,以方便办理海关事宜。

因第二次鸦片战争战败,清政府被迫签订丧权辱国的《天津条约》。咸丰九年十月二十一日(1860年1月1日),清廷谕旨,准美国先行开市,于潮州府澄海县属之汕头设立潮州新关。就在这一天,潮州新关(后称"潮海关")在汕头出海口妈屿岛仓促成立,成为继江海、粤海新关之后第三个实行洋税务司制度的海关,汕头由此正式开埠。从此,潮海关历史与汕头息息相关,荣辱与共。

汕头是一个重要的对外通商口岸。汕头海关的历史在中国海关史,乃至世界海关史都有一定的地位和影响。樟林、达濠、汕头等汕头海关文化,是汕头海上丝绸之路文化一个重要的组成部分。汕头海关文化为汕头海关历史的研究提供了一定的历史资料,对研究汕头海关史具有重要的价值。

税收是国家(政府)公共财政最主要的收入形式和来源。税收的本质是国家为满足社会公共需要,凭借公共权力,按照法律所规定的标准和程序,参与国民收入分配,强制取得财政收入所形成的一种特殊分配关系。它体现了一定社会制度下国家与纳税人在征收、纳税的利益分配上的一种特定分配关系。在繁杂多样的税收中,关税是最为重要的一种,是对外贸易的税收。海上丝绸之路是对外商贸之路,必涉及关税问题。

乾隆《澄海县志》载,其时,粤海关在澄海设立税口共5处:樟林口、东陇口、南洋口、卡路口、南关口。广东省在澄海征得的税银占总金额的1/5,[①]

---

① 陈训先:《樟林古港与泰国澄海人》,汕头市政协学习和文史委员会、澄海政协文史资料委员会编:《樟林古港》,天马出版有限公司出版,2004年,第137页。

而樟林口居五口之首。

新设立的潮州新关,征税范围为"凡附近汕头各子口海船货税,均赴新关就近输纳。其离汕头较远各子口及商货零星经由各口者,仍留原派丁书照旧征收,以便商情。"① 也就是说,凡是靠近汕头的各子口进出海船均须到新关纳关税。

潮州新关设立一年期满,两广总督劳崇光等人曾向朝廷上奏汕头开市设关及征税情事,疏称:查潮州开设新关之初,止准美利坚一国先行开市,商船无多,收税较少。迨英、法两国换约之后,各国洋船到口者渐多,征收渐有起色。查向来潮州各口,每年约征银二万一千九百余两,又应解备缴造办处米艇银三万余两。今设新关,计自九年十二月初九日开市,首于是月二十七日征税起,连闰至十年十一月二十六日新关一年届满,共征银八万五千一百九十八两五分三厘。②

据粤海关监督毓清等人于咸丰十一年七月(1861年8月)奏报,可知潮州新关开设以来税收与经费支出情况:自新关设立至咸丰十年七月二十五日止,"共征银四万七千三百四十二两三钱六分九厘";自咸丰十年七月二十六日至咸丰十一年七月二十五日一年之中,"共征银十二万五千六百四二十一两九钱二分";经费支出方面,自九年十二月初九日开办起,截在本年(咸丰十一年)六月二十五日止,共用银五万五千一百四十五两三钱六分。③ 比照开市前"每年额征银二万一千九百余两,又缴米艇银约三万六七千两",新关关税于一年期满,增长将近三万两,若计咸丰十年七月二十六日至咸丰十一年七月二十五日一年,共征银十二万五千六百四二十一两九钱二分,则增长一倍多。④ 可见新关开设后贸易有了成倍增长,显示了汕头开埠后的发展后劲。

汕头海上丝绸之路文化因海上丝绸之路而生,十分自然地包含着海关及税收文化。汕头海上丝绸之路文化隐含着一定的樟林、汕头等海关及税收信息,对汕头税收历史的研究具有一定的参考价值。

汕头海上丝绸之路文化对研究汕头古代运河具有一定的历史价值。运河是

---

① 蒋廷黻:《筹办夷务始末补遗》,北京大学出版社,1988年。
② 蒋廷黻:《筹办夷务始末补遗》,北京大学出版社,1988年。
③ 太平天国历史博物馆:《吴煦档案选编》,江苏人民出版社,1984年。转引之周修东著《潮海关史事考》,中国海关出版社,2013年,第34页。
④ 太平天国历史博物馆:《吴煦档案选编》,江苏人民出版社,1984年。转引之周修东著《潮海关史事考》,中国海关出版社,2013年,第34页。

人工开凿的通航河道。运河既有通江河之航道,也有通海洋之航道。中国是世界上最早开凿运河的国家。历史上的汕头也人工开凿了沟通河流与港口,通往海洋的运河。

宋哲宗元符二年(1099年),盐运官李前在程洋岗凤岭山下凿通了韩江东溪与北溪之间的运河——山尾溪(又称为南溪),并题诗刻石云:"筑堤开井易通津、神宇盐亭又鼎新,力小沿能支五事,增光更俟后来人。"从石刻诗看,当时李前发组织开凿南溪运河是为了凤岭港盐运需要,北溪的入海口处正是樟林。宋时的樟林,与盐灶、东陇二村东西相接,水由乌涂尾水仙宫前出海,直抵浮藻,紧邻东陇港口;而韩江东溪的出海口则是辟望港。可见,宋代南溪这条运河虽然不长不大,却是为了发展对外贸易需要而开凿的,是海上丝绸之路的产物,对海上丝绸之路的发展具有一定的积极作用。

今日山尾溪

因南溪运河而产生的港口文化、商贸文化等,构成了汕头古代运河文化,成为汕头海上丝绸之路文化的一个组成部分,为研究汕头古代运河的历史提供了宝贵的历史资料。研究汕头古代运河及其带来的海外贸易历史,我们不能忽略汕头海上丝绸之路文化中的古代运河文化。

二、社会价值

人是离不开传统的,人类总是生活在传统之中。历史的传统、文化的传统,总是在不知不觉中影响着当代,孵化着未来。汕头海上丝绸之路文化是汕头先民在长期海上丝绸之路中创造,经千百年锤炼,汇集而成的一种具有鲜明开放性、海洋特征、华侨特色的文化传统。汕头海上丝绸之路文化与当代汕头改革开放、特区建设、华侨经济文化试验区建设、省域副中心建设等等方面有机融合起来，将产生积极的化学反应，释放出强大的社会正能量，从而有力地推动汕头经济社会的发展前行，其社会价值不可否认，值得重视。

培育社会意识、养育群体精神，是文化的一大社会价值。汕头海上丝绸之路文化具有培育汕头人社会意识、养育汕头人群体精神的社会价值。

汕头海上丝绸之路文化形成于海上丝绸之路，享用于海上丝绸之路沿线国家与地区的人民。它姓海名洋字丝绸，其更大意义在于激发全民族的海洋意识。凤岭与樟林等古港、"南澳Ⅰ号"、红头船、侨批、百载商埠等等，以其丰厚的历史沉积与文化内涵强有力地昭示：我们的国土不只是肥沃的广大陆地，还有这片蔚蓝色的广阔海洋。丰富的海洋资源丰富是我们祖先创造生产生活的大舞台，也是我们这些炎黄子孙实现中国梦的大舞台。汕头海上丝绸之路文化在对增强汕头人民海洋意识，提高汕头人民生态文明观念等方面有着十分重大的现实意义。而在长期的海上丝绸之路中，无论是海盗还是海商，无论是红头船商人还是近代汕头商人，勇敢的汕头人，战天斗海，披风斩浪，百折不挠，勇往直前地通商经贸，锤炼出自强不息、海纳百川的汕头人精神。

引领、指导经济社会发展，是文化的又一重要的社会价值。文化引领重在于引领人们更好、更科学地认识自身发展的历史方位，明确自身发展的正确方向，确定自身发展的正确道路，聚合发展的有生力量。

丰富的汕头海上丝绸之路文化表明，海上商业贸易十分重要，必须大力发展对外经济贸易；特色产品是对外贸易的主要商品，必须大力发展特色经济；商业贸易是文化交流的一种有效载体，商文可以相长，商文必须并举。汕头海上丝绸之路文化发展历史向我们展示了一条商业贸易之路，一条港口发展之路，一条文化交流之路。

汕头海上丝绸之路文化更是规示了汕头现在及今后的发展方向与道路：必须坚定不移地走开放之路，充分发挥著名侨乡优势，有效利用华侨经济文化合作试验区这个大平台，积极参与"一带一路"建设，着力推进汕头21世纪海上丝绸之路重要门户建设；必须坚持不懈地走可持续发展道路，充分发挥汕头海洋与港口丰富的资源优势，加强港口建设，大力发展海洋经济与临港经济；必须以华侨经济文化合作试验区建设为抓手，加强对外文化交流，推动中华民族文化的传播与发展。汕头海上丝绸之路文化对引领、指导汕头经济社会发展的社会价值是相当可观的。

激励、推动经济社会发展，是文化社会价值的又一重要体现。汕头海上丝绸之路文化在激励、推动汕头经济社会发展的社会价值是十分明显的。汕头海上丝绸之路文化遗迹、遗物、遗址的考古发现以及历史文献的发掘，不时吸引了人们的眼球，引发了世人的关注，产生了极大的社会影响和社会效应。

大量的出水文物与完整的古沉船，使"南澳 I 号"成为 2010 年中国十大考古之一；央视的多次现场直播，使"南澳 I 号"为世人瞩目，大大提升了南澳的知名度，也福惠汕头乃至整个广东，为汕头经济社会发展带来积极的效应，产生了可观的社会价值。

2017 年，樟林古港修缮一新，公开开放，并入选"广东十大海上丝绸之路文化地理坐标"；2017 年 11 月、2018 年 11 月，樟林古港先后两次举办南粤古驿道竞赛活动；2018 年 11 月 10 日，仿真红头船在樟林港落成，这些活动大大提升了樟林的知名度，也提升了澄海、汕头，乃至整个潮汕地区的知名度。

陈慈黉故居、汕头小公园、老市区骑楼等等，穿越时空，传承历史，延续文脉，总是唤起海内外汕头人的美好记忆，吸引着海外游子回家乡寻梦追忆，更是驱动着他们毅然踏上故土，以绿叶对根回报浓浓亲情，不遗余力，义无反顾地支持国家与家乡建设。

丰富的汕头海上丝绸之路文化，提升了汕头的知名度和社会影响力。汕头经济特区的设立，海上丝绸之路重要节点的确认，华侨经济文化合作试验区的确定……无不与汕头丰富的"海上丝绸之路"文化有密切的关系。广大汕头人民为汕头拥有丰富的"海上丝绸之路"文化而感到自豪，而坚定文化自信，而形成建设幸福美丽汕头的强大精神力量。

汕头海上丝绸之路文化作为潮汕文化传递和保存的生动有效载体，完美地将中华民族精神、潮人精神传递到每一个汕头人、每一代汕头人身上。汕头海上丝绸之路文化成于历史，就为传统，功在当代，利向社会，将强有力地激励、推动汕头积极响应国家"一带一路"倡议，推进华侨经济文化合作试验区与 21 世纪海上丝绸之路重要门户建设。

三、旅游经济价值

事物的价值，说的就是事物可资使用的属性。价值说到底，就是人类活动的效应。旅游价值是旅游活动的效应。当今世界，旅游业作为第三产业的生力军，已成为一个重要的经济增长点。旅游本身是一种文化行为。在众多的旅游产品中，文化旅游最被看好，最受热捧，最具市场潜力，最能带来可观的经济效益。

汕头海上丝绸之路文化是一笔重要的历史遗产，也是一种重要的文化资源，是一种珍贵的文化产品，具有明显的经济价值。当中，最明显的就是旅游开发价值。

　　"南澳Ⅰ号"的考古发掘，特别是中央电视台的现场直播，引发了国内外游客的极大兴趣与高度重视。近几年来，大批游客纷纷涌入南澳岛，一睹"南澳Ⅰ号"风采为快。尤其是南澳大桥开通后，南澳旅游井喷，给南澳乃至汕头带来了可观的经济收入，并推动了餐饮、住宿、购物、交通运输等在内的第三产业发展。据统计，南澳大桥开通的2015年元旦三天，共有车辆2.2万辆次通过大桥安全进岛，上岛游客10多万人次，比增10倍以上，旅游总收入约1958万元。①

南澳海上丝绸之路文化广场

　　如今，每逢清明、"五·一"、国庆、元旦、春节等大节日，以及平时的周末，总是有大量的游客慕名"南澳Ⅰ号"、慕名"海上丝绸之路广场"而涌入南澳岛，南澳旅游收入不断提高。据统计，2019年春节假日期间进岛旅游人次39万人次，比增27.4%；旅游综合收入1.09亿元，比增37.3%。②

---

① 陈洪镁：《大桥通车，客流井喷》，载《汕头日报》，2015年1月5日。
② 李伟烽：《南澳乡村旅游项目成热点》，载《汕头日报》，2019年2月12日。

樟林古港古驿道

澄海樟林古港古驿道以其独特的文化魅力,成为乡村旅游的"主角"。2019年春节期间,樟林古港共接待旅游人数143828人次,同比增长40%①,周边餐饮火爆;大量游客带动了澄海区旅游热潮,乡村休闲旅游、侨文化旅游品牌知名度不断提升。

陈慈黉故居、汕头侨批文化馆、开埠文化馆、海关博物馆、小公园骑楼等等汕头海上丝绸之路文化产品,也都游客接踵而来,络绎不绝。汕头海上丝绸之路文化的旅游经济价值明显,市场潜力巨大,当值得积极开发,有效利用。

四、审美价值

文化是人创造的,凝聚着人的美好意愿,赋予人的美好追求,充满丰富的情趣。文化因创造而具有明显的审美价值。审美的精神是文化的价值。汕头海上丝绸之路文化是历史上汕头人在长期的海上丝绸之路中创造的,无疑具有明显的审美价值。

首先,汕头海上丝绸之路文化之美在于社会美。人类征服自然、改造自然的生产活动,是人类追求美、创造美的过程。劳动的过程充满着对丰厚收获的期待,正是因为有了这样的期待,人们才感到劳动的光荣,才觉得辛苦劳动的"勘值"。

历史上的汕头人,在商业贸易与文化交流活动中,走南闯北,取天下之长,

---

① 许玉璇、林鹏:《假日文化旅游体育市场趋向个性化、多样化、多层次》,载《汕头日报》,2019年2月12日。

补己之短，沟通南北、中外之货物，互利互惠；他们辟港口，造大船，闯大海，赚大钱，起大厝，建祠堂，光宗耀祖，福荫子孙；他们战天斗海，敢生死，敢冒风险，开疆拓土，不仅赢得东南亚各国人民的尊敬，而且造就了汕头这个著名的侨乡。汕头海上丝绸之路文化体现了汕头人创造美好生活，建设美丽幸福家园的社会美。

其次，汕头海上丝绸之路文化之美在于艺术之美。"这些带盖的彩瓷看上去做工比较细腻，有红彩、绿彩，还有镏金装饰"；"这些五彩瓷属于釉上彩……画风不受拘束、大红大绿，有率直之美"；这些"新类型文物让人眼前一亮。"①一篇篇图文并茂，绘声绘色的报道，无不展示"南澳Ⅰ号"出水瓷器工艺的精美、精致。陈慈黉故居既有潮汕民宅的古朴民风和中国皇室的富丽堂皇，又有西方建筑的古典崇高，中西合璧，洋为中用，蔚为壮观……汕头海上丝绸之路文化的艺术审美价值不容忽视，值得研究，必须开发利用。

再次，汕头海上丝绸之路文化之美在于情操之美。文化之美在其精神之美，在其情操之美。情操美是大美，是高尚之美。数以万计的侨批，熔铸着热爱祖国、情系故里、吃苦耐劳、坚忍不拔、勇于开拓、笃诚守信、乐施好善的文化精神，体现了汕头人的情操美。

五、情感价值

情感主要是指一个人的感情指向和情绪体验，也就是他对什么感兴趣，有热情，较热爱；也就是他对什么反感、讨厌、憎恨。文化是一种情怀，充满情感。汕头海上丝绸之路文化是汕头人在长期海上丝绸之路中创造的。创造的过程充满情感，创造的产品凝聚着情感；情感丰富了汕头海上丝绸之路文化内涵，使汕头海上丝绸之路文化提质增值。

从樟林、南澳、达濠、隆津、海门等港口驶出的一艘艘红头船，承载的不仅是大米、香料、陶瓷、茶叶、潮绣、菜籽等，也承载着中泰人民的真情厚谊。

远在暹罗王朝三世国王时，为了纪念红头船在中暹友好关系中的重要贡献，国王特敕令制作红头船模型一艘，存放于暹京岩泥瓦寺。前任泰国总理察猜·春哈旺的客厅中，至今仍陈列着一艘木质红头船模型。1982年4月，旅泰潮人特地仿制了一艘红头船陈放在湄南河岸上，让人们把它看在眼里，记在心上。在曼谷郊外或内地山野，很多早年华侨的墓地都做成红头船形，墓顶的泰国式

---

① 吴绪山：《南澳1号出水文物保守估计将超万件》，载《深圳特区报》，2010年5月19日。

尖塔实际就是红头船的桅杆。其用意是：生坐红头船"过番"，魂乘红头船回乡。红头船情结可谓至死不悔！

1986年6月于当年红头船汇集地樟林建起的"樟林古港"碑座；澄海外砂桥旁建成的"红头船公园"，无不凝聚着汕头人民与东南亚人民因商业贸易、文化交流、移民而筑造起来的浓浓真情。正如学者杜桂芳所写到的："红头船运载贫苦潮人出国谋生……潮汕先辈对红头船有着复杂的感情和深切的怀念。"①

陈慈黉故居建造的不仅是黉利家族的豪宅大厝，也构筑起海外潮人的家乡情缘；数以万百计的侨批，充分体现着离乡背井，远赴海外谋生的移民永化不开、永挥不去对自己有养育之恩的父母和朝夕相处的亲人的无限思念个牵挂，体现着众多潮籍侨胞对养育自己的父母及家乡的无限感激之情……

汕头海上丝绸之路文化为"海上丝绸之路"人承载情感赋予，提供情感宣涉，保证情感经营，推动情感传递，实现情感培育，无疑富有丰富的情感价值。情感无价，情感有值。

六、教育价值

文化是人创造的，文化塑造人、哺育人。人们创造文化是为了以文化人，文化具有明显的教育价值。汕头海上丝绸之路文化内容丰富，凝聚着一代代汕头人的汗水与鲜血，体现着汕头人战天斗海、奋力拼搏的精神，是一种丰富而值得开发利用的教育资源，具有明显的教育价值。

汕头海上丝绸之路文化可用以培育青少年的海洋意识。历史上的汕头人，驾

---

① 杜桂芳：《红头船：华侨同祖国联系的纽带》，载《汕头日报》，2014年12月26日。

舟驶船，奋力拼搏在通南往北的海上丝绸之路，拓展了眼界，开阔了视野，增长了知识，更是在日复一日、年复一年的人与海对象化关系中，逐步意识到海洋的重要性，认识到我们的家园还有那广袤而丰富的蓝色海洋。汕头海上丝绸之路文化具有明显的海洋意识，是培育青少年海洋意识的重要教育资源。

汕头海上丝绸之路文化培育青少年艰苦奋斗精神的重要教育资源。历史的汕头人，在海上丝绸之路中开展商业贸易活动，遇到的困难重重，风险多多。但是，为了生存，为了发展，他们知难而上，遇险而进。风餐雨露，褴褛毕露，开拓进取，其精神可歌可泣，更是值得传承发扬，对当今的青少年教育是一种的课程资源，具有明显的教育价值。

将汕头海上丝绸之路文化引入历史、地理等学科教学，可以帮助青少年学生更加鲜活、生动地了解汕头历史文化以至潮汕历史文化、祖国的历史文化，增强自豪感，更加热爱家乡，热爱祖国，从而提高课堂教学效果，有效实现教育教学目标。

汕头职院师生参观汕头侨批文化馆

就在"南澳Ⅰ号"发掘不久，毕业于汕头教育学院历史专业的南澳中学吴兰君老师，就把"南澳Ⅰ号"引入历史课堂教学，拓展学生的知识视野，加深了学生对家乡历史的了解，从中培育学生的家乡情感，激发学生的爱国主义热情。包括"南澳Ⅰ号"在内的汕头海上丝绸之路文化，是一种重要的教育资源，具有重要的教育价值，当值得广大教师在教育教学实践中，积极开发，有效利用。

第九章

汕头海上丝绸之路文化保护

文化保护是指人们在一定理论指导下,以法律法规与相关政策为依据,遵循文化发展规律,运用有效的技术手段与灵活多种多样的方法方式,对文化进行的保护。文化是人创造的,文化的生存与发展离不开保护;文化保护说到底是人的保护,离开了人就无所谓保护,就难以保护。文化保护的技术手段是多种多样的,文化保护的方法方式是必须认真讲究的。

文化遗产是不可再生的珍贵资源,必须着力保护。汕头海上丝绸之路文化是汕头先民在长期的海上丝绸之路中创造并遗留下来的,是一种极具价值的文化遗产,加强汕头海上丝绸之路文化保护,十分重要,非常必要。由于时间跨度大,层次多,涉及面广,汕头海上丝绸之路文化保护无疑是一个复杂的系统工程,任重而道远,我们必须正确认识,高度重视,科学谋划,精心设计,合理合法,有力有效地保护。

一、加强汕头海上丝绸之路文化保护的意义

(一)加强汕头海上丝绸之路文化保护是学习践行以习近平同志为核心的党中央关于加强文化保护指示精神的重要举措

一直以来,习近平总书记对中华民族优秀传统文化的传承与弘扬高度重视,对历史文化遗产的保护十分关注,多次对文化遗产的保护发表重要讲话,做出重要批示。

2013年8月,习近平总书记在一份关于河北正定古城情况的报告上做出重要批示:"充分肯定近年来正定古城保护工作。要继续做好这项工作,秉持正确的古城保护理念,即切实保护好其历史文化价值。"习近平总书记在这次批示中指出,近年来,我国文物事业取得很大发展,文物保护、管理和利用水平不断提高,但也要清醒看到,我国是世界文物大国,又处在城镇化快速发展的历史进程中,文物保护工作依然任重道远。

习近平总书记强调，树立保护文物也是政绩的科学理念，统筹好文物保护与经济社会发展，全面贯彻"保护为主、抢救第一、合理利用、加强管理"的工作方针，切实加大文物保护力度，推进文物合理适度利用，使文物保护成果更多惠及人民群众。各级文物部门要不辱使命，守土尽责，提高素质能力和依法管理水平，广泛动员社会力量参与，努力走出一条符合国情的文物保护利用之路，为实现"两个一百年"奋斗目标、实现中华民族伟大复兴的中国梦做出更大贡献。

2013年11月，习近平总书记对筹建武汉中共中央机关旧址纪念馆的报告做出批示："在城市工作中要重视历史文化遗产保护。修旧如旧，保留原貌，防止建设性破坏。"

2013年12月30日，习近平总书记在主持中共中央政治局第十二次集体学习时提出，要系统梳理传统文化资源，让收藏在禁宫里的文物、陈列在广阔大地上的遗产、书写在古籍里的文字都活起来。要以理服人，以文服人，以德服人，提高对外文化交流水平，完善人文交流机制，创新人文交流方式，综合运用大众传播、群体传播、人际传播等多种方式展示中华文化魅力。

2014年2月25日，习近平总书记在北京市考察工作时发表重要讲话指出："历史文化是城市的灵魂，要像爱惜自己的生命一样保护好城市历史文化遗产。北京是世界著名古都，丰富的历史文化遗产是一张金名片，传承保护好这份宝贵的历史文化遗产是首都的职责，要本着对历史负责、对人民负责的精神，传承历史文脉，处理好城市改造开发和历史文化遗产保护利用的关系，切实做到在保护中发展、在发展中保护。""搞历史博物展览，为的是见证历史、以史鉴今、启迪后人。要在展览的同时高度重视修史修志，让文物说话、把历史智慧告诉人们，激发我们的民族自豪感和自信心，坚定全体人民振兴中华、实现中国梦的信心和决心。"

2014年3月27日，习近平总书记在巴黎联合国教科文组织总部发表演讲时说，中国人民在实现中国梦的进程中，将按照时代的新进步，推动中华文明创造性转化和创新性发展，激活其生命力，把跨越时空、超越国度、富有永恒魅力、具有当代价值的文化精神弘扬起来，让收藏在博物馆里的文物、陈列在广阔大地上的遗产、书写在古籍里的文字都活起来，让中华文明同世界各国人民创造的丰富多彩的文明一道，为人类提供正确的精神指引和强大的精神动力。

2014年10月15日，习近平总书记在北京主持召开文艺工作座谈会并发表重要讲话，强调传承中华文化，绝不是简单复古，也不是盲目排外，而是古为今用、洋为中用，辩证取舍，推陈出新，摒弃消极因素，继承积极思想，"以古人之规矩，开自己之生面"，实现中华文化的创造性转化和创新性发展。

2015年2月15日，习近平总书记到陕西省西安市调研时指出，一个博物院就是一所大学校。要把凝结着中华民族传统文化的文物保护好、管理好，同时加强研究和利用，让历史说话，让文物说话。在传承祖先的成就和光荣、增强民族自尊和自信的同时，谨记历史的挫折和教训，以少走弯路、更好前进。

2015年11月10日，习近平总书记主持召开中央财经领导小组第十一次会议并发表重要讲话，强调要增强城市宜居性，引导调控城市规模，优化城市空间布局，加强市政基础设施建设，保护历史文化遗产。

2018年10月24日下午，习近平在考察广州市荔湾区西关历史文化街区永庆坊时指出，城市规划和建设要高度重视历史文化保护，不急功近利，不大拆大建。要突出地方特色，注重人居环境改善，更多采用微改造这种"绣花"功夫，注重文明传承、文化延续，要注意把城市更新与文化传承保护结合起来，让城市留下记忆，让人们记住乡愁。

党的十九大强调："文化是一个国家、一个民族的灵魂。文化兴国运兴，文化强民族强。"① 要"加强文物保护利用和文化遗产保护传承。"②

2017年1月15日，中共中央办公厅、国务院办公厅印发的《关于实施中华优秀传统文化传承发展工程的意见》提出：坚持保护为主、抢救第一、合理利用、加强管理的方针，做好文物保护工作，抢救保护濒危文物，实施馆藏文物修复计划，加强新型城镇化和新农村建设中的文物保护。加强历史文化名城名镇名村、历史文化街区、名人故居保护和城市特色风貌管理，实施中国传统村落保护工程，做好传统民居、历史建筑、革命文化纪念地、农业遗产、工业遗产保护工作。

以习近平同志为核心的党中央关于文化遗产保护的讲话十分精辟，批示非常精确，反映了习近平治国理政的科学思想，是习近平新时代中国特色社会主义思想的重要组成部分，是指导我们传承优秀传统文化、加强文化遗产保护的

---

① 习近平：《决胜全面建成小康社会，夺取新时代中国特色社会主义伟大胜利——在中国共产党第十九次全国代表大会上的报告》。引自《党的十九大文件汇编》，党建读物出版社，2017年，第28页。

② 习近平：《决胜全面建成小康社会，夺取新时代中国特色社会主义伟大胜利——在中国共产党第十九次全国代表大会上的报告》。引自《党的十九大文件汇编》，党建读物出版社，2017年，第30页。

科学理论。

　　加强汕头海上丝绸之路文化保护，无疑是学习践行习近平总书记关于文化遗产保护指示精神的重要举措。我们必须深入学习、领会以习近平同志为核心的党中央关于文化遗产保护的指示精神，采取积极有效的措施，着力加强汕头海上丝绸之路文化保护。

　　（二）加强汕头海上丝绸之路文化保护是抢救汕头海上丝绸之路文化的一个有力举措，有利于推进汕头文化建设

　　汕头海上丝绸之路文化源远流长，丰富多彩，涉及汕头海洋文化、商贸文化、华侨文化、港口文化等多个方面，是汕头先民在长期的海上丝绸之路中创造而留给我们的珍贵遗产。然而，由于自然的、人为的种种因素的影响与冲击，汕头海上丝绸之路文化虽然保留传世的有不少，但平心而论，也有很多受到破坏，遭到损毁，不断流失，日渐减少。

　　假如说，凤岭、樟林、隆津等古港的衰落是社会历史发展变迁的产物，难以避免，可以谅解、接受，那么，百载商埠的汕头小公园老街区许多见证汕头海上丝绸之路的历史文化在二十世纪八九十年代旧城改建浪潮中被吞噬，则是人为的破坏，令人痛心，难以宽恕，而悔之晚矣！

　　小公园老城区等汕头海上丝绸之路文化之所以被所谓的开发建设而惨遭损毁，主要原因之一，就是我们对文化遗产保护意识严重缺失。而今，我们高兴地看到，汕头海上丝绸之路文化保护得到一定的重视，有了一些保护的法律法规与政策，有了一定的保护行动，但我们也必须清醒地认识到，到目前为止，汕头海上丝绸之路文化的保护力度、宽度、深度都是有限的，全面、系统、配套的保护仍未提高到真正的议事日程上，仍未受到市委、市政府乃至广大市民、岛民的重视。汕头海上丝绸之路文化有的仍然在流失，有的仍然受到开发建设的冲击，这是一个不争的事实。汕头海上丝绸之路文化亟待抢救。我们必须明确，文化因保护而抢救，只有想保护才有抢救。

　　"海上丝绸之路"文化是汕头文化、当也是潮汕文化的一个重要组成部分。当下，汕头正致力于文化建设，提升汕头城市品位，增强汕头城市软实力。汕头文化建设是一个庞大的系统工程，既要发展当代文化，又必须继承、弘扬传统文化。继承、弘扬传统文化，就必须首先保护好传统文化。汕头海上丝绸之路文化就是一种优秀的汕头传统文化，一种值得继承、弘扬的优秀传统文化。汕头海上丝绸之路文化要很好地传承、弘扬，就必须着力保护。无疑置疑，加强保护是抢救汕头海上丝绸之路文化的一个有力举措，有利于推进汕头文化建设。

(三) 加强汕头海上丝绸之路文化保护有利于增强汕头文化自信

什么是自信？从马克思辩证唯物主义的观点出发，自信包含着一个问题的两个方面。一方面是"自"，就是自己、自身，即自己所在的国家、民族、家庭、团体以及自身所处的环境，自身所处的地位，自身所履行的使命。因此，"自信"强调的是对自己、自身的信心。另一方面是"信"。所谓信，就是信念、信仰、信心，具有强大的精神力量。

人是需要自信的。自信不是凭空而来。无论是民族的自信，还是群体的自信、个体的自信，都有其源泉，都需要原动力。文化是自信的一种重要原动力，一种充足的源泉。民族因民族文化而自信，城市因城市文化而自信、家庭因家庭文化而自信……

党的十九大强调："文化自信是一个国家、一个民族发展中更基本、更深沉、更持久的力量。"[①] "文化是一个国家、一个民族的灵魂。文化兴国运兴，文化强民族强。没有高度的文化自信，没有文化的繁荣兴盛，就没有中华民族伟大复兴。"党中央提出的文化自信，是一个民族、一个国家以及一个政党对自身文化价值的充分肯定和积极践行，并对其文化的生命力持有的坚定信心。

我们之所以有文化自信，就因为我们有优秀传统文化底蕴。只有对自己的文化有坚定的信心，才能获得坚持坚守的从容，鼓起奋发进取的勇气，焕发创新创造的活力。文化立世，文化兴邦。坚定文化自信，大力推动中国文化走出去，为中国经济、外交和安全影响力的扩展提供更加有效的软保护、构筑更有利的软环境，为我们的强国自信提供更基本、更深沉、更持久的力量，是我们必须重视的时代课题。

汕头人的文化自信当源于汕头文化。汕头文化是汕头人文化自信的原动力、源泉。自然地，引发汕头人自信的文化，是那些内容丰富、特色鲜明、功能齐全、价值明显、精神饱满的文化，主要是海洋文化、华侨文化、商贸文化、港口文化、侨批文化、红头船文化、慈善文化、红色文化等。汕头海上丝绸之路文化包括"海上丝绸之路"物质文化遗产与"海上丝绸之路"非物质文化遗产，它见证了汕头海上丝绸之路的辉煌历史，体现着冒险拼搏、开拓进取、同舟共济、诚实守信、爱国爱乡的汕头人精神，具有历史研究、旅游经济、社会、

---

① 习近平：《决胜全面建成小康社会，夺取新时代中国特色社会主义伟大胜利——在中国共产党第十九次全国代表大会上的报告》。引自《党的十九大文件汇编》，党建读物出版社，2017年，第16页。

审美、情感、教育等多方面的价值,是汕头人文化自信的重要源泉之一。

当下,汕头正致力响应党中央"一带一路"倡议,积极投入21世纪海上丝绸之路建设。汕头人民为有丰富而特色鲜明的"海上丝绸之路"文化而自豪,而自信。人们为澄海樟林为红头船文化而自信;为"南澳Ⅰ号"水下考古而自信;为小公园百载商业埠而自信……汕头海上丝绸之路文化是重要的文化遗产,亟待保护。毫无疑问,加强汕头海上丝绸之路文化保护,大有利于提高汕头海上丝绸之路文化的知名度,提升汕头的城市影响力,提振汕头干部群众的精气神,从而进一步增强汕头文化自信。

樟林仿造红头船

(四)加强汕头海上丝绸之路文化保护有助于推动汕头文化可持续发展

可持续发展是指满足当前需要而又不削弱子孙后代满足其需要之能力的发展。可持续发展主要是针对自然资源与经济增长而言的。实际上,可持续发展是多层明、宽领域的,经济、社会、文化、教育等都有一个可持续发展的问题。

文化可持续发展是指满足当前文化需要而又不削弱子孙后代满足其文化需要之能力的发展。文化要实现可持续发展,首先就必须加强文化保护与文化建设。文化保护是基础,是前提。文化不保护,文化受损坏,文化可持续发展就成为一句空话。文化得以保护,得到建设,不仅能够满足当前人们的文化需要,而且能够为子孙后代留下丰富的文化遗产,从而实现文化可持续发展。

经济、社会可持续发展需要力量,实现可持续发展的力量是组合的,当中就包括了文化力。文化对经济社会发展能够起着支撑的作用、引领的作用、推动的作用，这些作用的力量，也就是支撑力、引领力、推动力，一言蔽之，就是文化力。

当前，汕头人民正在深入学习、认真贯彻落实党的十九大精神和习近平视察广东重要讲话精神，致力于实现建设省域副中心城市的宏伟目标。汕头经济社会发展有很多资源优势，包括自然资源、文化资源、人力资源等等，也存在不少制约发展的因素。汕头要实现经济、政治、文化、社会、生态"五位一体"发展，就必须做大做强汕头文化力。汕头文化力要做大做强，就必须加强文化建设、推动文化发展。而汕头文化建设、文化发展首先要做的，就是必须对优秀传统文化的保护。文化无保护就无所谓文化建设，无所谓文化发展，就无所谓文化可持续发展。

汕头海上丝绸之路文化是汕头先民在长期的海上丝绸之路中创造的，凝聚了汕头人民战天斗地、勇往直前的大无畏精神，是汕头人民的优秀传统文化，给汕头人民留下了艰苦奋斗、自强不息的优秀文化传统。人是离不开传统的，人类总是生活在传统之中。传统总是在不知不觉中影响着当代，孵化着未来。我们与传统文化的关系，就像我们与父母基因的关系一样，不是我们要不要继承的问题，要不要保护的问题，而是我们想不继承都不可能，不保护则天理难容。我们需要继承优秀的汕头"海上丝绸之路"传统文化，我们也必须弘扬优秀的汕头海上丝绸之路文化传统。加强汕头海上丝绸之路文化保护，是保护我们汕头优秀"海上丝绸之路"传统文化，守住我们汕头优秀"海上丝绸之路"文化传统，构筑汕头人民的精神家园，留住汕头的历史文脉，锁紧汕头的历史记忆，为汕头华侨试验区建设、为汕头21世纪海上丝绸之路重要门户建设、为省域副中心城市建设提供智力支撑、文化引领和推动力量，利在当代，功在千秋。毋庸置疑，汕头经济社会、文化教育的可持续发展，汕头海上丝绸之路文化绝对不能缺席，缺席不得。

（五）加强汕头海上丝绸之路文化保护能够为汕头打造特色文化城市提供坚实基础

特色文化是指一种较其他文化具有更明显特质、更丰富内涵、更独特表现形式的文化。民族有特色文化，族群有特色文化，地区特色文化，城市也特色文化……特色文化既有先人在长期历史发展中创造并遗留下来的，也有当代人创造并积累起来的。

对于城市来说，文化铸就城市精神，显示城市形象，是城市发展的强大支撑力与不竭动力。城市发展更需要特色文化。特色文化彰显城市文化品位，表达城市心声，展示城市魅力，提升城市形象，增强城市竞争力。因而，城市人必须高度重视并采取积极有效措施，着力打造城市特色文化。

一个城市的特色文化，首先是对该城市特色鲜明、内涵丰富、知名度高的优秀传统文化的继承与选择。继承、选择特色文化，就必须做好第一要务——加强特色文化的保护。

汕头城市特色文化有哪些？赛大猪、营老爷、英歌舞、工夫茶、善堂、美食、侨批等等，广大市民如数家珍，津津乐道。在众人的心目中，都是汕头的特色文化。然而，特色文化不能过多，不能样样都是，多了就不是特色了。所谓特色，就是我有你无，你有我优，你优我精。因此，必须有选择，选择的依据与规则，就必须是价值明显、特质明显、具有较大代表性的文化，这才是名副其实的汕头特色文化。

历史上的汕头是海上丝绸之路重要节点，对我国海上丝绸之路发展有着重大历史作用，尤其是红头船商人开创的红头船贸易，张扬了古代海上丝绸之路的历史，而近代汕头开埠崛起，延续了红头船贸易，延续了海上丝绸之路，缔造了繁盛的、遐迩闻名的百载商埠，推动了古代海上丝绸之路到近代海上丝绸之路的历史嬗变。汕头人在长期的海上丝绸之路中创造并遗留下来的"海上丝绸之路"文化，十分丰富，别具特色，价值明显。它包括港口文化、红头船文化、商埠文化、海关文化、侨批文化等等，融合了华侨文化、海洋文化、商贸文化等，充分彰显了汕头海上丝绸之路的辉煌历史，无不彰显汕头海上丝绸之路文化特色。所以，"海上丝绸之路"文化是汕头较有代表性、有较大影响力、值得信赖的特色文化。选择汕头特色文化，"海上丝绸之路"文化当仁不让。打造汕头特色文化城市，"海上丝绸之路"文化绝对是重量级的、首选的。

1921年汕头设立市政厅，1981年汕头设立经济特区，2015年汕头设立华侨经济文化合作试验区，2018年汕头被确定为省域副中心城市……汕头的历史发展，汕头的经济社会发展，汕头海上丝绸之路的辉煌历史、汕头丰富的"海上丝绸之路"文化，都是其重要背景，都是其有力支撑，都有其强大推动。

一个城市的文化特色、文化品位、文化形象、文化软实力，必须靠文化建设，必须做好文化继承，必须优化文化选择。文化建设、文化继承、文化选择，首先必须做好文化保护。文化不保护，文化失保护，再有特色的文化也会被弱化，也将受损遭伤，甚至丧失殆尽。加强汕头海上丝绸之路文化保护，在保护基础上开发利用，能够彰显汕头的滨海城市特色、著名侨乡、百载商埠、红头船故乡，从而提升汕头的城市文化品位，增强汕头的核心软实力，提高汕头的城市核心竞争力，推动汕头经济社会快速发展，高效发展，高质量发展。

（六）加强"海上丝绸之路"文化保护有利于守住汕头人的历史记忆，打造汕头人的精神家园

当今社会，急剧转型，高度开放，文化多元化，人的价值观多样性。民族的、地方族群的优秀传统文化受到极大的影响与冲击，有的逐步退出历史舞台，有的渐渐远离我们的视野，有的濒临绝唱的危机。无论是民族的还是地方族群的优秀传统文化，都是我们的根，是我们的文脉，是我们的记忆，是我们的情怀。我们不能割断历史，我们不能忘记文化。

汕头海上丝绸之路文化是历史上汕头人在长期的海上丝绸之路中创造出来的一种优秀传统文化，它记录着汕头人战天斗海、通商行贸的艰难历史，承载着冒险拼搏、同舟共济、诚实守信、爱国爱乡汕头人精神，是一笔珍贵的历史文化遗产。但是，汕头海上丝绸之路文化也同样受到各种因素的影响与冲击，有的已经消失，有的日益衰微，有的被不断淡忘，面临严重的生存危机。

我们必须以强大的历史使命感与时代责任感，奋起直追，采取积极有效措施，抢救汕头海上丝绸之路文化，保护汕头海上丝绸之路文化。保护汕头海上丝绸之路文化，就是保护汕头人的日常生活，就是保护汕头老百姓；保护汕头海上丝绸之路文化，才能使汕头人民认得过去，守住现在，留得住未来；才能守住汕头人的历史记忆，打造汕头人的精神家园。

二、加强汕头海上丝绸之路文化保护的原则与基本方针

文化保护是必要而重要的，但不能随意，不得随便，特别是要避免"官大表准"的现象，更要防止名为保护实则破坏者。加强汕头海上丝绸之路文化保护，必须遵循以下几个原则：

其一，原封不动的保存。原封不动的保存，保护历史文化的原真性，这是联合国提倡的标准。一般对文物古迹都必须原封不动的保存。汕头海上丝绸之路文化的保护，也必须遵循这一原则。

其二、整旧修故。对残缺的"海上丝绸之路"文物、古迹进行修复时，应遵循"整旧修故，以存其真"的原则，保持修复部分与原来景观一致，不能损伤其他的艺术性、历史性、科学性；要在原有的基础上，尽可能保留"海上丝绸之路"文物、古迹的岁月痕迹；在修复过程中，一定要经过仔细论证，采用原有的材料、工艺，保留时代的风貌，呈现"原汁原味"的历史风貌；要尽可

能地减少加固、维护。

其三、谨慎重建。经过岁月的洗礼、战争的摧毁以及开发建设的创伤，很多十分重要的汕头"海上丝绸之路"历史古迹遭到损毁，但由于它们具有重要的特征性、象征性，故而在条件允许的情况下，需要进行必要重建。但是，重建的过程中必须谨慎，必须经专家论证，以免使"海上丝绸之路"文物古迹失去了历史的真实性。

其四，量力而行、适度开发。在开掘"海上丝绸之路"文物古迹时，要量力而行、适度开发，不能过于盲目。如果将"海上丝绸之路"文物古迹发掘后，不能进行及时有效地保护，或者保护措施不当，将会给"海上丝绸之路"文物古迹造成不可逆转、难以弥补的损失。

其五、利用以不损坏遗产为前提。对汕头"海上丝绸之路"历史文化遗产的利用，要以不损坏遗产为前提，以继续原有使用方式为最佳，建造博物馆，或作为参观旅游景点要慎重，防止被破坏。过度地对汕头海上丝绸之路文化遗产开发利用，是杀鸡取蛋、得不偿失的行为。

其六，保护历史环境。文物古迹与其周边的环境是紧密相连的，不能脱离周边的环境而孤立存在。汕头"海上丝绸之路"文物古迹周边环境的意义很重要，与汕头"海上丝绸之路"重要历史有关的地形、地貌、山河、植被及其他环境特征都要保护，以推进汕头海上丝绸之路文化的整体性保护。

加强汕头海上丝绸之路文化保护，必须坚持以习近平新时代中国特色社会主义理论为指导，遵照正确的基本方针。坚持保护"海上丝绸之路"文化遗产的真实性和完整性，坚持依法和科学保护，正确处理经济社会发展与"海上丝绸之路"文化遗产保护的关系，统筹规划、分类指导、突出重点、分步实施。

三、加强汕头海上丝绸之路文化保护的主要对策

加强汕头海上丝绸之路文化保护是一种历史责任，一种时代使命。对汕头海上丝绸之路文化的保护，必须正确处理保护与利用的关系、保护与发展的关系、保护与改善群众生活的关系，切忌急功近利。要将保护与城乡建设、政府职能、资金保障、社会监督、公众参与联系起来，科学合理地编制保护规划，避免盲目性，增强可操作性。为此，我们必须以习近平新时代中国特色社会主义思想为指导，贯彻落实中共十九大精神与习近平关于文化保护的指示精神，构筑文化保护观念，增强文化兴汕意识，不忘初心，牢记使命，久久为攻，积极作为，奋力有为，着力加强汕头海上丝绸之路文化保护。

(一) 做好"海上丝绸之路"文化普查工作

文化普查是文化保护的重要前提。只有全面深入、认真细致地开展汕头海上丝绸之路文化普查工作，汕头海上丝绸之路文化保护才能科学规划、精心设计；才能有的放矢、有效高效。

汕头市各级政府、人大、政协及文化部门，必须及早出台相关政策，安排一定资金，组织由各相关职能部门与专家学者联合组成的汕头海上丝绸之路文化普查工作组，深入海内外，做好汕头海上丝绸之路文化，包括"海上丝绸之路"物质文化与"海上丝绸之路"非物质文化的调查、拍照、录像、录音与资料分类、造册登记等工作，为汕头海上丝绸之路文化保护做必要的充分准备，奠定充实的基础。

(二) 加强"海上丝绸之路"文化法制保护力度

制度保护是文化保护的根本保证和有力措施。法律制度是文化保护最为重要的制度。汕头海上丝绸之路文化保护，重要在于法律保护。毋庸置疑，对于汕头海上丝绸之路文化的保护来说，联合国教科文组织制定的《保护世界文化与自然遗产公约》（1972年）、《保护非物质文化遗产公约》（2003年）；我国的《中华人民共和国文物保护法》（1982年）、《关于实施中国民族民间文化保护工程的通知》（2004年）、《关于加强文化遗产保护的通知》（2005年）、《关于加强我国非物质文化遗产保护工作的意见》（2005年）、《国家级非物质文化遗产保护与管理暂行办法》（2006年）、《中华人民共和国非物质文化遗产保护法》（2011年）以及《汕头市非物质文化遗产保护传承扶持办法》等等，都是现有的、最为权威的、最有力的法律法规。我们必须认真学习，深入研究，增强文化保护的法律意识，坚决运用法律法规保护"海上丝绸之路"文化。我们还可以充分发挥汕头经济特区的立法权优势，制订、出台关于汕头海上丝绸之路文化保护的法律法规与规则。

此外，我们还要切实发挥各区县政府优势，建立健全"海上丝绸之路"文化保护制度，包括奖惩、管理制度。可以学习借鉴潮阳区、潮南区设立"河长制"治理江河的经验做法，设立"海上丝绸之路"文化"保护长制"，形成"海上丝绸之路"文化保护的长效机制，为"海上丝绸之路"文化保护工作提供重要保障，使汕头海上丝绸之路文化保护真正落到实处。

(三) 制订、出台科学有效的"海上丝绸之路"文化保护政策

政策是法律的延伸与落实，具有明显的实操性、可操作性与灵活性，当然

不能随意，必须科学。任何文化保护都需要政策保护，需要政策来实施。汕头海上丝绸之路文化需要联合国教科文组织、国家、省的文化保护法律法规来保护，也需要市政府相关政策的保护。

汕头各级政府、各级人大与政协、各级文化职能部门，必须在广泛深入调研的基础上，制订、出台科学有效的"海上丝绸之路"文化保护政策。这些政策包括资金筹集、队伍培养培训、人员管理细则、保护措施等等。而这些政策的制订、出台，一定要有专家学者的参与，一定要按照民主程序，科学论证，广泛征求社会各界的真知灼见，特别是广大市民、海内外潮人的意见与建议，尽力做到既高大上又接地气，科学、可操作、有效、高效。

（四）加强"'海上丝绸之路'文化名录"制度建设，构建汕头"'海上丝绸之路'文化名录"制度体系

联合国教科文组织在1972年制定的《保护世界文化与自然遗产公约》，提出主要以建筑遗产、遗存遗迹、文物等为主要对象的《世界遗产名录》和《处于危险的世界遗产名录》，开启了世界"物质文化遗产"保护的名录制度时代。1997年11月，联合国教科文组织通过了《人类口头和非物质遗产代表作决议》，使名录制度的适用范围开始从"物遗"转向"非遗"。

许瑞生副省长调研樟林古港保护利用工作

文化遗产名录制度蕴含了"从历史静态遗产迈入现实活态遗产"的保护理念，不仅有效复兴、保护地方传统文化，而且逐渐成为地方文化建设和文化认同建设的主要方向，是一种强有力的文化保护制度。汕头海上丝绸之路文化要得到科学有效保护，必须加强文化名录建设，构建汕头"'海上丝绸之路'文化名录"制度体系。

就目前情况看，汕头"海上丝绸之路"物质文化遗产名录工作有值得肯定的地方。龟山文化遗址、樟林古港、"南澳Ⅰ号"、潮海关、陈慈黉故居、汕头老妈宫、汕头邮政大楼等"海上丝绸之路"文化遗址、遗迹、遗物都先后而分别被确定为省级、市级文化遗产名录。但是，汕头"海上丝绸之路"非物质文化遗产名录工作明显落后，不尽人意；部分有明显文化价值的物质文化遗产也未申报遗产名录。因此，我们必须解放思想，更新观念，开阔视野，精心策划，深入研究，积极挖掘文化内涵，着力推进汕头"海上丝绸之路"物质文化与非物质文化遗产名录申报工作，加强"'海上丝绸之路'文化名录"制度建设，构建汕头"'海上丝绸之路'文化名录"制度体系，促进汕头海上丝绸之路文化保护扩容提质，有力高效。

（五）提高"海上丝绸之路"文化保护的技术手段

文化保护需要技术来实现，技术是提高文化保护的重要手段，尤其是在科学技术日新月异、广泛应用于各个领域的当今社会。汕头海上丝绸之路文化要好好保护，保护得好好，就必须依靠各种技术手段，以提高保护的水平与效果。

"海上丝绸之路"物质文化本身有不同的地方、不同的类型、不同的历史时期，如红头船与"南澳Ⅰ号"；樟林古港与达濠古港、汕头港等，其保护的技术手段自然有所不同。就目前情况看，"南澳Ⅰ号"的技术保护含量无疑是比较高的。文化的技术保护必须用准用对，否则不仅保护不了，反而损害、破坏文化，汕头海上丝绸之路文化亦然。这就要求专家技术人员科学论证，科学施行。

汕头大学陈志民教授在论及小公园旧城保护的问题时特别强调，要注意修复过程中不能只重"面子"不重"里子"，过度"拉皮抹粉"以致"整容过度"。历史建筑的修缮应将更多预算、更多工艺、更多着力点放在"强筋壮骨"上。[①] 陈教授的这番话就包含了对文化技术保护的高度重视，为汕头海上丝绸之路文化技术保护提供重要的启发。

文化保护不是光喊口号，更不是乱来恶搞。特别是要警惕某些文化部门，个别文化官员，受经济利益的驱动，为了政绩，甚至为了个人私利，名为保护文化、建设文化，实则毁坏文化，或往往因技术手段不当而导致文化遗产、文化资源的损坏。

（六）创新保护的方法方式

汕头海上丝绸之路文化的类型是多种多样的，其保护的方法方式是当也多

---

① 刘佳纯：《汕大学者建言老城"保育活化"》，载《汕头日报》，2018年2月2日。

种多样，这当中就包括传统的文化保护方法方式。但是，新时代背景下的文化保护，必须创新方法方式。

建立汕头海上丝绸之路文化主题博物馆或主题公园，无疑是汕头海上丝绸之路文化保护的一个重要举措。可以以"南澳Ⅰ号"为背景，在南澳规划设立汕头海上丝绸之路文化博物馆或汕头海上丝绸之路文化公园。通过建立主题博物馆或主题公园，全面展示丰富的汕头海上丝绸之路文化。

在各区县设立汕头海上丝绸之路文化文物惠赠站，征集散落于民间的"海上丝绸之路"文化文物，并向海外征集。

对"海上丝绸之路"歌谣、"海上丝绸之路"歌册、"海上丝绸之路"民间故事等口承文艺，可以将之录制、拍摄，运用电视、电脑、手机、微信、卡拉OK等传播"海上丝绸之路"文化，拍摄"海上丝绸之路"文化电视（包括短剧）、电影（如微电影）。特别是汕头电视台的《今日视线》《潮汕风》《一潮网》《橄榄台》等，以及政府门户网、市委宣传网、潮人网等网站，有计划、有选择地、有效力地开展汕头海上丝绸之路文化的宣传、传播。

通过潮汕文化进校园这一活动形式，有计划、有步骤地将汕头海上丝绸之路文化推进汕头各中小学校园，推进到汕头鮀滨职业技术学校、汕头外语外贸职业学校等中等职业学校校园，也推进到汕头大学、汕头职业技术学院等大学校园。在各级学校开展汕头海上丝绸之路文化课题研究，举办汕头海上丝绸之路文化研讨会、展览会、交流会、专题讲座；组织师生参观、考察汕头海上丝绸之路文化遗产；创设汕头海上丝绸之路文化传承基地，或培训基地，使汕头海上丝绸之路文化在传承的同时，得到很好的保护。

积极开展形式多样、民众喜闻乐见的"海上丝绸之路"文化活动。在樟林古港、达濠古港、南澳海上丝绸之路文化广场、汕头小公园等地，举办"海上丝绸之路"海韵文艺晚会、"海上丝绸之路"文化节、"海上丝绸之路"文化旅游节等一系列文艺活动，普及、宣传汕头海上丝绸之路文化，提高干部群众参与"海上丝绸之路"文化保护的自觉性与积极性。

（七）加强汕头海上丝绸之路文化生态保护

文化生态是文化遗产生存的必要条件，也是重要的环境。文化保护包含着文化生态保护。很多传统文化，往往会随着时间的推移，环境的变迁，特别是当下生态环境的变化而逐步老化、弱化，不断地衰落，甚至消亡。

汕头海上丝绸之路文化有不少因生态环境日益恶化而受损，而日益衰微。

不仅是樟林古港、凤岭古港碑铭石刻等物质文化遗产方面，也有歌册、歌谣、民间故事这些"海上丝绸之路"非物质文化因当下传统文化被冷落，遭冲击的背景而被人淡忘，乃至退出历史舞台。因此，汕头海上丝绸之路文化保护也必须重视并采取积极有效措施，着力加强生态环境保护。除了"南澳Ⅰ号"、樟林古港、汕头小公园骑楼仍需加大保护力度外，程洋岗、达濠、海门等处的"海上丝绸之路"文化遗址、遗迹也必须加强生态保护，使之永续生存。

（八）培养培训一支"海上丝绸之路"文化保护队伍

文化保护说到底是人的保护，人是文化保护的关键。这里说的人，包括广大干部群众；包括"海上丝绸之路"文化传承人、"海上丝绸之路"文化管理者，包括专家学者等文化人。人对"海上丝绸之路"文化保护，首先是的也是重要的，就是汕头的干部群众必须具有强烈的文化保护意识；其次是要培养培训一支"海上丝绸之路"文化保护队伍。

我们必须从响应党中央"一带一路"倡议，建设21世纪海上丝绸之路重要门户的战略高度，有计划地、有步骤培养培训汕头海上丝绸之路文化保护队伍。建议在现有文化部门中选调一些年轻人，从大学毕业生中挑选一些素质高的文化爱护者，组织他们学习文物保护法、文化保护知识理论、潮汕历史文化、汕头海上丝绸之路历史与汕头海上丝绸之路文化等；组织他们到其他国家、其他地区、其他城市参观考察，学习先进的文化保护做法与成功经验；组织他们实地考察汕头海上丝绸之路文化遗产，开展汕头海上丝绸之路文化保护研讨交流活动，探索汕头海上丝绸之路文化保护新模式，掌握汕头海上丝绸之路文化保护的技术方法，全力打造一支思想意识强、文化理论水平高、专业技术过硬的汕头海上丝绸之路文化保护人队伍。当然，这支队伍必须兼容其他文化保护等工作。

另外，要尽力避免过去把"海上丝绸之路"文化保护只是政府及其文化部门唱"独角戏"，为政府部门"包养"，无民间参与的做法，深入广泛发动群众，特别是市民群众，积极参与到"海上丝绸之路"文化保护队伍中来，壮大"海上丝绸之路"文化保护队伍，形成良好的汕头海上丝绸之路文化保护态势。

（九）学习借鉴其他城市文化保护的宝贵经验和有效做法

他山之石，可以攻玉。文化保护是每个国家、每个民族都必须面临的重要的社会课题，是每个地方、每个城市的神圣职责。各地有各自的文化，各地有各自的文化保护做法，各地有各自的文化保护的成就与经验。就广东省内而言，广州荔湾区西关历史文化街区永庆坊、潮州老街等，在文化保护方面都做得十分出色，取得明显成就，值得汕头学习借鉴。特别是要学习借鉴泉州、厦门、宁波、广州等"海上丝绸之路"城市在保护"海上丝绸之路"文化方面的有效做法与成功经验，该复制的就复制，可模仿的就模仿，更要结合汕头的具体情况，探索汕头海上丝绸之路文化保护的新方法方式，打造有汕头特色"海上丝绸之路"文化保护模式。

  汕头海上丝绸之路文化是汕头的，也是潮汕的，是中国的，更是世界的。汕头海上丝绸之路文化的保护，必须大视野，大胸襟，高起点，高规格，借助汕头华侨经济文化合作试验区设立这个契机，利用这个平台，抓住合作这个要点，与国内其他地方、与东南亚国家建立"海上丝绸之路"文化保护合作机制，充分利用各地、各国"海上丝绸之路"文化保护的技术手段、模式、人才以及资金。汕头海上丝绸之路文化是先人遗留给后人具有文化价值的财产，我们有义务保护好祖先的遗产，这份财产属于我们，也属于我们的子孙后代。

第十章

汕头海上丝绸之路文化资源的开发利用

汕头海上丝绸之路文化丰富多彩，既有古代的"海上丝绸之路"文化，也有近代的"海上丝绸之路"文化；既有"南澳Ⅰ号"、红头船、百载商埠等"海上丝绸之路"物质文化，又有等"海上丝绸之路"故事、歌谣等非物质文化；既有海洋文化，又有华侨文化、商贸文化、港口文化；汕头海上丝绸之路文化特质明显，既有开放性、兼容性、冒险性、互动性，又有祖根意识；汕头海上丝绸之路文化精神丰富，既有冒险拼搏精神，又有开拓进取精神、同舟共济精神、诚实守信精神、爱国爱乡精神；汕头海上丝绸之路文化价值丰富，既有历史研究价值，又有社会价值、旅游经济价值、审美价值、情感价值、教育价值。因此，保护活化汕头海上丝绸之路文化，开发利用汕头海上丝绸之路文化资源，是值得我们深入研究的一个重要课题，这也是时代赋予我们的一个重大的历史职责。

一、开发利用汕头海上丝绸之路文化资源的重要意义

资源是一国或一定地区内拥有的物力、财力、人力等各种物质要素的总称。文化是人类创造的物质财富和精神财富的总和，自然是也肯定是一种资源。文化资源有广义与狭义之分。广义上的文化资源，泛指人们从事一切与文化活动有关的生产和生活内容的总称，它以物质状态为主要存在形式；狭义上的文化资源，是指对人们能够产生直接和间接经济利益的精神文化内容。文化资源的丰富程度和质量高低直接对当地文化经济的发展产生影响。汕头海上丝绸之路文化是一种丰富的文化资源，值得积极开发，有效利用。开发利用汕头海上丝绸之路文化资源具有十分重要的意义。

（一）开发利用"海上丝绸之路"文化资源是汕头积极融入"一带一路"国家倡议的一个重要举措

"一带一路"指的是丝绸之路经济带和21世纪海上丝绸之路。2013年11月

12 日，党的十八届三中全会通过了《中共中央关于全面深化改革若干重大问题的决定》，明确提出要加快同周边国家和区域基础设施互联互通建设，推进丝绸之路经济带、海上丝绸之路建设，形成全方位开放新格局，加快培育参与和引领国际经济合作竞争新优势，以开放促改革。这是党中央正式提出"一带一路"倡议。党的十八届五中全会通过的《关于制定国民经济和社会发展第十三个五年规划的建议》，强调要大力推进"一带一路"建设。

据初步估算，"一带一路"沿线总人口约 44 亿，经济总量约 21 万亿美元，分别约占全球的 63% 和 29%。① 到目前为止，响应"一带一路"倡议的沿线国家有 100 多个。"一带一路"倡议对我国现代化建设和屹立于世界领导地位具有深远的战略意义。"一带一路"倡议的提出，契合沿线国家的共同需求，为沿线国家优势互补、开放发展开启了新的机遇之窗，是国际合作的新平台。"一带一路"倡议在平等的文化认同框架下谈合作，是国家的战略性决策，体现的是和平、交流、理解、包容、合作、共赢的精神。

历史上，汕头是海上丝绸之路的重要节点，一直是海上对外经济贸易与文化交流的最前沿，为发展我国与世界其他国家的经济贸易及文化交流做出了巨大贡献。国家在汕头设立华侨经济文化合作试验区，看重的就是汕头在"一带一路"中的重要地位。推进"一带一路"，汕头不可缺席，要大有所为，更必须奋力而为。因此，汕头必须正确认识自己的发展方位，以强烈的历史责任感与时代使命感，积极主动、有力有效地融入"一带一路"。

汕头海上丝绸之路文化资源丰富，特质开放，价值明显，必须积极开发，

---

① 《一路一带背景和意义》，http://www.kekegold.com。

充分利用。开发利用汕头海上丝绸之路文化资源的过程，就是加深认识"海上丝绸之路"文化与"一带一路"国家倡议的过程；就是加厚"海上丝绸之路"文化内涵，充实"海上丝绸之路"文化精神，彰显"海上丝绸之路"文化特色的过程；就是奋力作为，积极融入"一带一路"国家倡议的过程，无疑对汕头积极有效融入"一带一路"国家倡议具有重大的积极作用。

（二）开发利用"海上丝绸之路"文化资源有助于推进汕头华侨试验区建设

2014年9月15日，国务院在设立汕头华侨经济文化合作试验区的批复中明确强调，"支持华侨试验区着力转型升级，推动海外华侨华人与祖国经济深度融合发展；支持华侨试验区搭建海外华侨华人文化交流平台，深化与有关国家（地区）的人文合作；支持华侨试验区全面深化改革，构建开放型经济新体制；加大政策支持，统筹推进华侨试验区建设发展。"① 这是站在新世纪的战略高度，审视汕头经济社会发展，纵览国际经济发展态势，推进共建21世纪海上丝绸之路的重大战略决策，体现了党中央、国务院对汕头经济特区发展的高度重视和对广大华侨华人的巨大关怀，饱含着对汕头更上一层楼的寄望和嘱托。

汕头华侨试验区办公楼

华侨试验区的设立，是汕头人民政治生活中的一件大事，是继设立经济特区之后又一具有里程碑意义的大事，是响应、落实"一带一路"国家倡议的重要步骤之一。华侨试验区之所以设立在汕头，关键在于汕头是中国五大经济特

---

① 《国务院同意在汕头经济特区设立华侨经济文化合作试验区》，《汕头日报》，2014年9月20日。

区之一，是著名的沿海开放港口城市，也是全国著名侨乡；在于汕头是历史上海上丝绸之路一个重要节点；在于汕头如今正致力于建设 21 世纪海上丝绸之路重要门户。

华侨经济文化合作试验区有四大要点。一是华侨。在全国已设立的自贸区、经济开发区、经济特区中，唯一冠名"华侨"的就是汕头；二是文化。与其他自贸区、京畿一带区相比，唯一有"文化"的就是汕头；三是合作。这合作既是经济的，也有文化的，更有情感的，是全方位、多领域、深层次的合作；四是试验。试验的深刻内涵，就在于先行先试，不惧风险，希望成功，允许失败。

华侨经济文化合作试验区设在汕头，代表汕头，更是代表中国；面向亚洲，更是面向世界。这就需要集天下之资，用天下之智，举天下之力，奋力建设。汕头海上丝绸之路文化资源既是汕头的，也是潮汕的，是中国的；既是亚洲的，也是全世界的，是人类共同的文化遗产。开发利用汕头海上丝绸之路文化资源，对推进华侨经济文化合作试验区建设具有十分重要的作用。

1、开发利用"海上丝绸之路"文化资源能够更好地为华侨试验区建设聚集更大更强的侨资侨力侨智。海上丝绸之路与华侨息息相关。海上丝绸之路引出海商，推出了一艘艘红头船，造就出汕头这个百载商埠，形成一个持续数百年的海外移民族群。在这旷日持久的历史过程中，海内外汕头人创造了包括红头船、侨批、骑楼、陈慈黉故居等在内的汕头华侨文化，汇成丰富的汕头海上丝绸之路文化。汕头华侨文化是汕头海上丝绸之路文化的重要组成部分，是一种具有较大代表性的开放型文化。开发利用汕头海上丝绸之路文化资源，当中就包括对汕头华侨文化的开发利用。而开发利用汕头海上丝绸之路文化资源中的华侨文化，就是对汕头华侨文化的认同、尊重，就能够唤起海内外汕头人的历史记忆，找回当年的感觉，重温过去的美梦，再续早日辉煌，从而增强情感，形成理解、包容、交流、合作、发展、共赢的理念与思路，提供文化资源与人文支撑，更好地为华侨试验区建设聚巨资，献大智，出雄力。离开了华侨，失去华侨的支持，失去华侨文化的支撑，华侨试验区将一事无成，甚至会变成衰形。

2、开发利用"海上丝绸之路"文化资源能够推进华侨试验区经济合作与交流更上一层楼。海上丝绸之路是一条著名的商路，这条持久的商路搭建起了一个广阔的商贸平台，不同国家与地位的商人，不同的商品，包括丝绸、瓷器、铁器、茶叶、香料、象牙等，在这个商贸平台上互通有无，互竞互争，互利共赢，极大地促进了汕头海上丝绸之路文化的生成为与发展壮大。商贸文化无疑是汕头海上丝绸之路文化的核心文化。发展经济贸易无疑是华侨试验区的核心主题，是适应当代国际经济贸易发展新态势，全面对应国家经济发展战略，创建改革开放新特区，进一步强化汕头的粤东区域中心城市地位，推动汕头省域副中心城市建设，实现汕头创新发展新跨越的重要举措。

开发利用汕头海上丝绸之路文化资源，能够更好地总结历史经验，吸取历史教训，与海上丝绸之路沿线国家和地区形成共识，拿出诚意，创设新体制，支持足够人才，构筑商贸合作交流新平台，为华侨试验区注入新鲜血液，积聚发展的丰富资本，聚集发展的雄厚力量，促进华侨试验区的经济合作与交流高起点、高态势、快发展。

3、开发利用"海上丝绸之路"文化资源能够推进华侨试验区的文化合作与交流锦上添花。海上丝绸之路是历史上联结东西方的重要海上通道，又是沟通人类物质文明和精神文明的对话之路。它印证了世界历史上多元文化和平共处、互相交融、共同发展的辉煌历程。汕头作为古代海上丝绸之路的重要一站，"南澳Ⅰ号"、樟林港、红头船、侨批、陈慈黉故居、小公园骑楼等等，都是见证汕头与海外文化交流与合作的历史文物。

文化合作与交流是国务院赋予汕头华侨试验区的重大历史使命，任重而道远。开发利用汕头海上丝绸之路文化资源，就是要依托汕头海上丝绸之路文化资源优势，扩大汕头海上丝绸之路文化影响，把汕头海上丝绸之路文化传出去，把海外及国内其他地区的文化请进来，加强交流，促进合作，共谋发展，从而把汕头打造成为"全球潮人精神家园"和"修心乐土"，使汕头走向亚洲，冲进世界。

4、开发利用"海上丝绸之路"文化资源能够推进华侨试验区取得辉煌的试验成果。对于汕头来说，汕头华侨试验区建设是一个崭新的课题，机遇与挑战并存，希望与困难同在。我们必须明确职责，更要正视其存在的种种困难，特别是首当其冲的体制、金融、人才等新难题、大难题。

汕头华侨试验区突出试验，党中央要求我们先行先试，大胆作为。我们必须树信心，鼓勇气，讲科学，制策略，有步骤。汕头海上丝绸之路文化是在长期跋涉的海上丝绸之路中逐渐形成的，它凝聚着冒险开拓、自强不息的汕头人精神，一直激励着汕头人民奋力拼搏，积极投入社会主义现代化建设。特别是"海上丝绸之路"文化精神与"敢为天下人先""杀出一条血路"的特区文化精神相结合，形成一股强大的精神力量，推动着汕头经济社会的不断前进。建设华侨试验区，我们需要"海上丝绸之路"文化的支撑和引领，必须弘扬"海上丝绸之路"文化精神,勇于试验,善于试验,才能圆满而出色地完成党中央交给我们的光荣任务,才能取得辉煌的试验成果。

(三)开发利用"海上丝绸之路"文化资源有利于推进汕头21世纪海上丝绸之路重要门户建设

历史上的汕头是海上丝绸之路的重要一站,为中外商业贸易与文化交流做出了巨大贡献,造就了丰富的"海上丝绸之路"文化。国务院正式批复同意在汕头经济特区设立华侨经济文化合作试验区,赋予汕头建设21世纪海上丝绸之路重要门户的历史重任。当前,汕头正大力推进华侨试验区建设,打造21世纪海上丝绸之路重要门户,积极融入"一带一路"。开发利用汕头海上丝绸之路文化资源有利于推进汕头21世纪海上丝绸之路重要门户建设。

南澳海上丝绸之路广场

1、开发利用"海上丝绸之路"文化资源能够为汕头建设21世纪海上丝绸之路重要门户提供重要的文化引领。引领即导向,是文化的一大功能。文化引领重在引领人们更好、更科学地认识自身发展的历史方位,明确自身发展的正确方向,确定自身发展的正确道路,聚合发展的一切积极力量。汕头海上丝绸之路文化资源丰富,特色鲜明,价值巨大,引领作用明显。

汕头海上丝绸之路文化十分肯定:海上商业贸易非常重要,必须大力发展对外经济贸易；汕头海上丝绸之路文化充分表明：商业贸易是文化交流的一种重要载体，商文可以相长，必须并举；汕头海上丝绸之路文化有力证明：汕头必须大力开放，唯开放才有出路，大开放才能大发展；汕头海上丝绸之路文化更是规示了汕头现在及今后发展的方向与道路：必须坚定不移地走开放之路，充分发挥著名侨乡优势，打造"中国华侨门户，世界潮人之都"；必须积极有效利用华侨试验区这个大平台，积极参与"一带一路"建设，打造"贸易汕头"；必须加强港口建设，大力发展港口经济，打造"世界新兴自由港"；必须加强对外文化交流与合作，推动中华民族文化的传播与发展，打造文化汕头，创建健康汕头，建设幸福汕头。

2、开发利用"海上丝绸之路"文化资源能够为汕头建设21世纪海上丝绸之路重要门户提供积极的推动力。文化是一种生产力，对经济社会发展有着积极的推动作用。汕头海上丝绸之路文化是汕头人民在长期的海上丝绸之路历史发展中逐渐生成的，对汕头经济社会发展起着积极的推动作用。开发利用汕头海上丝绸之路文化资源，努力使汕头海上丝绸之路文化资源做大做强，功能得以全面释放，价值得到有效实现，必将能够强有力地推动汕头21世纪海上丝绸之路重要门户建设。

丰富的汕头海上丝绸之路文化告诉我们：开发利用汕头海上丝绸之路文化资源的过程，就是增强市民海洋意识，强化市民生态文明观念的过程；开发利用汕头海上丝绸之路文化资源的结果，必将形成更新的汕头海洋文化，更大地丰富汕头海洋文化，产生更大的海洋经济效益，从而汇入21世纪海上丝绸之路建设热潮，推动汕头21世纪海上丝绸之路重要门户建设。

丰富的汕头海上丝绸之路文化表明：我们的古代先民无惧风浪、踏海而行，勇于冒险，敢于闯荡。汕头海上丝绸之路文化蕴涵的"自强不息、海纳百川"精神，一直积极有效地推动着汕头经济社会与文化的前行发展，无论是百载商埠的发展，还是经济特区的建立。

汕头丰富的"海上丝绸之路"文化充分体现了汕头人民勤劳智慧、开拓冒险、奋发向上的传统美德，是一种丰富的教育资源，具有明显的教化力。将汕头海上丝绸之路文化引入学校教育，可以帮助学生更鲜活、生动地了解汕头以及祖国的历史文化，增强民族自豪感，更加热爱家乡，热爱祖国，从而有效培育学生的"海上丝绸之路"文化精神，养成"海上丝绸之路"文化意识，勤奋攻读，掌握科学本领，继承"海上丝绸之路"文化传统，鼓足"海上丝绸之路"干劲，积极投入21世纪海上丝绸之路重要门户建设。

<<< 第十章　汕头海上丝绸之路文化资源的开发利用

汕头市西堤公园

汕头丰富的"海上丝绸之路"文化及其珍贵的遗产价值，放大了汕头，提升了汕头。特别是南澳大桥的建成通车，以"南澳Ⅰ号"为代表的汕头海上丝绸之路文化，大放光彩，极大地推动了南澳海岛乃至全汕头经济社会的发展，尤其是吸引了四面八方游客前来参观考察，大大推动了南澳及汕头旅游业的发展。而红头船故乡樟林被确定为"广东十大海上丝绸之路文化地理坐标"，先后两次举办南粤古驿道竞赛活动，以及仿真红头船的落成，既活化了樟林古港，扩大了樟林的知名度，也大大提升了汕头海上丝绸之路文化的知名度。

2018 年南粤古驿道定向第八站樟林古港大赛

丰富的汕头海上丝绸之路文化加大了中国乃至世界的"海上丝绸之路"文化厚度，壮大了中国乃至世界的"海上丝绸之路"文化实力。汕头建设21世纪海上丝绸之路重要门户，汕头海上丝绸之路文化不可缺席，汕头海上丝绸之路文化推动力绝对不可忽视。

开发利用"海上丝绸之路"文化资源有助于进一步巩固和提升汕头区域文化中心地位，推动汕头省域副中心城市建设

区域文化中心是文化生产和服务的繁华地、文化交流与传播的重要基地、文化创新和创造的发源地、文化实力和文化影响的集辐地。文化基础扎实，文化设施完备，文化功能突出，文化特色鲜明，文化体系健全，文化交流繁荣，文化合作出色，文化影响广泛，无疑是区域性文化中心的重要表现。

汕头因1860年开埠而崛起，崛起的汕头经济社会迅猛发展，文化高度繁荣，取代了潮州成为粤东地区的政治、经济、文化中心。方今世界，充满激烈的竞争，当中就包括激烈的文化竞争。汕头要在激烈的文化竞争中获得主动，干得生动，使人激动，就必须着力加强文化建设，塑造城市新形象，增强文化竞争力，提升文化软实力，进一步巩固、提升汕头的区域文化中心地位。

汕头区域文化中心地位的巩固和提升，离不开文化建设的加强，需要文化容量的扩大，需要特色文化品牌的打造，也需要文化产业的转型升级，需要对文化资源的开发利用。

当下，汕头正在学习落实习近平视察广东重要讲话精神，按照省委、省政府要求，致力于建设省域副中心城市。省域副中心城市建设与华侨试验区建设、21世纪海上丝绸之路重要门户建设息息相关，互相依存，互相促进。省域副中心城市包括文化副中心；省域副中心城市建设包括文化建设，文化建设是省域副中心城市建设的题中之义，文化建设是多层面的；省域副中心城市建设需要文化引领，这文化引领是动力，当中就包括丰富而价值极大的汕头海上丝绸之路文化。开发利用丰富的汕头海上丝绸之路文化资源，能为省域副中心城市建设提供重要的文化引领，提供强大的文化推动力。

二、开发利用汕头海上丝绸之路文化资源的主要对策

在长期的海上丝绸之路中形成的汕头海上丝绸之路文化，内容丰富，价值明显，是一笔珍贵的历史文化遗产，是一种丰富的文化资源。是资源就应该开发，就值得利用。开发利用就必须讲究科学对策，注重有效措施。我们必须坚持以党的十九大精神为指导，认真学习领会、贯彻落实以习近平同志为核心的党中央关

于文化保护与传承的指示精神,科学谋划,依法依规,积极有效地开发利用汕头海上丝绸之路文化资源。

(一)加大宣传力度,扩大汕头海上丝绸之路文化影响力

汕头海上丝绸之路文化是丰富的,但知名度与影响力远不及泉州、广州、厦门、宁波等城市,造成这一情况的原因无疑是多方面的,宣传乏力是其中之一。加大汕头海上丝绸之路文化的宣传力度,是开发利用汕头海上丝绸之路文化资源的重要前提。通过加大力宣传,使汕头海上丝绸之路文化更加普及,得到更好显现,更深入人心,为世人所认识,所理解。有认识,有理解,开发利用才有热情,才有妙计良策,才能激发创造力;通过加大宣传力度,特别是借助汕头华侨试验区这一大平台,把汕头海上丝绸之路文化传播到世界各地,引发各地的热情关注,引起各方的高度重视,从而吸引海内外同胞到汕头进行文化合作与交流,投资开发汕头海上丝绸之路文化资源,共建"一带一路"。为此,我们必须高度重视并采取积极有效的措施,着力加大汕头海上丝绸之路文化的宣传力度,进一步提升其知名度,扩大其影响力。

1、充分运用现代科技手段。现代科技手段是现代宣传的重要载体与有效手段。加大汕头海上丝绸之路文化的宣传力度,要充分运用广播电视、报纸杂志、画册画展等传统手段,更必须利用互联网等现代科技手段。要有计划、有步骤地通过汕头电视台的《今日视线》《潮汕风》栏目;通过汕头政府门户网、市委宣传网、潮人网等网站,宣传汕头海上丝绸之路文化。特别是要通过汕头《橄榄台》、手机微信等新技术手段,全方位、立体式地宣传汕头海上丝绸之路文化。《汕头日报》《汕头青少年报》等报纸,《潮商》《潮声》《潮人》《潮商·潮学》《文化汕头》《汕头社科》等杂志,要开辟专栏,有组织、有计划、有针对性地积极宣传汕头海上丝绸之路文化。

2、制作专题宣传片。央视对"南澳Ⅰ号"的多次现场直播,吸引了众多的眼球,使"南澳Ⅰ号"为世人瞩目,大大提升了南澳的知名度,这为汕头海上丝绸之路文化宣传提供了很好的启迪。近几年来,汕头相关部门制作了《天下潮商》《"海上丝绸之路"寻踪》、央视拍摄的《海那边》侨批专题片等,对宣传汕头海上丝绸之路文化起了积极的作用。我们要在原有基础上,有计划、有步骤、有组织地拍摄、制作系列性、专题性,有一定分量的、达到精品水平的汕头海上丝绸之路文化电视片、DVD等,比如《"南澳Ⅰ号"探秘》《汕头红头船港口》《汕头红头船商人》等。除了汕头电视台宣传播放外,利用汕头华侨试

验区这个平台，向海上丝绸之路沿线国家与城市播放，特别是潮汕华侨众多的东南亚地区。

3、举办博览会。举办博览会是文化推介、文化营销的主要方式，也是文化宣传的一种十分有效途径，被人们普遍看好，得到应用。汕头海上丝绸之路文化要取得更好的宣传效果，必须重视并运用博览会这一有效的宣传方式。可在科学论证、精心策划的基础上，与广州、泉州、厦门、宁波等兄弟城市联动，联合古代海上丝绸之路沿线的国家与城市，选择有利时机，举办高规格的国际"海上丝绸之路"文化博览会，从而进一步推广汕头海上丝绸之路文化，扩大汕头海上丝绸之路文化的知名度与影响力。

4、编写书籍。书籍是文化传播的重要形式之一。文化部门有必要组织相关人员编辑《汕头"海上丝绸之路"文化画册》，组织专家学者编写《汕头"海上丝绸之路"文物巡礼》、《丰富的汕头"海上丝绸之路"文化》《汕头"海上丝绸之路"文化故事》等书著。这些书籍图文并茂，融科学性、知识性、趣味性、可读性于一体，全力推介、有效宣传汕头"海上丝绸之路"文化。

5、适当利用明星名人效应。明星名人的参与所产生的宣传效果无可厚非，不容置疑。相对于传统的电视广播宣传、网络平台宣传，通过明星名人真人秀节目来完成的文化宣传，因有鲜活的体验式过程，更容易吸引公众的眼球，更容易打动观众的心，更能产生宣传效果。因此，大力宣传汕头海上丝绸之路文化，可有选择地邀请体育明星、影视明星、歌星，以及著名科学家、作家等，参与汕头海上丝绸之路文化的宣传活动。通过明星真人秀节目、名人题词、画家创作、作家创作等活动，积极进行高调宣传，进一步提高汕头海上丝绸之路文化的知名度和影响力。

（二）深入研究，提高汕头海上丝绸之路文化资源开发利用的有效性

汕头海上丝绸之路文化是在长期的海上丝绸之路历史中形成的，文化积淀深厚。我们必须充分认识，高度重视，更要深入研究。只有深入研究，才能使汕头海上丝绸之路文化内涵丰富起来，文化价值彰显出来，文化能量堆积起来。在此基础上，我们对汕头海上丝绸之路文化资源的开发利用才有更强的理论支撑与科学引领，才有更佳的方法方式可供选择，才有更先进的技术手段与设备设施予以应用；才能有的放矢，对症下药；才能开发得科学，利用得有效，从而收到预期的最佳效果。

1、抓紧设立研究中心，统领汕头海上丝绸之路文化研究工作。强有力的组织

领导机构是研究工作顺利而有序、有效开展的重要保证。加强汕头海上丝绸之路文化的研究，十分重要，非常必要。当下有不少学者对汕头海上丝绸之路文化进行研究，取得一定的研究成果。但是，我们必须清醒地看到，汕头海上丝绸之路文化不是没有研究，而是研究中各自为政，一盘散沙，以致研究无系统，不全面，欠深入。加强对汕头海上丝绸之路文化研究的组织领导，以便统筹规划，提高成效，乃是当务之急。建议设立汕头海上丝绸之路文化研究中心，由汕头市社会科学规划领导小组牵头主持，聘请海内外专家学者加盟。研究中心可挂牌于市委宣传部，或市委政研室，或汕头市社会科学联合会，或汕头华侨经济文化合作试验区，或汕头市潮汕历史文化研究中心。

2、开展课题研究，举办学术研讨会，提高汕头海上丝绸之路文化研究水平。课题研究因其有规格、高层次、重实践，可操作性强而为学术界所倚重。汕头海上丝绸之路文化资源要开发利用得好，必须有针对性地开展课题研究。开展汕头海上丝绸之路文化课题研究是汕头海上丝绸之路文化研究中心的主要任务之一，可由汕头市社会科学规划领导小组负责设置、规划课题项目，包括"汕头海上丝绸之路历史研究""汕头'海上丝绸之路'文化研究""南澳Ⅰ号研究"等等。设立专项资金，扶持课题研究；邀请国内外专家学者承担重点课题研究。在开展课题研究的基础上，举办汕头海上丝绸之路文化学术研讨会，就汕头海上丝绸之路文化，特别是对其资源的开发利用做深入研究，把脉问路，出谋献策。通过开展课题研究，举办学术研讨会，进一步提高汕头海上丝绸之路文化研究水平，为汕头海上丝绸之路文化资源开发利用创造良好基础，提供充足的理论支撑和方法指导。

3、著书立说，积极推动汕头海上丝绸之路文化资源的开发利用。著书立说是学术研究的一种传统做法，是较为有效的方法。与广州、泉州、厦门、宁波、南京等兄弟城市相比，汕头海上丝绸之路文化的研究远远落后，较为肤浅，只是局限在少量一般性的文章上，缺乏深层次的学术论著。这在一定程度上制约着汕头海上丝绸之路文化研究的深入发展，大不利于汕头积极融入"一带一路"，无助于汕头华侨试验区与21世纪海上丝绸之路重要门户建设。为此，必须高度重视，积极组织专家在课题研究与学术研讨会的基础上，编写汕头海上丝绸之路文化研究专著、系列丛书，出版汕头海上丝绸之路文化研究论文集，并设立汕头海上丝绸之路文化研究基金，资助研究和出版有质量的学术论著，为汕头海上丝绸之路文化研究鼓与呼，导而进，提高汕头海上丝绸之路文化资源开发利用的有效性。

(三) 科学规划，提高汕头海上丝绸之路文化资源开发利用的实效性

规划是科学。科学规划出效益，科学规划创特色。汕头海上丝绸之路文化保护需要科学规划，汕头海上丝绸之路文化资源的开发利用同样需要科学规划。这就要求我们必须突出规划的先导性和战略地位，提高规划的全局性、科学性和前瞻性；统筹规划汕头海上丝绸之路文化资源开发利用的资金、重大项目，推动汕头海上丝绸之路文化资源开发利用有序、有效、高效，与汕头经济社会、文化教育发展、生态环境建设有效对接，与海上丝绸之路沿线国家与地区有效对接。

1、开发资金的规划。资金无疑是汕头海上丝绸之路文化资源开发利用的关键。无资金就谈不上开发，少资金就难以开发，有充足资金但不进行科学规划是乱开发，都收不到良好效果。汕头海上丝绸之路文化资源开发利用是一个复杂的系统工程，需要齐心合力，离不开有力、有效的措施。资金的聚集、管理、支配、使用等等，都必须很好规划。从保护、活化、宣传、研究、书著出版到开发等方面，资金的分配和使用都必须纳入规划，加强监管，力争做到钱尽其用，物有所值。

2、开发项目的规划。汕头海上丝绸之路文化丰富，文物史迹分布广，类型杂，层次多，开发的项目从数量到层次都不少。必须坚持科学发展观，统一领导，科学规划，统筹兼顾，精心设计，切忌乱开发，散开发。就汕头海上丝绸之路文化资源来看，其开发利用可做如下规划：

一是建造华侨文化展示中心。配合汕头加入"海上丝绸之路"申遗活动，在南澳高起点规划建造大型"海上丝绸之路"文化展示中心，系统介绍汕头海上丝绸之路文化的产生与发展历程，集中展示汕头"海上丝绸之路"文物史迹，全景展现"海上丝绸之路"文化精神、"海上丝绸之路"文化对汕头以及祖国经济社会发展贡献。中心以展示汕头海上丝绸之路文化为主，兼及潮州、揭阳、汕尾的"海上丝绸之路"文化；兼及广州、泉州、漳州、厦门以及海外特别是东南亚地区的"海上丝绸之路"文化。

二是打造汕头"海上丝绸之路"主题文化基地。以汕头加入"海上丝绸之路"申遗为契机，以汕头华侨试验区为平台，结合汕头融入"一带一路"与建设21世纪海上丝绸之路重要门户活动，整合汕头海上丝绸之路文化资源，有选择地打造若干"海上丝绸之路"主题文化基地。除了汕头小公园与樟林古驿道外，还可以规划在龙湖区珠池妈屿岛建造"潮海关开埠纪念基地"；在南澳县云

澳镇建造海上丝绸之路体验展示基地；在达濠或海门建造红头船展示中心。

三是规划国际海上丝绸之路旅游线路。要以大视野、大目标、大胸怀、高起点的规划，打造国际海上丝绸之路旅游品牌，规划国际海上丝绸之路旅游线路。这是汕头海上丝绸之路文化资源开发利用的重点规划。

四是建造汕头海上丝绸之路文化地标。"海上丝绸之路"文化地标有利于彰显汕头海上丝绸之路文化的重要手段。可以规划在汕头华侨试验区建造汕头海上丝绸之路文化地标，或"海上丝绸之路"塑像，或"海上丝绸之路"大楼，或"海上丝绸之路"文化塔。

澄海红头船公园

樟林古港红头船

3、配套规划。开发利用汕头海上丝绸之路文化资源,必须与汕头其他文化建设配套。与华侨文化配套,与民俗文化配套,与港口文化配套,突出汕头华侨历史文化特色,突出汕头海滨城市特色,突出汕头百载商埠历史文化特色。比如,在汕头华侨试验区建造汕头海上丝绸之路文化地标,应与亚洲青年运动会场馆配套。

（四）扩大"海上丝绸之路"文化交流

文化是开放的,开放必有吸收,必定交流融合。文化交流就是不同文化之间,通过一定的途径和方式,在一定的时间和空间发生互相接触、相互碰撞,从中互相学习,彼此融合,从而不断发展的一种文化现象。① 文化因交流而发展壮大,而扩容提质。

汕头海上丝绸之路文化形成于长期的海上丝绸之路,时间跨度大,涉及国家地区广。既有潮汕本地的,也有广州、泉州、厦门、宁波等国内城市,更有东南亚等其他国家与地区。开发利用汕头海上丝绸之路文化资源,我们必须以此为借鉴,发扬"海上丝绸之路"文化传统,顺应"海上丝绸之路"文化惯性,加强与潮汕各市、与广州、泉州、厦门、宁波等"海上丝绸之路"城市的文化交流合作,扩大与东南亚国家与地区的"海上丝绸之路"文化交流,共商发展大计,共营"海上丝绸之路"文化良好环境,共创"海上丝绸之路"文化产业。

（五）积极推进汕头海上丝绸之路文化资源的旅游开发

悠久而灿烂的汕头海上丝绸之路,保留着丰富又珍贵的"丝路"文化遗产,"南澳Ⅰ号"、红头船、樟林古港、陈慈黉故居、侨批等等,构成特色鲜明、优势明显的汕头海上丝绸之路文化旅游资源,大大丰富了汕头的文化旅游资源密度,扩大了汕头的文化旅游资源影响力,提升了汕头文化旅游资源等级。开发利用汕头海上丝绸之路文化旅游资源,对打造汕头特色文化旅游,推动汕头旅游业上新台阶,实现高质量发展,意义重大,也肯定作用明显,效益可观。

1、合力打造"海上丝绸之路"文化景观。文化景观的打造是汕头海上丝绸之路文化旅游资源开发的重要一着。必须利用华侨试验区这个大平台,以建设21世纪海上丝绸之路重要门户为驱动,突出体现鲜明的"海风潮韵,休闲之

---

① 陈友义：《试评血火方式的文化交流的两重性》，载《甘肃教育学院学报》，2001年，第3期。

都""海上丝路，美丽汕头"特色，依托"南澳I号"古沉船等重要涉海文物，争取国家文物局、故宫历史博物馆、省文化厅的项目和资金支持，联合建设海洋历史博物馆，打造"海上丝绸之路"文化景观。引进国内外大型企业作为战略伙伴，谋划开发"海上丝绸之路"大型综艺游乐项目，打造我国东南沿海独一无二穿越历史与未来的文化体验之旅，规划建设一批高端商务会展度假酒店、海岛特色旅游项目、邮轮游艇项目、渔乡风情小镇等，规划、完善旅游公共服务设施，包括游客集散中心、游客公共休闲沙滩、休闲海滨步道、游客购物中心，打造高端休闲度假区。

2、重点开发南澳国际旅游岛，建设国际娱乐经济试验区。重点是龙头，是带动；重点做得好，就会有轰动效应。汕头"海上丝绸之路"申遗以"南澳I号"为代表。南澳是著名国家4A级旅游区，有丰富的"海上丝绸之路"文化旅游资源。开发南澳国际旅游岛，是汕头海上丝绸之路文化资源开发利用重中之重。以南澳旅游带动汕头旅游，带动整个潮汕旅游发展，是谓南澳旅游兴，汕头旅游兴，潮汕旅游兴，这已为世人共识，这是一种战略，更是一种胸怀。为此，必须加快海岛保护性开发，打造以高端旅游为主导产业的知名海岛，开发特色旅游产品，打造高端海洋旅游特色岛、国际知名的休闲度假基地。重点开发深澳、云澳历史古镇文化资源，推进"南澳I号"博物馆建设，打造海上丝绸之路品牌。整合深澳总兵府、宋井等人文资源，打造特色文化旅游品牌。大力开发滨海度假、观光旅游、海上垂钓、海岛探险、海底潜游、海啸地震模拟体验、低空水上飞机等新兴海洋旅游项目。不断优化黄花山生态环境，打造海岛生态旅游品牌。构建环南澳岛滨海观光体验游、海岛珍珠链旅游、海峡休闲旅游等精品旅游线路。环南澳岛滨海观光体验游将城镇、度假区、景区等连点成线，开发观光游、自驾游、自助游等，突出滨海度假、运动休闲、康体养生、商务会展优势，规划后宅—宋井—（青澳湾）—深澳海上渔村—（总兵府）—风车群—黄花山森林公园的环岛旅游观光线路；海岛珍珠链旅游以南澳岛为起点，辐射带动周边无居民海岛，发展外围探险、拓展、水上运动游，规划青澳湾—宋井—官屿—乌屿—南澎列岛—勒门列岛海岛旅游线路；海峡休闲旅游立足打造区域游艇、邮轮旅游节点，发展海峡休闲主题旅游，规划南澳岛—东山—厦门，南澳—澎湖—台湾海峡旅游线路。

3、大力发展跨区域旅游合作开发。"坚持开放发展,着力实现合作共赢"①,这是党的十八届五中全会为全面建成小康社会目标而提出的一个重要步骤。党的十九大强调指出,要"坚持正确义利观,树立共同、综合、合作、可持续的新安全观,谋求开放创新、包容互惠的发展前景,促进和而不同、兼收并蓄的文明交流。"②

当今世界,充满竞争,也充满合作。合作共赢,共谋发展,已成为一股强大的世界潮流。合作是一种策略,是一种理念,是一种精神,是一种能力;合作需要平台,需要机制;合作是多方的,共赢是公正的,发展是平等的。大力发展跨区域旅游合作开发,是旅游资源合作开发的一大重要举措。汕头海上丝绸之路文化资源的旅游开发,必须学习贯彻党的十九大精神,坚持开放发展的理念,紧紧依托华侨试验区这个大平台,大力发展跨区域旅游合作开发。

其一,树立区域旅游合作开发理念。华侨经济文化合作试验区是一个面向国际、服务全球华侨、推动汕头乃至粤东发展的大平台。必须抓住设立华侨试验区这一大好机遇,以国际视野,用世界眼光,以"从大局着眼,合则俱荣,分则易损"合作精神,树立区域旅游合作开发理念,共享"海上丝绸之路"文化,共享"海上丝绸之路"文化旅游合作开发带来的丰厚利益。

其二、建立合作机制。"海上丝绸之路"文化资源的旅游合作开发是一项复杂、庞大的系统工程。合作区域的广泛性,合作领域的广阔性,合作内容的复杂性,合作伙伴的多元性,合作形式的多样性等,要求合作开发必须在充分论证的基础上,有步骤、有层次、由初级合作到高级合作逐步推进。为此,必须按照国务院批复汕头设立华侨经济文化合作试验区所提出的"深化与有关国家(地区)的人文合作"要求;与海内外华侨华人展开全方位、多领域、深层次的经济文化合作,建立区域旅游合作开发机制。自上而下式地在各地政府的领导下,在联合国相关组织和共建21世纪海上丝绸之路沿线国家的协调支持下,以不同"海上丝绸之路"城市作为旅游项目实施的主体,通过政府或财团、企业的投资,完成旅游合作开发项目的实施;自下而上式地由不同"海上丝绸之路"

---

① 参见《中共中央关于制定国民经济和社会发展第十三个五年规划的建议》,《汕头日报》,2015年11月4日。
② 习近平:《决胜全面建成小康社会,夺取新时代中国特色社会主义伟大胜利——在中国共产党第十九次全国代表大会上的报告》。引自《党的十九大文件汇编》,党建读物出版社,2017年,第40页。

城市提出单向、双向或多向旅游合作联合项目，经旅游合作联合体及旅游合作开发中心的协调运作，完成旅游合作项目。

其三、筹划制订"海上丝绸之路"文化区域旅游发展总体规划。"海上丝绸之路"文化资源的旅游合作开发是一项复杂的系统工程，必须有前瞻性、可操作性强的、科学的合作开发总体规划，才能有效、高效地推动"海上丝绸之路"文化旅游的快速、健康发展。"海上丝绸之路"沿线城市应按照世界遗产的要求，列出专题来完成这一关系到"海上丝绸之路"文化资源旅游合作开发成败的重要项目。总体规划的制订，既要体现区域的共性，又要体现区域的地区差异，充分展现各地旅游的特色，形成既相互联系又相互补充的旅游产品体系，为的是使区域内各方认可，真正达到开放发展，实现合作共赢。

2018年南粤古驿道定向第八站樟林古港大赛

其四，打造"华侨华人和海上丝绸之路"国际知名旅游文化品牌，创建国际知名"华侨华人和海上丝绸之路"旅游文化创意产业基地。汕头是著名的侨乡，泉州、广州也是著名的侨乡，悠久的海上丝绸之路留下了丰富多彩的华侨文化景观，造就了丰富而富有特色的"海上丝绸之路"文化资源。打造"华侨华人和海上丝绸之路"国际知名旅游文化品牌，创建国际知名"华侨华人和海上丝绸之路"旅游文化创意产业基地，无疑是大力发展跨区域旅游合作开发的重要策略选择。汕头因侨而立，因侨而兴。汕头要在"海上丝绸之路"文化资源的旅游合作开发中获得主动，干得生动，赢得激动，就必须积极响应国家"一带一路"倡议，以中国第一个华侨试验区设在汕头为千载难逢的大好契机，作制高点，充分发挥华侨众多优势，整合、挖掘丰富的"海上丝绸之路"文化旅游资源，加快推进华侨文化旅游景点建设，适时发起、举办国际"华侨华人和海上丝绸之路"旅游节,发展以汕头为核心的"华侨华人和海上丝绸之路"旅游线路,打造"华侨华人和海上丝绸之路"国际知名旅游文化品牌,创建国际知名"华侨华人和海上丝绸之路"旅游文化创意产业基地,推动"海上丝绸之路"文化资源的旅游合作开发,为实现"一带一路"国家发展战略做出应有的贡献。

(六)积极推进"海上丝绸之路"文化资源的情感开发

文化是一种情怀,充满情感。在长期海上丝绸之路中形成发展起来的汕头海上丝绸之路文化,记载了一代代汕头人战天斗海、奋力拼搏的光荣历史,承载着一代代汕头人浓厚的海洋情结、商贸情结;凝聚着汕头人浓烈的家国情怀,是一种丰富而珍贵的情感资源。

当代社会高度开放,文化多元化,人们的价值观也多样化。受市场经济负面因素的冲击,受网络资讯无孔不入的影响,当下人们的情感备受伤害,甚为脆弱。加强情感培育,尤其是青少年的情感培育,已成为众多教育工作者关注的重要话题。

作为"海上丝绸之路"人后代,我们必须从关系子孙后代的高度来重视弘扬"海上丝绸之路"文化精神,传承"海上丝绸之路"文化传统,采取积极措施,开发利用"海上丝绸之路"文化资源,培育汕头人的丰富情感,增强汕头人的文化情怀。为此,我们可以通过举办"海上丝绸之路"文化节、"海上丝绸之路"文艺晚会、"海上丝绸之路"文化座谈交流会、"海上丝绸之路"读书会、"海上丝绸之路"文化大讲堂、"海上丝绸之路"文化图片巡展、"海上丝绸之路"文化旅游周、"海上丝绸之路"文物参观等等形式,把汕头海上丝绸之路文化知识普及到民众中。特别是要把重点放在青少年身上。创作充满知识、童趣、可读性强的童谣,教唱给幼儿园小朋友,教唱给小学里的小学生;组织"海上丝绸之路"文化作文比赛、诗歌朗诵会;开展讲"海上丝绸之路"故事等活动,培养他们的"海上丝绸之路"文化情感,培育他们的生活情感,使我们的孩子、我们的接班人,一个个成为可爱、富足的"情种"。

(七)积极推进"海上丝绸之路"文化资源的教育开发

育人是文化的重要功能,人们创造文化,目的就在于育人。汕头人在长期的海上丝绸之路中创造的"海上丝绸之路"文化,具有明显的化人、育人功能。汕头海上丝绸之路文化是一种有效的教育载体,是一种丰富的教育资源,是一种典型的地方课程资源,值得积极开发,有效利用。

对于汕头民众，我们可以通过喜闻乐见的活动，通过多种多样的方式，着力培育他们的海洋意识，锻造他们冒险拼搏、开拓进取、同舟共济、诚实守信、爱国爱乡的"海上丝绸之路"文化精神。

我们更应该开发利用汕头海上丝绸之路文化资源，加强对青少年的"海上丝绸之路"文化教育。我们更应该积极推动"海上丝绸之路"文化进中小学校园、进大中专院校校园，成立汕头海上丝绸之路文化爱好者协会、创作协会、演唱协会等团体，开展汕头海上丝绸之路文化学习、宣传、研讨、表演等活动；运用课程改革倡导的地方课程资源理论，以打造特色教育、创办特色学校为目标，加强教师对汕头海上丝绸之路文化学习、研究与应用；组织教师编写汕头海上丝绸之路文化地方教材，融汕头海上丝绸之路文化于教育教学活动中。比如，在学习到初中七年级历史第14课"沟通中外文明的丝绸之路"一课时，可以对课文中的后海上丝绸之路这一内容进行拓展，设计一艘"汕头号"红头船，从樟林港出发，满载潮汕陶瓷到波斯湾贸易。沿途经过了哪些海域、哪些岛屿、哪些半岛、哪些海峡、哪些国家与地区？这些国家与地区的首都是什么、有什么风土人情？同时，联系汕头海上丝绸之路历史，结合国家"一带一路"倡议、汕头21世纪海上丝绸之路重要门户与汕头华侨试验区建设进行教学，从中开拓学生的知识视野，培养学生的家乡热情，培育青少年的社会主义核心价值观。

主要参考文献资料

书著

黄挺、陈占山著：《潮汕史》（上册），广东人民出版社，2001年版。
黄挺著：《潮商文化》，华文出版社，2008年版。
黄挺著：《中国与重洋》，生活、读书、新知三联出版社，2017年版。
林济著：《潮商史略》，华文出版社，2008年版。
陈占山著：《宋元潮州研究》，中国社会科学出版社，2015年版。
李宏新著：《潮汕华侨史》，暨南大学出版社，2016年版。
蔡英豪主编：《海上丝路寻踪》，华文出版社，2001年版。
谢海生著：《潮汕的春天还会到来吗》，南方日报出版社，2015年版。
陈泽泓著：《潮汕文化概说》，广东人民出版社，2001年版。
杜松年著：《潮汕大文化》，中国科学技术出版社，1994年版。
林伦伦、吴勤生著：《潮汕文化大观》，花城出版社，2001年版。
杨义全著：《潮汕自然概览》，汕头大学出版社，1997年版。
杜桂芳著：《侨批文化》，花城出版社，1999年版。
王炜中，杨群熙，陈骅著：《潮汕侨批简史》，公元出版有限公司，2007年版。
王炜中等编著：《潮汕侨批论稿》，公元出版有限公司，2013年版。
陈友义著：《红头船精神研究》，辽宁大学出版社，2018年版。
澄海东里文化站编：《樟东风物记》（上、下），1982年。
黄迎涛著：《南澳县金石考略》，广东省地图出版社，2008年。
李绍雄著：《樟林沧桑录》，政协澄海县委员会东里镇联络组。
陈鹏编著：《夜泊东陇河：樟东乡土见闻》，艺苑出版社，2014年。

陆集源著：《古今潮汕港》，中国文联出版社，2004年。
方式光，李学典著：《李嘉诚成功之路》，香江出版有限公司，1980年。
陈衍俊著：《华夏骄子李嘉诚》，天地图书出版有限公司，1993年。
段立生著：《郑午楼传》，中山大学出版社，1994年。
尹崇德等主编：《蚁光炎传》，香港半岛出版公司，1994年。
罗新俊著：《谢慧如传》，暨南大学出版社，1996年。
周希宪著：《纪念谢易初》，暨南大学出版社，1996年。
罗香林著：《广东民族概论》，广东人民出版社，1999年。
赵春晨，陈历明著：《潮汕百年履痕》，花城出版社，2001年。

地方文献

陈天资：《东里志》。
黄蟾桂：《立雪山房文集》（抄本），澄海博物馆藏。
饶宗颐总纂：《潮州志》，香港龙门书店，1965年。
李书吉：《澄海县志》（嘉庆版），广东人民出版社，1992年。
王岱纂修；澄海市文博研究会：《澄海县志》（康熙版），1995年。
澄海市市志办公室，澄海市文博研究会［翻印］：《澄海县志》（雍正版），1997年。
（清乾隆）周硕勋纂修：《潮州府志》，潮州市地方志办公室，潮州市档案馆，2001年。
（明隆庆）黄一龙纂修：《潮阳县志》，潮州市地方志办公室，2005年。
澄海县博物馆编：《澄海县文物志》，1987年。
南澳县文物普查办公室编：《南澳县文物志》，1995年。
潮汕历史文化研究中心：《潮汕侨批萃编》，公元出版有限公司出版社，2003年版。
汕头市潮汕历史文化研究中心编：《潮汕侨批档案选编》，2011年版。
中国海关协会汕头小组编：《潮海关史料汇编》，1988年。
汕头市政协学习和文史委员会、澄海政协文史资料委员会编：《樟林古港》，香港天马出版有限公司出版，2004年。

论文集

潮汕历史文化研究中心、汕头市政协学习和文史委员会编：《首届侨批文化研讨会论文集》，香港出版有限公司，2004年。

潮汕历史文化研究中心、潮州市政协文教卫史委员会编：《第二届侨批文化研讨会论文选》，香港出版有限公司，2008年。

《"'南澳一号'与海上陶瓷之路"学术研讨会论文选》，香港出版有限公司，2013年。

潮汕历史文化研究中心编：《世界记忆遗产—侨批档案研讨会论文集》，潮汕历史文化研究中心编，2015年。

论文

黄挺，杜经国：《潮汕古代商贸港口研究》，《潮学研究》，1993年，第1期。

陈春声：《乡村的故事与国家的历史——以樟林为例兼论传统乡村社会研究的方法问题》，载原载《中国乡村研究》（第二辑），2012年。

李绍雄：《樟林古港沧桑录》（上），载《澄海文史资料》（创刊号），1987年。

李绍雄：《樟林古港沧桑录》（下），载《澄海文史资料》（第3辑），1989年。

陈春声：《樟林古港补证三则》，载《潮学研究》，1994年，第1期。

黄光武：《樟林古港繁荣时期的几浩劫》，载《澄海文史资料》（第17辑），1998年。

陈训先：《樟林古港：粤东著名的"通洋总汇"》，载《潮州日报》，2010年11月22日。

黄少雄：《辟望港初探》，载《澄海文史资料》（创刊号），1987年。

陈训先：《岭东门户——辟望古港》，载《澄海文史资料》（第22辑），2002年。

郭亨渠：《古代潮阳水上通商口岸》，载《汕头日报》，2012年1月17日。

姚泽建、罗伟伟：《潮阳古港》，载《羊城晚报》（地方版），2015年3月26日。

陈创义：《盛极一时的隆津古港》，载《汕头日报》，2015年6月7日。

郭亨渠：《练江航运史话》，载《汕头日报》，2017年4月30日。

林仁川：《明清时期南澳港的海上贸易》，载《海交史研究》，1997年，第1期。

李庆新：《东亚"好望角"与"南澳Ⅰ号"》，载中国中外关系史学会、广东省南澳县人民政府、潮汕历史文化研究中心编《"南澳Ⅰ号"与海上陶瓷之路"》，天马出版有限公司，2013 年。

汤文华：《大船澳：见证海洋文明鼎盛史实》，载《汕头特区晚报》，2017 年 8 月 28 日。

李炳炎：《近代汕头港与枫溪瓷业——以汕头瓷商公会为中心》，载《汕头大学学报》，2013 年，第 5 期。

邱立诚、杨式挺：《从文物考古资料探索潮汕地区的古代海上"丝绸之路"》，载《潮学研究》，1994 年，第 2 期。

蔡英豪：《南方海上丝绸之路的主要港口》，载《澄海文史资料》（第 17 辑），1998 年。

吴二持：《清代开放海禁之后潮人海上贸易的兴盛》，载《"'南澳一号'与海上陶瓷之路"学术研讨会论文选》，香港出版有限公司，2013 年。

罗堃：《"海上丝绸之路"——汕头迎来发展新机遇》，载《潮商》，2014 年 5 月 26 日。

陈友义：《"南澳Ⅰ号"为汕头建设 21 世纪海上丝绸之路战略门户提供重要的历史证据》，载《汕头日报》，2015 年 11 月 8 日。

陈汉初：《"海丝之路"历史遗迹捆绑申遗》，载《汕头特区晚报》，2014 年 8 月 19 日。

罗伟伟：《潮汕海丝渊源》，载《汕头社科》，2017 年，第 1 期。

黄培佳：《南澳成为出海口之历史根源——对南澳早期海上贸易的初步探讨》，载广东省南澳政协文史委员会编《南澳文史》（第 3 辑），1995 年。

朱鉴秋：《南澳岛在古代海防史和海外交通史上的地位》，载广东省南澳政协文史委员会编《南澳文史》（第 3 辑），1995 年。

王冠倬：《中国古代南澳岛的航海地位》，载广东省南澳政协文史委员会编《南澳文史》（第 3 辑），1995 年。

邱立诚：《南澳大潭宋代石刻小考》，载广东省南澳政协文史委员会编《南澳文史》（第 3 辑），1995 年。

聂德宁：《明清时期南澳港的民间海外贸易》，载广东省南澳政协文史委员会编《南澳文史》（第 3 辑），1995 年。

林楚南：《郑和七下西洋，六经南澳》，载《汕头特区晚报》，2005 年 7 月 11 日。

傅锦章：《南澳灯塔在海上交通中的重要性》，载广东省南澳政协文史委员会编《南澳文史》（第 3 辑），1995 年。

陈友义：《"南澳Ⅰ号"：汕头申报"海丝"世界文化遗产的文物史迹代表》，载《潮商》，2016年，第2期。

黄光武：《红头船的产生及其作用和影响》，载《汕头大学学报》，1993年，第4期。

陈景熙，陈孝彻，丁烁：《红头船主"分关"考：红头船运营与家族制度维系》，载《"'南澳一号'与海上陶瓷之路"学术研讨会论文选》，香港出版有限公司，2013年版。

陈荆淮：《泰国陈黉利家族创始人陈慈黉及其父亲陈焕荣》，载《汕头市政协学习和文史委员会、澄海政协文史资料委员会编樟林古港》，香港天马出版有限公司，2004年。

陈耀贤：《陈慈黉的文化底蕴和开发价值》，载《汕头日报》，2005年11月13日。

陈伟壁：《红头船精神的时代价值与启示》，载《汕头特区晚报》，2017年7月26日。

陈创义：《潮阳红头船蕴含丰富的内涵》，载《汕头特区晚报》，2017年8月27日。

陈友义：《潮汕侨批：极具历史文化价值的世界记忆遗产》，载《汕头党史与方志》，2007年，第3期。

王炜中：《传承侨批文化，弘扬诚信精神》，载《汕头日报》，2007年2月26日。

王炜中：《初析潮汕侨批的传统文化基因》，载《侨批文化》，2008年，第9期。

马楚坚：《潮帮批信局与侨汇流通之发展初探》，载《韩山师范学院学报》，2008年，第2期。

吴二持：《略论侨批业与诚信》，载《潮州文化研究》，2008年，第1期。

吴二持：《侨批文化内涵刍论》，载《汕头大学学报》，2008年，第5期。

曾益奋：《汕头的侨批局》，载《侨批文化》，2008年，第8期。

路晓霞：《潮汕侨批商业信誉及其当代价值》，载《侨批文化》，2014年，第21期。

陈荆淮：《汕头开埠前的对外贸易》，载《潮学研究》，1997年，第6期。

陈友义：《近代海外潮商成功的原因探析》，载《潮学通讯》，2006年，第2期。

陈友义：《试论开埠对近代汕头崛起的历史作用》，载《潮学通讯》，2007年，第2期。

后 记

这是我继《潮汕民间禁忌》（2008年）、《潮汕民间英雄崇拜文化研究》（2018年）、《红头船精神研究》（2018年）之后撰写的第四本潮学书著。

海上丝绸之路是我国历史上一条重要的海洋商业贸易与文化交流之路。历史上的汕头是海上丝绸之路的重要节点。汕头"海丝"人在长期的海上丝绸之路商业贸易与文化交流中创造了丰富而特色鲜明的"海丝"文化。如今，汕头人民正响应党中央"一带一路"倡议，以华侨试验区为平台，致力建设21世纪海上丝绸之路重要门户。加强汕头"海丝"文化研究，为汕头科学有效地开发利用"海丝"文化资源，推动汕头经济社会发展做出应有贡献，我们这些潮汕历史文化研究者责无旁贷，必须久久为功，奋力作为。

2015年，我与汕头市委宣传部张楚生科长、汕头职院蓝奕老师等申报并完成了汕头社科联《汕头"海丝"文化研究》课题（成果为2万多字的论文）。在2015年课题的基础上，我申报了2017年汕头市潮汕历史文化研究中心课题《汕头"海丝"文化研究》（成果为书著）。经过几年的努力，终于修成正果。

书稿完成时，我在多次场合对多个同事、文友说，以后不写书了，太累了，太惨了。但是，他们都说您这头老黄牛，不写是不可能的。是啊，我这个人，牛年生，牛命啊！唯有辛勤耕作；牛脾气啊！认死理，能坚持，会坚守。但牛命就是凄惨命，就是苦命。我不得不认命，我也必须认命！

毋庸置疑，当今社会高度开放，文化多元化，价值观多样化；人们的生活方式丰富多彩，各人有各人的活法，各人有各人的生活追求。也有一小部分人，愿意静下心来，坐下来，做点学问，搞些研究。这十分正常，无可厚非，是谓人各有志，不可强求；走自己的路，让别人说去。问题在于，这些能抵御得住社会各种干扰，能够排除社会各种诱惑，静下心来，做学问搞研究的人，他们的辛勤劳动是否得到社会的认可，是否能得到单位领导的肯定？

我一直认为，对于从业人员来说，有两个"业"要做。第一个"业"是职业，也即工作，职业就是赚钱，养家糊口；另一个"业"是事业，事业就是人生追求，就是做有益社会、能体现人生价值的事。实际上，我们这些从业者，8小时以内无甚大差别，差别在8小时以外，也就是在8小时以外，做自己爱好的、值得追求的事。

在我看来，人退休后，晚年生活丰富与否，大部分是在中年就基本定势的，是在中年积累起来的。中年有追求的目标，有自己的事业，退休后往往会继续，总会有事做，因而晚年生活必定丰富多彩，乐在其中。

本书第二作者是汕头职院的陈东东，主要参与资料收集、照片拍摄、田野调查、文字打印、图片美化等工作，并撰写了第一章、第四章第一部分、第十章第二部分。

本书的写作得到众多领导与亲朋好友的大力支持、有力指导与全力帮助，在此谨表示衷心的感谢。首先我要感谢汕头市潮汕历史文化研究中心的领导与工作人员，特别要感谢吴二持副理事长，他在百忙中为我写序，令拙作增色添彩，更是给我一个宝贵的指导。

其次，我要感谢华南师范大学林济教授、汕头大学陈占山教授、韩山师范学院黄挺教授，以及汕头的李宏新先生等，他们的资料为我的研究提供了大力支持。

再次，我要感谢澄海苏北中学的陈群歆老师、南澳第二中学的丁学昌，他们帮我补拍了一些樟林、南澳的照片。我还要感谢帮我打字、整理资料的林奕凤同学。

书出版之时，我也将光荣"下岗"了。尽管如此，潮学研究这个初心我不忘，推动潮学研究深入发展这个历史使命我牢记。还是那句众所周知的话：路漫漫矣，吾将上下而求索。

由于时间仓促，文献不足，水平有限，书中纰漏难免，敬请专家、读者批评赐正。

本书的出版得到汕头市潮汕历史文化研究中心的资助，特此鸣谢。

陈友义

2019 年 10 月 10 日